职业教育·城市轨道交通类专业教材

城市轨道交通车辆构造

王 珂　刘柱军　主　编
韩佳俊　李春付　副主编
　　　　胡建成　主　审

（第2版）

人民交通出版社
北　京

内 容 简 介

本书为职业教育城市轨道交通类专业教材。本书主要内容包括城市轨道交通车辆的基本知识、车体及内装系统、车门、转向架、车辆连接装置、制动系统、空调和制冷系统及采暖装置、电力牵引系统、辅助电源系统、列车通信系统，共10个项目。

本书在第1版教材内容的基础上，进行了全面改版，增加了许多新技术、新设备的内容，取材涵盖了当前城市轨道交通主要车辆设备，系统地介绍了城市轨道交通车辆的结构。同时，本书注重校企合作、产教融合，增加了配套工作手册，每个项目对应地设置一个实训任务工单，共10个。本书更加贴近城市轨道交通车辆的实际，适应城市轨道交通车辆检修人员工作岗位的技能要求。

本书是城市轨道交通专业职业院校教学用书，可作为城市轨道交通行业岗位培训或自学用书，也可供从事城市轨道交通管理人员、服务人员及工程技术人员学习参考。

本书配有教学课件、课程标准、工作手册等教学资源，任课教师可加入"职教轨道教学研讨群"获取课件（教师专用QQ群号：129327355）。

图书在版编目（CIP）数据

城市轨道交通车辆构造/王珂,刘柱军主编. —2版. —北京:人民交通出版社股份有限公司,2025.1
ISBN 978-7-114-19510-5

Ⅰ.①城… Ⅱ.①王… ②刘… Ⅲ.①城市铁路—铁路车辆—车体结构 Ⅳ.①U270.3

中国国家版本馆 CIP 数据核字（2024）第084978号

职业教育·城市轨道交通类专业教材
Chengshi Guidao Jiaotong Cheliang Gouzao

书　　名：	城市轨道交通车辆构造（第2版）
著 作 者：	王　珂　刘柱军
责任编辑：	杨　思
责任校对：	赵媛媛　刘　璇
责任印制：	张　凯
出版发行：	人民交通出版社
地　　址：	（100011）北京市朝阳区安定门外外馆斜街3号
网　　址：	http://www.ccpcl.com.cn
销售电话：	(010) 85285911
总 经 销：	人民交通出版社发行部
经　　销：	各地新华书店
印　　刷：	北京武英文博科技有限公司
开　　本：	787×1092　1/16
印　　张：	21.25
字　　数：	480千
版　　次：	2013年8月　第1版 2025年1月　第2版
印　　次：	2025年1月　第2版　第1次印刷　总第16次印刷
书　　号：	ISBN 978-7-114-19510-5
定　　价：	56.00元（含工作手册）

（有印刷、装订质量问题的图书，由本社负责调换）

第 2 版 前言

我国城市轨道交通事业不断发展，职业教育改革不断深入，编写团队充分吸纳了第 1 版教材在职业院校使用过程中的建议，并结合我国现代城市轨道交通车辆的发展实际，对第 1 版教材进行了全面改版，增加了许多新技术、新设备的内容。第 2 版教材充分体现了高等职业教育基于能力本位的教育观、基于工作过程的课程观，充分考虑了职业教育的教学特点，以项目为引领、以课题为研究对象来构建全书内容体系。第 2 版教材在编写过程中力求体现"理论够用、实用，重在技能"的原则，精心整合理论知识，合理安排知识点、技能点，注重实训教学，突出学生实践操作能力的培养。

【课程定位】

城市轨道交通车辆集机械、电气、控制、网络、材料和通信等多个专业先进技术于一体，城市轨道交通车辆运用与检修人员必须掌握城市轨道交通车辆的构造知识。因此，城市轨道交通车辆构造是城市轨道车辆应用技术专业的核心课程，也是城市轨道交通其他专业的重要专业基础课程。

【编写特点】

本教材具有如下编写特点：

(1) 校企合作、双元开发，紧跟专业方向。

本教材采用校企合作的模式编写内容，注重校企合作、产教融合，紧扣城市轨道车辆应用技术专业的教学标准，突出城市轨道交通车辆检修岗位所需的实操技能的实用性。本教材车型主要取材于哈尔滨、青岛、长春、广州、北京、上海、南京等城市轨道交通车辆，内容涵盖了城市轨道交通车辆的基础知识、车辆机械和电气部件，从设备认知到人员岗位职责，全面且系统地介绍了城市轨道交通车辆的结构和工作原理。

(2) 以学生为中心，突出知识技能培养，体现职教特色。

本教材共 10 个项目，每个项目按照"以学生为中心，以学习成果为导向，促进自主学习"的编写理念进行设计，按照岗位技能要求，系统认知城市轨道交通车辆系统的结构，掌握重要总成和部件的工作原理，培养学生的专业兴趣和学习积极性。每个项目后都对应地设置实训任务工单，将有关项目的理论知识和实操技能分解到实训任务工单中，让学生"学中做，做中学"，学生按照实训任务工单的要求进行学习和操作，充分体现学生是主体、教师是引导者，学生由感性认识到理性认识，符合高职教育理念。

（3）课程思政和职业素养有机结合。

本教材为落实立德树人的根本任务，秉承能力教育与思想政治教育同向同行的理念，添加了课程思政的延展阅读内容，并要求学生阅读后进行问题思考，旨在帮助学生建立城市轨道交通体系基本知识框架的同时，引导学生讲好中国故事，增强民族自豪感、责任感和职业认同感，树立爱岗敬业、精益求精、服务社会的思想，增强绿色环保意识、安全意识和创新精神，实现课程与思政协同育人的教学效果。

（4）新形态一体化教材。

本教材应用现代信息技术，注重课程资源的开发，包括城市轨道交通车辆检修工作的视频、动画等教学资源，将实用的城市轨道交通车辆结构和工作原理知识与数字化资源相结合，体现了新形态一体化教材建设理念，有效地服务教学内容和教学目的，有利于教师开展线上、线下教学。

【编写分工】

本书由吉林交通职业技术学院王珂、黑龙江第二技师学院刘柱军担任主编；青岛地铁运营有限公司韩佳俊和哈尔滨铁道职业技术学院李春付担任副主编；吉林交通职业技术学院王博运、青岛地铁运营有限公司肖雅楠参编；哈尔滨地铁集团有限公司专家胡建成担任主审。本书具体分工：项目三、项目四由刘柱军编写，项目二、项目七由王珂编写，项目五、项目十由李春付编写，项目八、项目九由韩佳俊编写，项目一由王博运编写，项目六由肖雅楠编写。

【致谢】

本教材在编写过程中得到长春地铁、哈尔滨地铁、青岛地铁、北京地铁、上海地铁、南京地铁等单位在技术资料方面的支持，哈尔滨地铁的车辆检修专家还对本教材的编写提出了许多宝贵意见，在此表示深深的谢意。同时，本教材在编写过程中参阅了大量专业书籍和杂志的专题文章，在此对其作者表示衷心的感谢。

由于编者水平有限，加之城市轨道交通技术日新月异，书中难免有不足之处，敬请广大读者批评指正，以便修订完善。反馈邮箱：1186746321@qq.com。

编 者
2024年3月

微课资源列表

资源使用说明:

1. 扫描封面二维码,注意每个码只可激活一次;
2. 长按弹出界面的二维码关注"交通教育出版"微信公众号并自动绑定资源;
3. 公众号弹出"购买成功"通知,点击"查看详情",进入后即可查看资源;
4. 也可进入"交通教育出版"微信公众号,点击下方菜单"用户服务—图书增值",选择已绑定的教材进行观看。

序号	微课资源	序号	微课资源
1	车体的模块化结构组成	11	转向架与车体的分解—牵引装置与车体连接的分解
2	动车转向架的结构总体	12	驱动装置与构架的分解
3	缓冲器的结构和原理	13	一系悬挂装置结构与受力
4	客室门的紧急解锁操作与原理	14	二系空气弹簧添加调整垫
5	构架的检修	15	国产密接式车钩的钩头结构与作用原理
6	轮对及轴箱的装配	16	半永久牵引杆的连接及分解作业
7	车轴常见的故障现象及检修	17	活塞式空气压缩机的结构与作用原理
8	车轮常见的故障现象(1)	18	受电弓的结构
9	车轮常见的故障现象(2)	19	受电弓的工作原理
10	车轮的镟修作业		

目录

项目一 城市轨道交通车辆的基本知识 1
- 课题一 车辆的类型、编组、标识 2
- 课题二 车辆的组成和主要技术参数 8
- 课题三 车辆的通用技术条件和车辆限界 18

项目二 车体及内装系统 30
- 课题一 车体 31
- 课题二 车内装饰及设备 40
- 课题三 司机室 46

项目三 车门 50
- 课题一 车门的特点和类型 51
- 课题二 客室车门的结构 56
- 课题三 列车上的其他车门和车门系统的故障处理 69

项目四 转向架 78
- 课题一 转向架概述 79
- 课题二 轮对、轴承、轴箱装置 84
- 课题三 弹簧减振装置 95
- 课题四 牵引连接装置和驱动装置 103
- 课题五 CW2100（D）型转向架 110
- 课题六 几种典型的城市轨道交通车辆转向架简介 119

项目五 车辆连接装置 124
- 课题一 车钩缓冲装置 125
- 课题二 车钩 128
- 课题三 缓冲装置 148

课题四　贯通道及渡板 ··· 152

项目六　制动系统 ··· 157
　　课题一　车辆制动系统的基本概念、模式、要求、功能 ······ 158
　　课题二　车辆制动机的种类 ··· 161
　　课题三　供风系统 ··· 169
　　课题四　基础制动装置 ·· 176
　　课题五　动力制动系统 ·· 182
　　课题六　EP2002制动系统 ··· 187

项目七　空调和制冷系统及采暖装置 ································· 198
　　课题一　制冷原理与制冷压缩机 ····································· 199
　　课题二　空调系统和采暖装置 ··· 206
　　课题三　空调机组的故障处理 ··· 218

项目八　电力牵引系统 ··· 222
　　课题一　电力牵引系统概述 ··· 223
　　课题二　电力牵引系统的结构及特点 ······························ 225

项目九　辅助电源系统 ··· 251
　　课题一　辅助电源系统概述 ··· 252
　　课题二　辅助逆变器 ··· 256
　　课题三　蓄电池 ··· 261
　　课题四　蓄电池充电器 ·· 265

项目十　列车通信系统 ··· 269
　　课题一　列车广播通信系统 ··· 270
　　课题二　视频监控系统和列车信息收发系统 ··················· 275

参考文献 ··· 281

附录　中英专业术语对照表 ··· 283

配套工作手册（单独装订）

项目一

城市轨道交通车辆的基本知识

学习导入

城市轨道交通车辆是城市轨道交通系统的运输工具,是关系城市轨道交通运行安全的关键设备。城市轨道交通车辆涉及机械、电气、控制、材料等多个学科,是具有高技术含量的综合性产品。认知城市轨道交通车辆的类型、编组、标识、组成、主要技术参数等是学习后续项目和课程的基础。

知识目标

1. 城市轨道交通车辆的类型、编组、标识;
2. 城市轨道交通车辆的组成和主要技术参数;
3. 城市轨道交通车辆通用技术条件和车辆限界。

能力目标

1. 能够识别城市轨道交通车辆的一般组成部件;
2. 能根据给出的城市轨道交通车辆设备名称找到相应的车辆设备。

建议学时

6 学时。

延展阅读 1

中国速度

课题一　车辆的类型、编组、标识

一、城市轨道交通车辆的基本类型

(一) 按照城市轨道交通车辆的制式分类

随着城市轨道交通车辆设计制造技术的发展，出现了多种制式车辆，以满足不同线路条件和环境的要求。按走行部与行驶轨道之间的匹配关系划分，车辆的制式主要有钢轮钢轨制式车辆（包括直线电机车辆）、胶轮制式车辆、独轨制式车辆、磁浮车辆等。通常情况下所说的城市轨道交通车辆，多指钢轮钢轨制式车辆，它主要应用于地铁或轻轨系统之中。

(二) 按照牵引动力配置分类

按照牵引动力配置分类，城市轨道交通车辆可分为拖车（Trailer，T）和动车（Motor，M）两大类。拖车是指本身无动力牵引装置的车辆，仅有载客功能，可设置司机室，也可带受电弓。动车是指本身装有动力牵引装置的车辆。动车又分为带有受电弓的动车和不带受电弓的动车。由于动车本身装有动力牵引装置，兼有牵引和载客两大功能。城市轨道交通车辆在运营时一般采用动拖结合、固定编组，从而形成电动列车组。

(三) 按照供电制式和受流方式分类

按照供电制式不同，城市轨道交通车辆供电方式分为架空接触网供电和接触轨（第三轨）供电。对应的城市轨道交通车辆受流方式分为受电弓和受电靴两种类型。目前我国两种受流方式共存，各具特点。我国城市轨道交通一般供电电压：架空接触网为 DC 1500V，第三轨供电为 DC 750V 和 DC 1500V 两种。

(四) 按适用范围和车体宽度分类

根据《城市轨道交通工程项目建设标准》（建标 104—2008），定义了 A、B、C、D、L 和单轨车 6 种车型，其中 A 型车、B 型车定义为地铁车型，C 型车、D 型车定义为轻轨车型。此外，还有中速磁浮车型、低速磁浮车型。

(1) A、B、C 三种车型，分别为不同车体宽度的钢轮钢轨系列车型。

①北京地铁 14 号线的 A 型车如图 1-1 所示。A 型车宽度 3m，长度 21~24m。每节车厢每侧 5 个车门，每节车厢额定载客量为 310 人，6 节编组。

②哈尔滨地铁 1 号线 B 型车如图 1-2 所示。B 型车宽度 2.8m，长度 19~21m。每节车厢每侧 4 个车门，每节车厢额定载客量为 245 人，6 节编组。

③上海地铁 5 号线 C 型车如图 1-3 所示。C 型车宽度 2.6m，长度 15~19m。每节车厢每侧 4 个车门，每节车厢额定载客量为 220 人，4 节编组。

(2) 长春轻轨 3 号线低地板轻轨 D 型车如图 1-4 所示。D 型车宽度 2.6m。低地板车辆车厢地板均高出地面 35~38cm，乘客上下车可以实现"无站台"，如乘坐公交汽车一样方便。每侧2个车门，采用2节编组或4节编组。2021年投入运营的新型车辆采用6节编组的C型车辆。

图1-1　北京地铁14号线A型车

图1-2　哈尔滨地铁1号线B型车

图1-3　上海地铁5号线C型车

图1-4　长春轻轨3号线低地板轻轨D型车

（3）广州地铁5号线L型车如图1-5所示。L型车为直线电机车辆，车宽2.8m。

（4）重庆地铁单轨型车如图1-6所示。单轨型车辆为胶轮系列，车宽2.98m。重庆轨道交通3号线由原来的6节编组改造成8节编组列车，全列车定员1292人。

图1-5　广州地铁5号线L型车

图1-6　重庆地铁单轨型车

（5）磁浮列车。长沙磁浮列车为3辆固定编组，由1辆不带司机室中车（M车）和2辆带司机室端车（Mc1车和Mc2车）组成，长、宽、高分别为48310mm、2800mm、3700mm，轨距1860mm，最高运行速度为100km/h，最大载客量约363人，如图1-7所示。

（6）悬挂式空轨列车。2023年成功试运行的武汉光谷悬挂式空轨列车，采纳了完全自主知识产权的磁浮技术，先期为2辆编组，列车运行速度为60km/h，车长24m，车宽2.5m，最大载客量为220人，如图1-8所示。

图1-7 长沙磁浮列车

图1-8 武汉光谷悬挂式空轨列车

（五）按车辆上安装设备的不同进行分类

为了便于车辆管理和维护，车辆提供商及运营公司对其车辆又进行了分类，即A、B、C类车（与上述按车体宽度分类的A、B、C型车辆不同）。

A类车带司机室（头车），一般为拖车，本身无动力牵引装置，依靠有动力牵引装置的车辆推动或拖动。

B类车无司机室，为动力车，其转向架上装有牵引电动机（一般一辆车装有4台交流牵引电动机），车顶装有受电弓。

C类车无司机室，为动力车，其转向架上装有牵引电动机，车下装有一组空气压缩机，有的地铁车辆空气压缩机装在头车车下。

我国的轻轨电动车辆有4轴动车、6轴单铰接式和8轴双铰接式三种车辆形式。其中，6轴单铰接式车辆是双向运行的动车，车长23m或28m，车宽2.65m；8轴双铰接式车辆长26m，车宽2.4m。

在进行城市轨道交通车辆选型时，主要根据线路远期高峰小时的运量要求来进行：高运量是指单向运能5万~7万人次/h，选A型车；大运量是指单向运能3万~5万人次/h，选B型车或A型车；中运量是指单向运能1万~3万人次/h，选择C型车或B型车。

知识链接

轻轨与地铁的区别

城市轨道交通可分为地铁和轻轨两种制式。对于两者的区别，有人认为，地面下的城市轨道交通就是地铁，反之就是轻轨；也有人认为，钢轨轻的就是轻轨，重的就是地铁。这两种划分方式都是不科学的。无论是轻轨还是地铁，都可以建在地下、地面或高架桥上；虽然地铁的轨重一般要大于轻轨，但为了增强轨道的稳定性，减少养护和维修的工作量，增大回流断面和减小杂散电流，地铁和轻轨都趋向选用重型钢轨。划分两者的依据应是单向最大高峰小时客流量的大小。地铁能适应的单向最大高峰小时客流量为3万~6万人次，轻轨能适应的单向最大高峰小时客流量为1万~3万人次。由此设计的地铁和轻轨，它们的区别如下：①地铁的轴重普遍大于13t，而轻轨的轴重要小于13t；②一般情况下，地铁的平面曲线半径不小于300m，而轻轨的平面曲线半径一般在100~200m范围内；

③地铁每列车的编组数要多于轻轨,车辆定员也多。

从运输能力、车辆设计以及建设投资等方面来看,轻轨与地铁均有所差别。其实两者归根结底的区别或者说本质的区别是运量,地铁线在高峰小时内,其单向运输能力为3万~7万人次,而轻轨的单向运输能力为0.6万~2万人次。运量的大小决定了编组数(地铁列车编组可达4~8节,轻轨列车编组为2~6节),决定了车辆,决定了轴重,决定了站台长度。

如今的地铁已经不局限于运行线在地下隧道中的形式,而是泛指高峰小时单向运输能力在3万~7万人次的大容量轨道交通系统,运行线路多样化,地下、地面、高架桥上三者有机结合。这种轨道交通系统通常的建造规律是以市中心为隧道线,市区以外为地面线或高架线。国外一些城市(如纽约、旧金山等)的地铁被称为"大容量铁路交通"或"快速交通系统"。

二、列车的编组形式

列车由不同类型的车辆通过车钩连接而成,一个相对固定的编组称为一个单元,一列车可以由一个单元或几个单元编组而成。编组车辆数量为2~8辆。车辆编组需考虑的因素包括线路坡度、运营密度、站间距离、舒适度、安全可靠性、工程投资、客流大小等。

我国城市轨道交通列车常见的编组形式如下。

(一) 6节编组形式:"四动二拖"和"三动三拖"

我国大多数城市轨道交通公司都采用"四动二拖"6节编组的B型车形式,个别也采用"三动三拖"的编组形式,有的城市轨道交通线路也采用6节编组的A型车形式。广州地铁1号线6节编组,6节车有A、B、C三类车各两辆,采用"四动二拖"形式,即 -A*B*C=C*B*A-。A类车为拖车,一端设有司机室,车顶上装有受电弓,车下装有一套空气压缩机组。B类车和C类车均为动车,结构基本相同。广州地铁2号线与1号线基本相同,只是受电弓装于B类车车顶,而空气压缩机组装于C类车的车底。上海地铁1号线、2号线6节编组,也采用"四动二拖"形式,即 -A=B*C=B*C=A-。重庆地铁6号线6节编组,采用"四动二拖"形式,即 =Tc*Mp*M_1=M_2*Mp*Tc=。哈尔滨地铁1号线6节编组,B型车,采用"四动二拖"形式,即 =A*B*C*C*B*A=。北京地铁4号线、10号线6节编组,B型车,采用"三动三拖"形式,一个动车和一个拖车为一个单元,即 =Tc_1*Mp*M_1*T_3*Mp*Tc_2=。北京地铁14号线为6节编组,A型车,即 =Tc_1*Mp*M_1*M_2*Mp*Tc_2=。

(二) 4节编组形式:"二动二拖"

天津滨海轻轨列车编组:B型车,4节编组,"二动二拖",即 =Mcp*T_1*T_2*Mcp=。北京地铁机场线列车编组:L型车(直线电机),4节编组,全动力车配置,即 -Mc*M*M*Mc-。

(三) 8节编组形式:"六动二拖"

成都地铁、上海地铁、南京地铁有的线路采用8节编组列车,A型车或B型车,但个别线路由于站台长度原因采用7节编组,如上海地铁8号线采用6节编组或7节编组的C

型车。北京地铁 7 号线 8 节编组，B 型车，采用"六动二拖"，即 – A ＝ B ＊ C ＝ B ＊ C ＝ B ＊ C ＝ A –。A 型车为拖车，一端设有司机室；B 型车为动车，车顶上装有受电弓；C 型车为动车，车下装有一套空气压缩机组。

（四）两节编组的低地板轻轨列车："两辆动车"

长春地铁 3 号线、4 号线轻轨为 2 节动车编组，D 型车。

注：上述编组表达式中，"–"表示全自动车钩，"＝"表示半自动车钩，"＊"表示半永久车钩；Tc 表示带司机室的拖车，T_3 表示不带司机室的拖车；Mp 表示带受电弓动车，M_1 表示不带受电弓的第 1 节动力车，M_2 表示不带受电弓的第 2 节动力车，Mcp 表示带司机室和受电弓的动力车。

三、城市轨道交通车辆标识

（一）车组及车辆的编号

一般每节车辆都有属于自己的固定编号，但各城市轨道交通车辆制造商的编号方式不尽相同。

例 1-1：哈尔滨地铁 1 号线的车辆编号由 5 位数字组成。前两位数字 01 表示车辆所属线路为 1 号线；第 3、4 位数字表示列车号（01～21），最后一位数字表示车辆号（1～6）。

例 1-2：上海地铁 1 号线车辆的编号为 011762，其含义如下：第 1、2 位数字 01 表示地铁 1 号线，第 3、4、5 位数 176 表示车辆序列号（176～235），第 6 位数字 2 表示车辆类型识别为 B 类车（1 表示 A 类车，2 表示 B 类车，3 表示 C 类车）。

列车的车辆编号实例如图 1-9 所示。

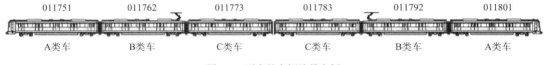

图 1-9　列车的车辆编号实例

车组编号位于 Tc 车前端雨刷罩板上，由 4 位数字组成，前两位数字为线路编号，后两位数字为车组编号。哈尔滨地铁 1 号线车组编号，前两位数字表示 1 号线，后两位数字表示列车号（1～21）。示例：0117，表示哈尔滨地铁 1 号线第 17 列车。

（二）车端、车侧的定义

以哈尔滨地铁 1 号线列车为例进行介绍。

1. 车辆的一、二位端

Tc 车：半自动车钩处的车端为一位端。

Mp 车（Mp_1 电动升弓泵、Mp_2 气动升弓泵）：远离受电弓的一端为一位端。

M_1 车、M_2 车：客室端墙内都有电气柜的一端为一位端，只有一个电气柜的为二位端（另一个为空）。

2. 列车的端部

列车的端部和侧部的规定是对一个动力单元而言的。两个司机室端均称为列车的一位端,两个动力单元斜对角对称。当观察者站在车内,面对车辆一位端时,观察者右侧的一侧为车辆的一位侧,另一侧为车辆的二位侧。相关规定如图1-10所示。

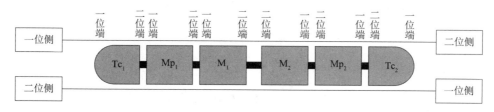

图1-10 列车的端部和侧部的规定

(三)转向架、轴、车门、座椅的编号

1. 转向架和轴的编号(图1-11)

每辆车的转向架都分一位转向架和二位转向架。一位转向架在车辆的一位端,二位转向架在车辆的二位端。每辆车的4根轴是从一位端起顺次编号到二位端,分为轴1~轴4。

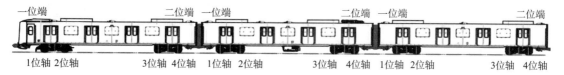

图1-11 转向架和轴的编号

2. 车门的编号

车门扇标识根据列车号、车辆号、车门位及门扇进行编号:沿着每辆车的一位侧,车门位用1~7的奇数进行连续编号,沿着每辆车的二位侧,车门位用2~8的偶数进行连续编号,门扇用字母A和B表示(当人面对门板内侧时,A为左门扇,B为右门扇)。例如,"0122A"表示第1列第2辆车2号车门的左门扇。车门的编号如图1-12所示。

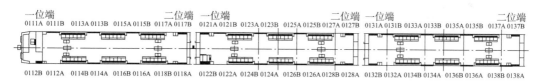

图1-12 车门的编号

3. 座椅的编号

每辆车都有6套座椅沿纵向排列在车辆的两侧,这些座椅的编号是1~6,一位侧是偶数字,二位侧是奇数字。座椅1和2与一位端最近,座椅5和6与二位端最近。座椅的编号如图1-13所示。

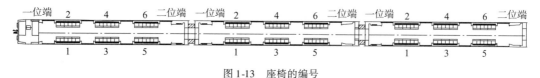

图1-13 座椅的编号

课题二　车辆的组成和主要技术参数

一、城市轨道交通车辆的组成

城市轨道交通车辆是由功能不同的多个子系统组成的紧密联系的综合系统，一般包括车体及客室内装、转向架、车门系统、车钩缓冲装置、贯通道装置、制动系统、空调和通风系统、电气牵引系统、列车广播和乘客信息系统、辅助电源系统、列车控制和故障诊断系统等。

（一）车体及客室内装

1. 车体

车体是容纳乘客和司机（带司机室的车辆）的部分，是安装与连接其他设备和部件的基础。城市轨道交通车辆车体采用大断面铝型材或不锈钢材全焊接结构，一般均设有底架、侧墙（车窗、车门）、端墙、车顶棚等。车体分为带司机室车体和无司机室车体两种。

车体的模块化结构组成

2. 客室内装

客室内装包括：地板，预制成型的顶板，侧墙板，端墙板，侧顶盖板，车窗，空调系统送、回、排风口等。客室内一般安装有乘客座椅、照明灯、立柱扶手、灭火器、乘客信息显示器和图像显示屏、广播扬声器、乘客-司机对讲装置、紧急开门装置及车门状态指示灯、安全监控摄像头、电气控制柜等。客室内装如图1-14所示。

图1-14　客室内装

下面以哈尔滨地铁B型车为例说明列车设备。

（1）客室设备（图1-15）。

①乘客紧急报警装置位于客室3门、6门旁。

②安全锤位于1门、8门旁。

③车内指示灯：车门切除时亮红色指示灯；车门开启时亮黄色指示灯，车门关好时灭，开关过程中闪烁。

④车外指示灯：制动不缓解时亮红色指示灯，车门未关好时亮黄色指示灯。

⑤每辆车内部每侧设2个紧急解锁装置，分别在3门、4门、5门、6门旁边；每辆车外部每侧设1个紧急解锁装置，分别在3门、6门外。

⑥每个车门的内外侧均设有隔离锁。

⑦制动隔离塞门客室内为1号、5号座椅下；车底为每节车一位侧有2个（有的车辆两个制动隔离塞门设在一起）。

⑧客室摄像头：每节车有2个，分别设在3门、6门前。客室照明采用AC 220V电压供电，客室紧急照明分布在1门、4门、5门、8门前。采用DC 110V电压供电，客室不区分正常照明和紧急照明，根据工况调整客室的照度。

a) 乘客紧急报警装置　　　　　　　　b) 安全锤

c) 车内指示灯　　　　　　　　d) 车外指示灯

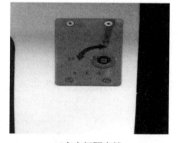

e) 车内紧急解锁装置　　　f) 车外紧急解锁装置　　　g) 车内门隔离锁

h) 车外门隔离锁　　　i) 车内转向架制动隔离塞门　　　j) 车外转向架制动隔离塞门

图 1-15

k)残疾人座椅固定区

l)客室电视

m)动态地图

图 1-15　客室设备

⑨灭火器分布：一列车共有 14 个灭火器，其中 Tc 车 3 个（在司机室 1 个，客室二位端的一、二位侧各 1 个）；Mp_1、Mp_2、M_1、M_2 车各 2 个，分别在客室一位端一位侧、二位端二位侧各 1 个。

（2）车下设备。

①Tc 车车下设备（图 1-16）：包括制动模块、滤波电抗器、辅助充电器（AB 箱）、蓄电池箱、制动阀、紧急逆变器。

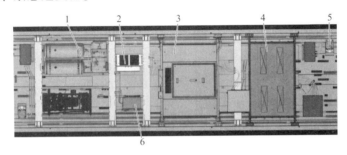

图 1-16　Tc 车车下设备

1-制动模块；2-滤波电抗器；3-辅助充电器（AB 箱）；4-蓄电池箱；5-制动阀；6-紧急逆变器

②Mp 车车下设备（图 1-17）：包括制动阀、制动电阻、牵引高压箱（PH 箱）、紧急逆变器、制动模块、接地汇流箱、滤波电抗器。

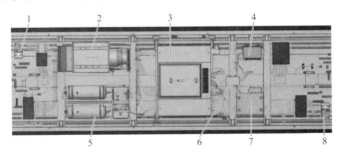

图 1-17　Mp 车车下设备

1、8-制动阀；2-制动电阻；3-牵引高压箱（PH 箱）；4-紧急逆变器；5-制动模块；6-接地汇流箱；7-滤波电抗器

③M_1 车车下设备（图 1-18）：包括制动模块、牵引辅助箱（PA 箱）、滤波电抗器、制动阀、制动电阻、接地汇流箱、紧急逆变器。

④M_2 车车下设备（图 1-19）：包括制动阀、接地汇流箱、牵引箱（P 箱）、制动模块、紧急逆变器、制动电阻。

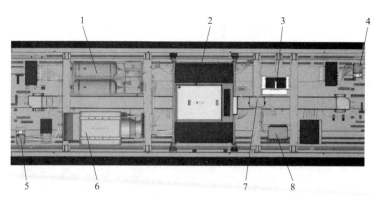

图1-18 M_1车车下设备

1-制动模块;2-牵引辅助箱(PA箱);3-滤波电抗器;4、5-制动阀;6-制动电阻;7-接地汇流箱;8-紧急逆变器

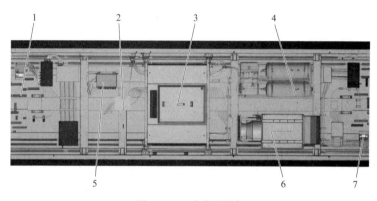

图1-19 M_2车车下设备

1、7-制动阀;2-接地汇流箱;3-牵引箱(P箱);4-制动模块;5-紧急逆变器;6-制动电阻

(二)转向架

转向架,又称走行部,是能相对车体回转的一种走行装置。车辆动车转向架如图1-20所示。转向架用来牵引车辆沿着轨道行驶并承受和传递来自车体及线路的各种载荷,缓和其动力作用,是保证车辆运行品质的关键部件。转向架可分为动力转向架和非动力转向架两种。转向架一般由构架、一系悬挂装置、二系悬挂装置、基础制动装置(闸瓦制动或盘形制动)等组成。动力转向架还装有牵引电动机和传动装置。城市轨道交通车辆转向架一般由两台二轴转向架组成。

动车转向架的结构总体

(三)车门系统

车门包括客室车门、司机室侧门、客室与司机室通道门、司机室前端疏散门。城市轨道交通车辆的客室车门主要有内藏门、外挂门和塞拉门三种结构形式。有轨电车一般采用外摆门。客室车门关系到乘客的安全,要求在运行中必须可靠锁闭,在设计上通过监测装置将车门状态与列车牵引指令电路联锁。同时,为了应对故障或紧急情况,每个车门都配置了可现场操作切除装置和紧急开门装置。

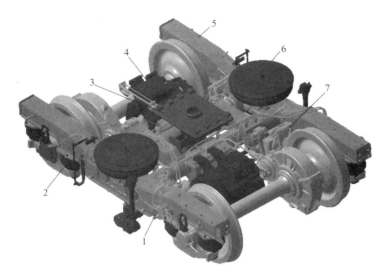

图 1-20　车辆动车转向架

1-走行部检测；2-一系悬挂装置；3-中央牵引装置；4-驱动装置；5-构架；6-二系悬挂装置；7-基础制动装置

（四）车钩缓冲装置

车钩缓冲装置安装在底架牵引梁上，是车辆的一个安全部件。其作用是将机车与车辆或车辆与车辆之间互相连接，起到传递牵引力缓和冲击力的作用，实现电路和气路的连接。车钩缓冲装置主要由车钩、缓冲器、解钩风缸及其他附属配件等组成。城市轨道交通车辆车钩一般分为全自动车钩、半自动车钩和半永久车钩（牵引杆）三种。自动车钩需要连接电气和空气管路，一般采用密接式自动车钩。缓冲器一般有橡胶缓冲器和弹性胶泥缓冲器两种。城市轨道交通车辆全自动车钩缓冲装置如图 1-21 所示。

缓冲器的结构和原理

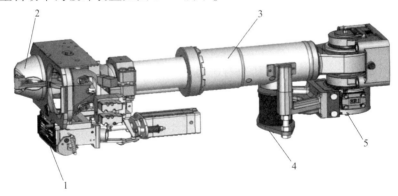

图 1-21　城市轨道交通车辆全自动车钩缓冲装置

1-电钩头；2-机械钩头；3-缓冲器及压溃管；4-安装吊挂装置；5-对中装置

（五）贯通道装置

贯通道装置可实现两节车客室之间的柔性连接，是保证车辆通过曲线的关键部位，并可让乘客均匀地在列车中分布。贯通道可防水和隔音，使客室环境不受外部天气影响。两节车厢间贯通道由两半通道对接而成。贯通道由车体框、折棚、顶板、护板、渡板及踏板等部件组成。波纹形折棚上的两个连挂框架，一个装在车体端面，另一个用于与另一节车厢的贯通道连挂框架连接。地面渡板由车钩上的滑动支撑板承载。城市轨道交通车辆一般采用宽体式贯通道装置，如图1-22所示。宽体式贯通道装置具有良好的防雨、防风、防尘、隔音功能，保证乘客能随时、安全、方便地通过。

图1-22 宽体式贯通道装置

（六）制动系统

制动系统的主要作用是产生制动力，保证运行中的列车按需要减速或在规定的距离内安全停车以及防止静止的车辆溜走，保证行车安全。拖车上只安装空气制动装置，动车上除安装空气制动装置外还有再生制动、电阻制动装置，有的车辆还装有磁轨制动装置、液压制动装置等。制动装置如图1-23所示，其中图1-23a）为带有辅助控制板的EP2002阀，图1-23b）为活塞式空气压缩机。

 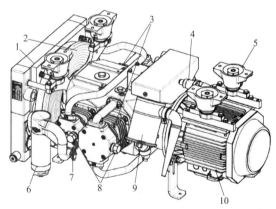

a)带有辅助控制板的EP2002阀　　　　　　b)活塞式空气压缩机

图1-23 制动装置

1-冷却器；2-风扇；3-低压缸；4-真空指示器；5-弹性橡胶悬挂；6-水分离阀；7-高压缸；8-高、低压缸安全阀；9-空气过滤芯；10-三相电动机

(七）空调和通风系统

空调和通风系统包括空调机组及控制单元、送风道/回风道、送风口/回风口、排废气口、温度传感器、紧急通风电源、司机室送风机、废气排风机等。其作用是为客室和司机室的室内环境提供温度调节、空气除湿和通风。空调机组一般安装在车顶，如图1-24所示。

图1-24 空调机组

(八）电气牵引系统

电气牵引系统由受流装置（受电弓或受电靴）、高速断路器（HSCB）、牵引逆变器（VVVF）及控制单元、牵引电动机、联轴节、齿轮箱等组成。其工作过程是将从电网输入的电能经转化后控制牵引电动机的运转，牵引电动机输出功率传给轮对，轮对驱动列车运行，如图1-25所示。

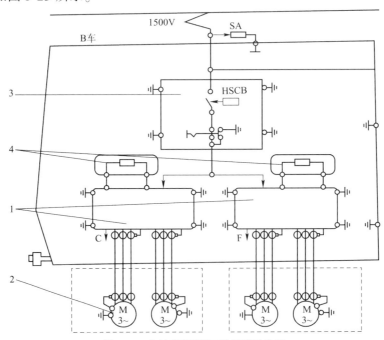

图1-25 电气牵引系统工作过程示意图

1-牵引逆变器；2-牵引电动机；3-高速断路器；4-制动电阻；HSCB-高速断路器；SA-避雷器

在受电制式上，我国一般有DC 750V和DC 1500V两种形式（市域快速采用单相交流

25kV），第三轨受流有 DC 750V 和 DC 1500V 两种，架空线接触网供电一般是 DC 1500V（长春轻轨采用 DC 750V 架空接触网供电）。DC 1500V 供电的优点：①可提高牵引电网供电质量，降低迷流数值，增加牵引供电距离，从而减少牵引变电所数量；②便于城市轨道交通线路实现地下、地面和高架的联动。

（九）列车广播和乘客信息系统

列车广播和乘客信息系统如图1-26所示。列车广播系统（PA）有对客室的集中广播、客室内装有乘客与司机对讲的设备，车门的关门动作提示声也由列车广播系统播出；乘客信息系统包括文字图形显示［如LED（发光二极管）］、指示灯到站显示、图像显示［如LCD（液晶显示器）］等。为了安全的需要，有的城市轨道交通车辆上还装备了视频监控系统（CCTV），通过客室内摄像头将客室内图像送到司机室和地面运营控制中心（OCC）。

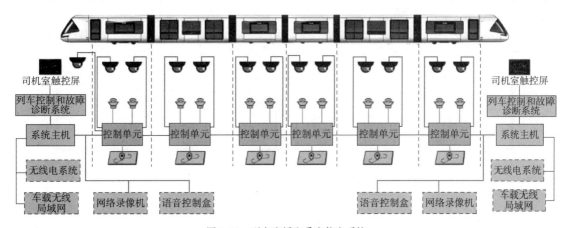

图1-26　列车广播和乘客信息系统

（十）辅助电源系统

辅助电源系统是指三相交流380V电源、低压直流电源和蓄电池，其中低压直流电源通常有110V直流电和24V直流电。

380V交流电的负载有空气压缩机、空调系统、各类风机、220V插座；直流110V电源的负载有触头控制电路、各系统的电子控制电路、照明电路、指示灯、车门驱动系统、广播系统、乘客信息系统、紧急通风电源等。

（十一）列车控制和故障诊断系统

列车控制和故障诊断系统（TCMS）是指列车的计算机总线控制系统，如图1-27所示。列车的计算机控制单元通过列车、车辆总线与各节车的各子系统、设备的计算机控制单元连接在一起，以通信协议方式建立实时的通信联系，进行指令、状态信息的传输，实现对列车状态的控制、监测、数据存储、故障诊断以及人机界面显示器（HMI）交流。列车计算机控制单元通常在列车的两端对称设置，功能相同，工作时一个为主机，另一个为辅机。

列车采用计算机故障自诊断系统，其硬件包括CCU（列车中央控制单元）、HMI、RIOM（远程输入/输出模块）、ERM（列车数据及事件记录器）等。ERM接收各个子系统通过 MVB 总线传输的故障信息，按照故障分类进行存储和报警提示。各子系统通过 MVB 总线传输故障发生时的信息到 CCU，CCU 传送给 ERM，另外，实时性要求高的故障传送给 CCU 的同时也可直接传送给 ERM，VCU 将日期和时间加到设备项的故障代码上，并将对应的故障发送给 HMI，HMI 内部具有即时（当前发生的）故障判别能力，当故障发生时，即时提示给司机。

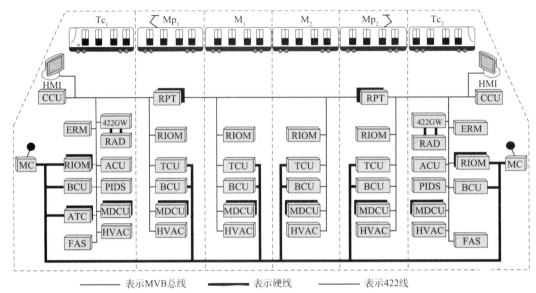

图 1-27 列车控制和故障诊断系统

CCU-列车中央控制单元；RPT-中继器；ERM-列车数据及事件记录器；RAD-无线通信系统；TCU-列车控制单元；MC-主控手柄（司机控制器）；ACU-辅助变流器；PIDS-乘客信息显示系统；BCU-制动控制单元；MDCU-主电子门控单元；HVAC-暖通空调控制单元；FAS-火灾自动报警系统；RIOM-远程输入输出模块；GW-网关

二、城市轨道交通车辆的主要技术参数

城市轨道交通车辆的主要技术参数是指用来概括车辆技术规格的相关指标，从而从总体上对车辆性能及结构进行表征。车辆的技术参数分为性能参数与主要尺寸两部分。

（一）车辆的性能参数

（1）车辆自重、载重：空车时，车辆自身的全部质量称为车辆自重；车辆允许的正常最大装载质量称为车辆载重。

（2）速度：速度参数包括最高试验速度、最高运行速度、最大起动加速度、最大制动减速度。

①最高试验速度：指车辆设计时，按安全及结构强度等条件所允许的车辆最高行驶速度。

②最高运行速度：除满足上述安全及结构条件外，还必须满足连续以该速度运行时车辆有足够良好的运行性能。一般地铁车辆最高运行速度 80~100km/h，轻轨车辆 70~80km/h。

③最大起动加速度：在平直线路上，额定定员的载荷条件下，列车在起动过程中单位

时间内速度的增加量（m/s²）。一般情况下，地铁车辆为 0.9~1.0m/s²，轻轨车辆为 0.8~1.3m/s²。

④最大制动减速度：在平直线路上，额定定员的载荷条件下，列车在制动过程中单位时间内速度的减小量（m/s²）。一般情况，地铁车辆常用制动时的平均减速度≥1.0m/s²，紧急制动时的平均减速度≥1.2m/s²。轻轨车辆常用制动时的平均减速度约为 1.2m/s²，紧急制动时的平均减速度带磁轨制动时约为 2.0m/s²，不带磁轨制动时约为 1.4m/s²，紧急制动时的平均减速度 1.2m/s²。

（3）轴重：车辆总重（车辆自重 + 车辆载重）和轴数的比值。轴重值一般不允许超过线路及桥梁所容许的数值。线路容许轴重与钢轨型号、每公里线路上铺设的枕木数量、线路上部结构的状态以及列车的运行速度有关。一般地铁车辆的轴重为 12~16t，轻轨车辆的轴重 10~12t。

（4）每延米重（每延米线路载荷）：车辆总重与车辆长度的比值。它既是车辆设计中与桥梁、线路强度密切相关的一个指标，又是能否充分利用站线长度、提高运输能力的一个指标。

（5）通过最小曲线半径：指配用某种形式转向架的车辆在站场或厂段内调车时所能安全通过的最小曲线半径。当车辆在此曲线区段上行驶时，不得出现脱轨、倾覆等危及行车安全的事故，也不允许转向架与车体底架或与车下其他悬挂物相碰。

（6）轴配置或轴列数：指车辆所配转向架动轴与非动轴等排列情况。所谓轴列式是指用英文字母或数字来表示车辆转向架结构特点的一种简单方法。通常，英文字母表示动轴数（如 B 表示 2 根动轴，C 表示 3 根动轴等），数字表示从轴数（2 表示 2 根从轴，3 表示 3 根从轴等）。例如，4 轴动车，设两台动力转向架，则轴配置记为 B-B；6 轴单铰轻轨车，两端为动力转向架，中间为非动力转向架，其轴配置记为 B-2-B；8 轴单铰轻轨车，两端为动力转向架，中间为非动力转向架，其轴配置记为 B-2-2-B。

（7）列车平稳性指标：反映车辆振动对人体感受造成影响的主要指标，其值越大，说明车辆的稳定性越差，一般要求车辆的平稳性指标值应小于 2.7。

（8）冲击率：由于工况改变引起的列车中各车辆所受到的纵向冲击，以加速度变化率来衡量（m/s³）。要求车辆的纵向冲击率不得超过 1m/s³。

（9）制动形式：有摩擦制动、再生制动、电阻制动、磁轨制动、液压制动等多种形式。

（10）转向架安全性指标：反映转向架运行平稳、稳定性能的指标，包括脱轨系数、倾覆系数、轮重减载率等。

（11）座席数及定员数：座席数一般为 A 型车 54 人（8 组 6 人，3 组 2 人）、B 型车 36 人；定员数一般为 A 型车 266~310 人、B 型车 230~250 人，按 6 人/m² 计算。

（二）车辆的主要尺寸

（1）车辆全长。车辆前、后两车钩连挂中心线之间的距离称为车辆全长。

（2）车体长度和底架长度。车体长度指车体两外端墙板（非压筋处）外表面间的水平距离。底架长度指底架两端梁外表面间的水平距离。

(3) 车辆宽度与车辆最大宽度。车辆宽度指车辆两侧的最外凸出部位之间的水平距离。车辆最大宽度指车辆侧面的最外凸出部位与车体纵向中心线间的水平距离的两倍。

(4) 车辆高度与车辆最大高度。空车时，车体上部外表面至轨面的垂直距离为车辆高度。车辆最大高度指空车时车辆上部最高部位至轨面的垂直距离。

(5) 车体内部主要尺寸。车体内长是指车体两端墙板内表面间的水平距离。车体内宽是指车体两侧墙板内表面间的水平距离。车体内侧面高是指地板上平面至侧墙上侧梁的上平面间的垂直距离。车体内中心高是指由地板上平面至车顶中央部内表面间的垂直距离。

(6) 地板面高度：空车时，底架地板上表面至轨面的垂直距离；取新造或修竣后空车的数值。上海地铁车辆地板面高为1130mm，北京地铁车辆地板面高为1053mm。

(7) 车钩中心线高度：空车时，车钩中心线至轨面的垂直距离；取新造或修竣后空车的数值。列车中各车辆的钩高基本一致，从而保证车辆连挂和运行平稳。广州地铁、上海地铁车辆钩高770mm，北京地铁车辆钩高660mm。

(8) 车辆定距：指一辆车两转向架中心之间的距离。车辆定距是车辆计算中不可缺少的技术参数。一般在制造车辆时，取车体长度与定距之比为1.4∶1。比例过大时易引起牵引梁下垂。但比例也不可过小，否则会造成通过曲线线路时车体中部偏移量过大。

(9) 固定轴距：指一个转向架最前位车轴和最后位车轴中心线间的水平距离。列车转向架的固定轴距一般为 A 型车 2200~2500mm，B 型车 2000~2300mm。轻轨车辆转向架的固定轴距为 1800~2100mm。

课题三　车辆的通用技术条件和车辆限界

一、车辆通用技术条件

(一) 车体及其内装设备

1. 车体

(1) 同一型号车辆应具有统一的基本结构形式。

(2) 车体采用整体承载结构，在其使用期限内能承受正常载荷的作用而不产生永久变形和疲劳损伤，并有足够的刚度，能满足修理和纠正脱轨的要求。在最大垂直载荷作用下，车体静挠度不超过两个转向架支承点之间距离的1‰。

(3) 整备状态下的车辆，停在平直轨道上并将制动缓解，其车体底架和转向架构架以轨面为基准的高度值，应符合产品技术条件规定。

(4) 新设计车辆的车体不产生永久变形和断裂的能力应通过计算和试验证明。在车体底架上承受相当于车辆整备状态时的垂直载荷时，沿车钩中心水平位置施加规定的纵向载荷，其试验合成应力不应超过许用应力。使用的许用应力值应取自用户与制造商均认可的国家或国际标准。

（5）车体的试验用纵向静载荷，若用户和制造商在合同中没有特殊规定，则 A 型车不低于 0.8MN（81t）；B 型车：不低于 0.49MN（50t）。

（6）车体的试验用垂直载荷：

1.1×（运转整备状态时的车体重量＋最大载客重量）－车体结构重量＋试验器材重量

式中：最大载客重量——乘务员、座席定员及最大立席乘客的重量。

最大立席（超员）人数按 9 人/m² 计，站立面积应为除去座椅及前缘 100mm 外的客室面积，人均体重按 60kg 计算。

（7）车辆结构设计寿命为 30 年。

（8）车辆密封性能应符合国际标准《车辆组装和运行前的整车试验》（IEC 61133—2006）的要求。车体以及安装在车体外部的各种设备的外壳和所有的开孔、门窗、孔盖均能防止雨雪侵入。封闭式的箱、柜应密闭良好，在清洗机械时不应渗水、漏水。

（9）车体结构的内外墙板之间及底架与地板之间，应敷设吸湿性小、膨胀率低、性能稳定的隔热、隔音材料。

（10）车辆应设有架车支座、车体吊装座，并标注允许架车、起吊的位置，以便于拆装起吊和救援。

（11）在地面行驶的列车两端宜设可调整的排障器，其形状应有利于排除轨道障碍物。

（12）列车两端的车辆可设置防意外冲撞的撞击能量吸收区，以保护司机与乘客的安全。地面或高架运行的列车两端可装设防爬装置。

2. 司机室

（1）司机室应视野宽广，应能使司机在运行中清楚、方便地瞭望到前方信号、线路接触网（接触轨）、隧道和站台。

（2）司机室的前窗玻璃应采用安全玻璃，即在任何部位受到击穿或敲击时不会崩散。前窗应设刮雨器与遮阳装置，在寒冷地区前窗玻璃应采用电加热玻璃，其抗穿透性和抗冲击性应符合《机车、动车组前窗玻璃》（TB/T 1451—2022）的有关规定。

（3）司机室侧面设司机室侧门；在未设安全通道的线路上运行的列车两端应设紧急疏散门；司机室与客室之间应设连通门，其净开宽度不小于 550mm，高度不低于 1800mm。

（4）司机操纵台的外形、结构、各种操纵装置及信息反映方式与司机室座位的布置应符合人体工程学原理，保证司机在有限的活动范围内驾驶舒适，同时能观察到信息设备和前方线路。

（5）驾驶座椅为软式或半软式，其高度、前后位置应可以调整。司机座椅的设计应做到可让司机在必要时迅速离开。

（6）司机室灯光照明在地板中央的照度为 3~5lx，司机操纵台面为 5~10lx，指示灯、车载信号灯和人工照明均不应引起司机瞭望行车信号时产生错觉，并应设置较强照度的照明装置，以适应室内设备检查维修时的需要。

（7）司机操纵台的仪表和指示灯在隧道内或晚上关闭照明时以及地面日光下，都能在 500mm 远处清楚地看见其显示值。

3. 客室

（1）客室两侧应合理布置数量充足的车门，每扇门的净开宽度不小于1300mm，高度不低于1800mm。

（2）客室侧门的开闭一般采用电气控制方式，以电力或压缩空气为动力，其传动和控制应安全可靠。侧门的开闭由司机统一控制，也可由列车自动控制（ATC）；客室侧门应具有非零速自动关门的电气联锁及车门闭锁装置，在车辆行驶中确保门的锁闭无误。单个侧门应具有系统隔离功能，在发生故障时能与门控系统切除，还应有在客室内手动操作解锁开闭车门的功能；车辆每侧至少应有一个车门可以从外侧使用钥匙进行开启、关闭操作。客室侧门关闭时应具有缓冲动作，并具备保护措施（如护指胶条）和单门再关闭装置以避免夹伤乘客。

（3）客室内布置适量车窗，车窗为固定式，在部分车窗上部设置可开闭式眉窗。车门、车窗玻璃应采用性能符合《建筑用安全玻璃 第2部分：钢化玻璃》（GB 15763.2—2005）规定的安全玻璃，在遇到紧急情况时能用猛力或尖锐物将其击碎，一旦发生破坏其碎片不会对人造成严重伤害。车窗采用中空玻璃时应符合《中空玻璃》（GB/T 11944—2012）的规定。

（4）客室内布置适量的客室座椅，座椅形状应满足人体工程学要求。

（5）内墙板应采用易清洗、装饰性好的阻燃材料制造。地板应具有耐磨、防滑、防水、防静电和阻燃等性能。客室的座椅、装饰及广告等应使用难燃或高阻燃材料制作。

（6）客室内应设置数量足够且牢固美观的立柱、扶手杆，并可根据需要加装适量的吊环。

（7）客室应有足够的灯光照明，在距地板面高800mm处的照度平均值不低于200lx，最低照度平均值不低于150lx（在车外无任何光照时）。在正常供电中断时，备有紧急照明，其照度应不低于10lx。

（8）连接的两节车辆之间应设置贯通道。贯通道应密封、防火、防水、隔热、隔音。贯通道用密封材料应有足够的抗拉强度，安全可靠、不易老化，贯通道渡板应耐磨、平顺、防滑、防夹。

（9）每节车中至少应设置一处轮椅专用位置并应有乘轮椅者适用的抓握或固定装置。

（二）转向架

（1）车辆走行机构的性能、主要尺寸应与轨道相互协调，并保证其相关部件在允许磨损限度内，仍能确保列车以最高允许速度安全、平稳地运行。即使在悬挂系统或减振系统损坏时，也应能确保车辆在轨道上安全地运行到终点。

（2）转向架构架结构强度试验可按照《转向架构架强度试验》（UIC 615-4—2003）的要求进行。

（3）转向架构架应做改善内应力处理。

（4）悬挂系统宜采用如下结构：

①一系悬挂为金属橡胶弹簧或金属圆弹簧，可配置垂向减振器。

②二系悬挂为空气弹簧，并应设置高度自动调整装置。

③转向架构架和车体之间安装横向减振器及横向止挡。

（5）动车转向架牵引电动机的安装应采用架悬式。构架电动机吊座与齿轮箱吊座的设计应能保证其在寿命期内不发生疲劳裂纹。

（6）车轮采用辗钢整体车轮或弹性车轮，其踏面形状符合《机车车辆车轮轮缘踏面外形》（TB/T 499—2016）的要求。轴箱应密封良好，轴箱温升不应超过30℃。

（三）制动系统

（1）列车应采用由计算机控制的制动系统，应具备电制动和空气制动两种制动方式。空气制动应具有相对独立的制动能力，即使在牵引供电中断或电制动出现故障的情况下，也应能保证空气制动发挥作用，使列车安全停车。

（2）制动系统应具有常用制动、紧急制动功能，具有根据空重车调整制动力大小的功能。列车在平直轨道上实施紧急制动时，应能在规定的距离内停车。

（3）电制动与空气制动应能协调配合，常用制动应充分利用电制动功能并具有冲动限制。电制动时优先采用再生制动，电制动与空气制动应能实现平滑转换，在电制动的制动力不足时，空气制动按总制动的要求补充不足的制动力。

（4）基础制动装置可采用踏面制动或盘形制动。

（5）制动系统应具有防滑功能。

（6）列车应设有停放制动装置，保证在线路最大坡度、最大载荷的情况下施加停放制动的列车不会发生溜逸。它的制动力应仅通过机械方式产生并传递。

（7）列车应有两台或两台以上独立的电动空气压缩机组，当一台电动空气压缩机机组失效时，其余电动空气压缩机组的性能、排气量、供气质量和储风缸容积应均能满足整列车的供气要求；压缩机组应设有干燥器和自动排水装置；压力调节器和安全阀动作值应准确、可靠。储风缸的容积应满足压缩机停止运转后列车3次紧急制动的用风量。

（8）压缩空气管路应采用不锈钢或铜材料，管路和储风缸安装前应做防锈、防腐和清洁处理，以利于风路畅通。

（9）空气系统的气密性应符合国际标准《车辆组装和运行前的整车试验》（IEC 61133—2006）的要求，空气系统（包括主风缸、制动管路、风动门、空气悬挂、电空装置等）的压力值在关闭气路后5min内下降不应超过20kPa；制动缸压力经3min后，降低值不超过10kPa。

（10）车辆基础制动装置的闸瓦压力实际值不应超过设计值的±5%。

（11）在列车意外分离时，应立刻自动实施紧急制动保证分离的列车自动制动，并应使司机便于识别。

（四）电气系统

（1）电力牵引应采用变频调压的交流传动系统。

（2）牵引电动机应符合《铁路电力牵引供电工程施工质量验收标准》（TB 10421—2018）的规定。

(3) 电气设备的电磁兼容性应符合《轨道交通 电磁兼容 第3-2部分：机车车辆设备》（GB/T 24338.4—2018）的规定。

(4) 电气系统应有良好的绝缘保护。各电路应能经受耐受电压试验，试验电压值为受试电路中电气设备试验电压最低者的85%。试验时应将电子器件的电气仪表加以防护或隔离，使其不承受电路耐受电压。

(5) 主电路、辅助电路、控制电路应有可靠的保护。各种保护的整定值、作用时间、动作程序应正确无误。主电路的过电流保护还应与牵引变电所的过电流保护相协调，在各种短路状态下能够可靠地分断，并应有故障显示和故障切除装置，以维持列车故障运行。

(6) 各电气设备保护性接地要可靠，接地线要有足够的截面积。各车轴上的接地装置应可靠地保护轴承不受接地电流的影响。各电路接地电阻应符合有关规定，应确保车辆中可能因故障带电的金属件及所有可触及的导电体的等电位连接。

(7) 各电路电流回线应独立连接到回流排上，回流排应与车体任何裸露导电部件绝缘。电流回线不应危及过电流保护装置和接地装置的动作。

(8) 牵引系统应能够充分利用轮轨黏着条件，能够按照车辆载重量自动调整牵引力或电制动力的大小，并应具有反应及时的防空转、防滑行控制和防冲动控制。

(9) 当多台电动机由一个变流器并联供电时，其定额功率应考虑轮径差与电动机特性差异引起的负载分配不均以及在高黏着系数下运行时轴重转移的影响。制造商应将允许的最大轮径差通知用户，以便用户在轮对检修时加以控制。

(10) 受电器（受流器或受电弓）应受流状态良好，受流时对受电器或供电设施均无损伤或异常磨耗。受电弓的接触压力为100~140N，受流器的接触压力为120~180N。

(11) 采用受电弓受电的列车应设避雷装置。

(12) 辅助电源系统由辅助变流器和蓄电池等组成。辅助变流器应符合IEC 61287-1的规定，其容量应能满足车辆各种工况下的使用需求。

(13) 蓄电池的浮充电性能良好，其容量应能够满足车辆在故障情况下的应急照明、外部照明、车载安全设备、广播、通信、应急通风等系统工作不低于45min；地面线与高架线不低于30min。

(14) 车体外安装的需要保持内部清洁的电气设备箱应具有不低于《外壳防护等级（IP代码）》（GB/T 4208—2017）中规定的IP54等级的防护性能。

(15) 各电路的电气设备连接导线应采用多股铜芯电缆，电气耐压系统级、导电性能、阻燃性能均应符合《机车车辆电缆 第1部分：动力和控制电缆》（TB/T 1484.1—2017）的要求，电缆所用材料在燃烧和热分解时不应产生有害和危险烟气。使用的光缆和通信电缆应符合产品技术条件要求。

(16) 电线电缆的敷设应合理排列汇集，主、辅、控电路的电线电缆应分开走线，满足电磁兼容性的要求，纳入专用电线管槽内，并用线卡、扎带等捆扎卡牢。在不得已交叉时，高压线缆的接触部分应附加绝缘加强。穿越电器箱壳的线缆应用线夹卡牢，与箱壳临靠部位应加装防尘罩。电线管槽应安装稳固，防止车辆运行引起损伤；线管、线槽应防止油、水及其他污染物侵入。车辆布线规则应符合《轨道交通 机车车辆布线规则》

（GB/T 34571—2017）的规定。

（17）电线电缆端头与接头压接应牢固、导电良好；两接线端子间的电线不允许有接头。每根电线电缆的两端应用清晰耐久的线号标记。

（18）车上各种测量指示仪表的准确度不应低于2.5级。

（五）空气调节及采暖装置

（1）车辆的空调制冷能力，应能满足在环境温度为33℃时，车内温度不高于（28±1）℃，相对湿度不超过65%。不同地区可根据当地气候条件在合同中另行规定温度要求。

（2）空调装置采用集中控制方式，同步指令控制，分时顺序启动。

（3）空调机组中制冷系统的密封性能应符合《铁道客车空调 空调机组》（TB/T 1804—2017）的要求。

（4）空调机组应有可靠的排水结构，在运用中凝结水及雨水不应渗漏或吹入到客室内。

（5）客室内采用空调系统时，其新风口和风道设置应确保制冷效果及乘客舒适性的要求，人均新风量不应小于10m^3/h（按额定载客人数计）。客室内仅设有机械通风装置时，人均供风量不应少于20m^3/h（按额定载客人数计）。

（6）司机室采用空调时，人均新风量不小于30m^3/h。不同地区有特殊需要时，可在合同中另行规定。

（7）用于冬季寒冷地区的车辆应设取暖设备，运行时应维持司机室温度不低于14℃。

（8）采暖装置应能根据需要按不同工作挡位调节温度。

（9）对安装采暖设备部位的侧墙、地板及座椅等应进行安全隔热处理。根据《铁道客车及动车组电取暖器》（TB/T 2704—2016）的规定，车用电加热器罩板表面温度不应高于68℃。

（10）空调和采暖设备应具有相应的电气保护功能。

（六）安全设施

（1）司机操纵台应设置紧急停车操纵装置和警示按钮。

（2）司机室内应设置客室侧门开闭状态和车载信号显示装置，并应便于司机观察。

（3）车辆应有列车自动防护（ATP）系统或ATP系统与列车自动驾驶（ATO）系统，以及可保证行车安全的通信联络装置。

（4）司机室前端应装设可进行远近光变换的前照灯。前照灯在车辆前端紧急制动停车距离处照度不应小于2lx。列车尾端外壁应设有可视距离足够的红色防护灯。车辆侧壁可根据需要设置显示车门开闭、制动缸缓解的指示灯。

（5）列车应设置鸣笛装置。

（6）车辆内应有各种警告标志，包括标在司机室内的紧急制动装置、带电高压设备、消防设备及电器箱内的操作警示标志等。

（7）客室、司机室应配置适合于电气装置与油脂类的灭火器具，安放位置应明显标识且便于取用。灭火材料在灭火时产生的气体不应对人体产生危害。

（8）列车应具有在特殊情况下紧急疏散乘客的能力。

（七）控制诊断系统

（1）列车宜通过列车通信网络进行控制。与运行及安全有关的控制除由列车通信网络进行外，如有必要，还应有其他形式的冗余措施。

（2）数据通信应具有以下基本功能：

①列车控制、诊断系统与列车子系统通过列车通信网络和智能终端进行通信。

②通过列车通信网络上的标准服务接口，对联网子系统的故障信息进行下载。

③主要计算机控制子系统能通过列车通信网络上的标准服务接口进行在线测试。

（3）列车诊断系统接收列车子系统（包括计算机控制与非计算机控制系统）的状态信息、故障信息，并能进行评估、储存，在司机室的显示屏上进行显示。

（4）列车主要子系统应具有自诊断及监控功能。

（5）列车控制诊断系统应具有行车事件记录功能。

（6）列车网络控制系统中关键部件的功能应有冗余。

(八) 通信与乘客信息系统

（1）列车应具有司机与行车控制调度中心进行双向通信、首尾司机室之间通信等功能。

（2）列车应具有司机对乘客广播及自动报站的装置。客室内设有扬声器，用于预告前方停站，并应设有线路、车站导向标志等乘客信息设施。

（3）客室内应设置乘客手动报警和乘客-司机对讲装置，紧急情况下乘客可向司机报警，司机在乘客报警时应能立即识别报警车辆。

（4）列车两端的司机室前部可设置运行区段显示装置。

二、限界的概念

限界是限定车辆运行及轨道区周围构筑物超越的轮廓线，是工程建设、管线和设备安装位置等必须遵守的依据。规定限界的主要目的是防止车辆在线路运行时与周围建筑物及设备发生接触，以保证车辆安全通行。限界分为车辆限界、设备限界和建筑限界三种。车辆限界就是一个限制车辆横断面最大允许尺寸的轮廓图形。无论空车或重车在直线地段运行时，所有突出和悬挂部分都应容纳在车辆限界之内，因此车辆限界是车辆在平直线上正常运行状态下所形成的最大动态包络线。建筑限界和设备限界是限制线路两侧的建筑物或设备距轨道中心和轨面所允许的最小尺寸所形成的轮廓图形。车辆限界与设备限界之间，必须留有一定的确保行车安全的空间，这个空间称为安全空间，如图1-28所示。

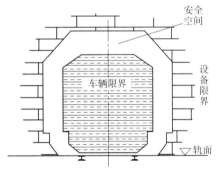

图1-28 车辆限界与设备限界

(一) 设置限界时应考虑的因素

（1）车辆制造公差引起的上下、左右方向的偏移或倾斜。

（2）车辆在名义载荷作用下弹簧受压引起的下沉，以及弹簧由于性能上的误差可能引起的超量偏移或倾斜。

（3）由于各部分磨耗或永久变形而造成的车辆下沉，特别是左右侧不均匀磨耗而引起的车辆倾斜与偏转。

（4）由于轮轨之间以及车辆自身各部分存在的横向间隙而造成车辆与线路间可能形成的偏移。

（5）车辆在走行过程中因向心力的作用而造成车辆相对线路的偏移，包括曲线区段运行时实际速度与线路超高所要求的运行速度不一致而引起的车体倾斜，以及车辆在振动中产生的上下、左右方向的位移。

（6）线路在列车反复作用下可能产生的变形，包括轨道产生的随机不平顺现象等。

（二）限界术语定义

1. 基准坐标系

基准坐标系是与线路的纵向中心线相垂直的平面内的一个二维直角坐标，该坐标的第一坐标轴与两根钢轨在名义位置且无磨耗时的顶面相切，第二坐标轴垂直于第一坐标轴，并与左右两根钢轨的名义位置等距离。

2. 车辆的偏移、偏移量及几何偏移量

在基准坐标系内，车辆横断面上各点因车辆本身原因或线路原因，在运行中离开原来在基准坐标系中所定义的设计位置称为偏移。偏移的大小称为偏移量，以 mm 为单位。在第一坐标方向的偏移称为横向偏移，在第二坐标方向的偏移称为竖向偏移。

车辆在曲线上运行时，线路的中心线是曲线，车辆的纵向中心线是直线，两者不能完全重合。车辆纵向中心线上各点在水平投影图上偏移线路中心线的距离称为曲线几何偏移，简称曲线偏移。车体的中央部偏向线路的内侧，车体的两端偏向线路的外侧，其偏移的多少分别叫作内偏移量、外偏移量。车辆在曲线上的偏移量与曲线半径的大小和车体的长度有关，若曲线半径越小或车体越长，则偏移量越大。当车辆偏移量过大时，车体有可能侵入设备限界，并使车钩互相摩擦，或引起车钩自动分离以及不能摘钩等现象。

3. 计算车辆

认定具有某一横断面轮廓尺寸和水平投影轮廓尺寸及认定结构的车辆在地铁及轻轨线路运行，并使用该车辆作为确定车辆限界及设备限界尺寸的依据，这个车辆称为计算车辆。在地铁及轻轨线路上实际运行的新车和旧车只要符合车辆限界及其纳入限界的校核，就能通行无阻，不必与计算车辆一致。

三、地铁限界

（一）地铁车辆限界

地铁车辆限界是基准坐标系中的一个轮廓线，是车辆在正常运行状态下形成的最大动态包络线。车辆及轨道线路各尺寸在具有不利公差及磨耗时，车辆在运动中处于最不利位置，涉及由各要素引起的车辆各部位的统计最大偏移后均应容纳在轮廓内。《地铁设计规范》（GB 50157—2013）中规定了钢轨钢轮、标准轨距系列的地铁限界，包括车辆限界。直线地段车辆限界分为隧道内车辆限界和高架或地面线车辆限界，后者应在前者的基础上，另加当地最大风载荷引起的横向偏移量和竖向偏移量。受电弓或受流器限界，后者应在前者的基础上，另加当地载荷引起的横向偏移量和竖向偏移量。受电弓或受流器限界是车辆限界的组成部分。

《地铁设计规范》(GB 50157—2013) 对两种车型的车辆限界经计算做了新的界定,有接触网受电的 A 型限界（计算车辆车宽 3m）、接触轨受电的 B1 型限界（计算车辆宽 2.8m）和接触网受电的 B2 型限界（计算车辆宽 2.8m）三类,适用于运行速度不超过 100km/h 的地铁工程。对于运行速度超过 100km/h 的地铁工程,也可参照执行。图 1-29 为 A 型车车辆轮廓线、车辆限界、设备限界图,其对应车辆轮廓线坐标见表 1-1；车辆限界坐标值见表 1-2。

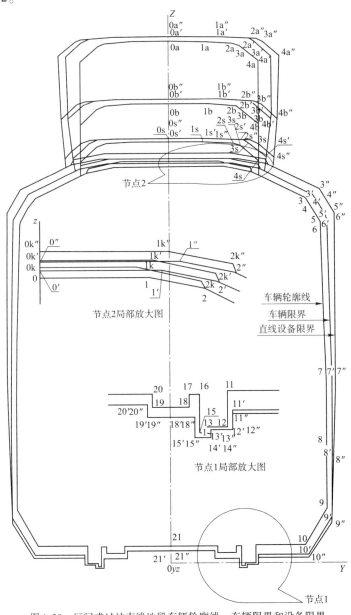

图 1-29 区间或过站直线地段车辆轮廓线、车辆限界和设备限界
[本图摘自《地铁设计规范》(GB 50157—2013) 附录 A]

车辆轮廓线坐标值（mm）
[本表摘自《地铁设计规范》(GB 50157—2013) 附录 A]　　　表 1-1

点号	0	1	2	3	4	5	6	7	8	9
Y	0	525	798	1300	1365	1444	1450	1500	1500	1500
Z	3800	3800	3745	3504	3416	3277	3231	1800	1130	520
点号	10	11	12	13	14	15	16	17	18	19
Y	1294	811.5	811.5	708.5	708.5	676.5	676.5	626	626	450
Z	170	170	0	0	−28	−28	160	160	95	95
点号	20	21	0k	1k	2k	0s	1s	2s	3s	4s
Y	450	0	0	467	777	0	325	615	687	850
Z	160	160	3850	3850	3787	4040	4040	4022	3992	3856
点号	0a	1a	2a	3a	4a	0b	1b	2b	3b	4b
Y	0	325	615	687	850	0	325	615	687	850
Z	5000	5000	4982	4952	4816	4400	4400	4382	4352	4216

注：表中第 0～9 点是车体上的控制点；第 10、11 点是转向架上的控制点；第 12～15 点是车轮上的控制点；第 18、19 两点为联结在车轴上的齿轮箱点；第 16、17、20 点为联结在转向架构架上的信号接收设备的最低点；第 0s、1s、2s、3s、4s 点为隧道内受电弓控制点；第 0a、1a、2a、3a、4a 点为隧道外受电弓（高度 5000m）控制点；第 0b、1b、2b、3b、4b 点为隧道外受电弓（高度 4400m）控制点。

车辆限界坐标值（隧道内区间直线地段）（mm）
[本表摘自《地铁设计规范》(GB 50157—2013) 附录 A]　　　表 1-2

点号	0′	1′	2′	3′	4′	5′	6′	7′	8′	9′
Y	0	593	866	1366	1430	1508	1514	1555	1552	1549
Z	3832	3833	3778	3538	3450	3311	3265	1722	1050	440
点号	10′	11′	12′	13′	14′	15′	18′	19′	20′	21′
Y	1321	835	835	732	732	654	654	425	425	0
Z	80	80	−15	−15	−47	−47	45	45	110	110
点号	0k′	1k′	2k′	—	—	—	—	—	—	—
Y	0	536	845	—	—	—	—	—	—	—
Z	3882	3883	3820	—	—	—	—	—	—	—
点号	0s′	1s′	2s′	3s′	4s′	—	—	—	—	—
Y	0	403	693	765	927	—	—	—	—	—
Z	4071	4071	4053	4023	3887	—	—	—	—	—

（二）地铁设备限界

地铁设备限界是基准坐标系中位于车辆限界外的一个轮廓线，是用以限制设备安装的控制线。除另有规定外，建筑物及地面固定设备的任一部分，即使涉及了它们的刚性和柔性运动在内，均不得向内侵入此限界。接触轨限界属于设备限界的辅助限界。A 型车辆设备限界坐标见表 1-3。

设备限界坐标值（隧道内区间直线地段）（mm）

[本表摘自《地铁设计规范》（GB 50157—2013）附录 A]　　表 1-3

点号	0″	1″	2″	3″	4″	5″	6″	7″	8″	9″
Y	0	672	943	1438	1500	1575	1579	1586	1566	1548
Z	3878	3879	3824	3584	3496	3357	3311	1668	996	386
点号	10″	11″	12″	13″	14″	15″	18″	19″	20″	21″
Y	1329	835	835	732	732	654	654	425	425	0
Z	53	53	−15	−15	−47	−47	45	45	110	110
点号	0k″	1k″	2k″	—	—	—	—	—	—	—
Y	0	616	924	—	—	—	—	—	—	—
Z	3928	3929	3866	—	—	—	—	—	—	—
点号	0s″	1s″	2s″	3s″	4s″	—	—	—	—	—
Y	0	486	775	846	1005	—	—	—	—	—
Z	4071	4071	4053	4023	3887	—	—	—	—	—

设备限界和车辆限界之间留有一定间隙，这个间隙主要用于未涉及因素的安全留量，按照限界制定时的规定某些偏移量计入此间隙。计算车辆曲线上和竖曲线上的曲线偏移也计入这个间隙内，因此，设备限界在水平曲线上需加宽，在竖曲线上需加高。

（三）地铁建筑限界

地铁建筑限界是基准坐标系中位于设备限界以外的一轮廓线，是在设备限界基础上，考虑了设备和管线安装尺寸之后的最小有效断面。它规定了地铁隧道的形状、尺寸、位置以及地面建筑物（包括接触网支柱、站台门等）的位置，涉及施工误差、测量误差及结构永久变形在内，任何永久性建筑物均不得向内侵入此限界。建筑限界和设备限界之间的空间应能安排各种电缆线、消防水管及消防栓、动力箱、信号箱及信号灯、照明灯、扬声器、通风管、回空线及其固定设备。地铁建筑限界应理解为建筑限界大隧道、高架桥等建筑应认为符合地铁建筑限界的。

知识窗

一条地铁线路开通运营，在土建、轨道等基建部分完成以后，需要经过冷滑试验、限界测量、热滑试验、空载试验、模拟载客试验等阶段。地铁冷滑试验及热滑试验可为下一步的地铁相关试验打下良好基础。接下来将在接触网受电的情况下，依靠地铁列车自行运行，对地铁线路、供电系统设备进行全面检测的试验。

冷滑试验是在列车不带电的情况下，由内燃机车牵引进行滑行，是地铁线路高水平试运营前的综合试验，其目的是检查车辆段和运营设备设施是否符合设计规范，线路几何尺寸是否达到运行规范。

热滑试验是指在地铁运营线路送电的情况下，依靠地铁列车自行运行，对地铁线路、供电系统设备，以及信号开关联锁系统进行全面检测的一种试验方式。

冷滑试验车如图1-30所示；限界检测如图1-31所示。

图1-30 冷滑试验车

图1-31 限界检测

项目一实训任务工单与阶段测试见本教材配套工作手册。

项目二

车体及内装系统

学习导入

车体及内装系统是由车体、司机室、客室及车辆底架设备组成。车体及内装系统是乘客乘坐的空间和司机驾驶列车的地方,也是安装、吊装其他设备的基础;车辆底架设备是车辆的重要组成部分。对电客车总体的认知是为了掌握车辆的总体结构和布局,为下一步深入学习车辆各个组成部分打下良好的基础。

知识目标

1. 了解几种不同材质的车体结构和类型;
2. 了解车体的结构尺寸、工艺;
3. 了解客室及司机室内部结构和设备。

能力目标

1. 掌握客室车厢应急设备的安装位置和操作方法;
2. 掌握司机室及客室的结构。

建议学时

6 学时。

延展阅读 2

地铁列车的全天候护航员
——城市轨道交通车辆检修工

课题一　车　　体

一、概述

车体是车辆结构的主体。车体的防腐/耐腐能力、表面保护和装饰方法,关系到车辆的外观、寿命和检修制度;车体质量,则关系到车辆的能耗、加减速度、载客能力乃至列车编组行车(动拖比)。

(一) 车体的作用与分类

车体是车辆的重要组成部件,为车体内装、车内设备、车外设备等提供安装及支撑接口,承受自重、载重、牵引力、横向力、制动力等载荷及作用力。

按照所使用的材料分类,车体可分为耐候钢车体、铝合金车体、不锈钢车体和碳纤维车体四种。早期使用的城市轨道交通车辆车体材料基本上是碳素钢(包括普通低碳钢和耐候钢),目前城市轨道交通车辆车体材料主要使用的是铝合金、不锈钢及碳纤维车体。

按照车体结构有无司机室分类,车体可分为带司机室车体和无司机室车体两种。

按照车体尺寸分类,车体可分为 A 型车车体、B 型车车体和 C 型车车体三种。例如,广州地铁 1 号线、2 号线和深圳地铁 1 号线、2 号线车辆采用了 A 型车,广州地铁 3 号线、4 号线和天津滨海轻轨采用了 B 型车。

按照车体结构工艺不同分类,车体可分为一体化结构和模块化结构两种。例如,广州地铁 1 号线车辆采用的是一体化结构,而 2 号线车辆采用的则是模块化结构。

(二) 车体材料优缺点对比

1. 耐候钢车体

耐候钢是在普碳钢中添加少量的铜、镍等元素,这样能使金属的表面形成一层抗腐蚀的金属氧化物保护膜,具有优质钢的强韧、塑延、成型、焊割、耐腐蚀、耐高温、抗疲劳等特性,这种钢在铁路货车上使用较多。由于该材料耐腐蚀,货车的厂修年限由原来普碳钢的 5 年提高到耐候钢的 9 年。耐候钢车体采用板梁组合整体承载全焊接结构,即采用大部件组装方式,将底架、侧墙、车顶、端墙部件预先组成后再组成车体。与铝合金车体、不锈钢车体相比,耐候钢车体具有材料费、制造费低以及工艺性好、造型容易的优点,但存在重量较大、抗腐蚀性能相对较差、运用成本高的缺点。

2. 不锈钢车体

不锈钢车体结构与耐候钢车体一样,也是采用板梁组合整体承载全焊接结构,由于使用的板材更薄(车体外板厚 0.4~1.2mm,梁柱厚 0.8~3mm),必须采用大量薄板(一般为 0.8mm)轧压成补强型材与外板点焊连接形成空腔,借以提高外板的刚度、强度。这是不锈钢车体的结构特征之一。为了不降低板材强度和减小变形,应尽量采用点焊,特别是强度极高的材料不允许任何形式的弧焊。梁柱之间采用平面接头点焊或立体接头点焊，板的拼接采用搭接缝焊。采用接触焊代替弧焊是不锈钢车体的另一特征和技术关键。

不锈钢车体比耐候钢车体轻30%～40%，也不需要涂漆（干膜油漆重量200～300kg/车）。不锈钢车体的制造工艺性远不如耐候钢车体，不能采用弧焊，特别是不锈钢成型困难，若不锈钢车体的前端造型特别复杂或数量很少时，不得不采用钢材或玻璃钢（GRP）制造（涂漆）。由于现在生产的不锈钢车体大量采用点焊，密封性不如连续焊，不适用于频繁进出隧道等导致车内外压差大的高速车辆的车体。

3. 铝合金车体

铝合金车体按结构形式可分为板梁、大型开口型材和大型中空闭口型材及其组合形式。板梁式铝合金车体在结构形式上类似于耐候钢车体，但为了提高断面系数，防止板材由于剪力产生失稳现象，须加大板厚（一般取钢板的1.4倍，最薄用到2mm）。铝合金车体的薄板焊接非常困难，技术水平要求高，而且变形大，矫正困难，因此必须采用接触焊。

铝合金车体目前普遍采用的结构是大型桁架式中空型材组焊式（一般采用自动弧焊）。在进行大型中空型材组焊式车体制造时，只需将型材沿车体长度方向对接连续自动弧焊。由于车体零件数量少、焊接工作量小，且容易实现自动化，大大降低了车体制造成本，提高了产品质量。但与此同时，由于大型中空型材需要能力为8000～10000t的大型挤出设备和大型模具，制品成本昂贵，设计断面变化也受到制约。

知识拓展
地铁车辆铝合金车体铆接工艺

铝合金车体的优点是相对体积质量轻。铝合金车体的自重一般可达到普通碳钢车体的1/2。铝合金车体的缺点是铝的纵弹性模量小，约为普通钢的1/3，因而往往使车体刚度下降。一般铝合金车体比普通钢车体、不锈钢车体的刚度都要小。这是铝合金车体设计时加大板厚和尽量加大车体断面以提高车体抗弯刚度的重要原因。

4. 碳纤维车体

碳纤维具有"外柔内刚"的特性，既有坚硬的外壳又有着纺织纤维的柔软，质量比金属铝轻，但强度却远高于钢铁，具有耐腐蚀、高模量的特性，通常被称为"新材料之王"，也有"黑黄金"的美称，是新一代增强纤维。碳纤维地铁列车最大的特点是更轻、更节能，车辆采用先进的碳纤维技术，使列车整车减重11%，节能15%以上。地铁列车应用新型隔声降噪材料、设备，使客室噪声降低5dB以上，碳纤维地铁列车最高速度可达140km/h。同时列车采用全主动悬挂技术，能够探测车厢振动，实时对悬挂系统进行调节，使其时刻处在最佳的减振状态，车辆运行更平稳。代表未来地铁技术潮流的碳纤维地铁列车2024年12月，将在青岛地铁1号线投入载客示范运营。

（三）目前国内地铁、轻轨的选材状况举例

（1）耐候钢车体：北京地铁1号线和2号线等老地铁线路、北京13号线轻轨、复八线。

（2）不锈钢车体：天津滨海线轻轨、北京地铁4号线、5号线、10号线。

（3）铝合金车体：上海地铁1号线、2号线、3号线、4号线，广州地铁1号线、2号线、8号线，深圳地铁1号线等A型车，哈尔滨地铁1号线、3号线，广州地铁3号线、直线电机牵引的 4 号线、5 号线，武汉地铁，天津地铁，重庆轻轨及青岛地铁 3 号线。

（4）碳纤维车体：青岛地铁 1 号线于 2024 年 6 月，全国首列用于商业化运营的碳纤维地铁列车试运行。

从上述数量上看，目前我国各地铁使用铝合金车体材料的较多，下面以铝合金车体作为典型车体（B 型车）进行介绍。

B 型车：车体的底架、侧墙、车顶及端墙均采用大型薄壁中空挤压型材组焊而成的整体承载结构。车体的焊接大部分采用自动焊接，保证焊缝质量。

二、铝合金车体技术特性、结构特征与工作原理

（一）主要性能

铝合金车体可以承受自重、载重、牵引力、横向力、制动力等载荷及作用力，其中车体能承受 800kN 的纵向压缩静载荷和 640kN 的纵向拉伸静载荷（施加在车钩安装座位置处）。

车体能够承受一列 AW_0 载荷的列车以 5km/h 的运行速度与另一列静止的 AW_0 载荷列车进行连挂时产生的冲击力。

（二）B 型铝合金车体的主要参数

车体长度（端墙外表面）：19000mm（Tc 车 19555mm）。

车体高度（距轨面）：3700mm。

车体最大宽度：2800mm。

客室铝地板面距走行轨顶面高度：1096mm。

车体两枕梁中心距：12600mm。

（三）总体结构及其工作原理、工作特性

车体采用整体承载结构，由底架、侧墙、端墙、车顶和司机室（仅 Tc 车）组成。在专门的总组装台位焊接成完整的车体，为确保组成后的水密性良好，司机室与车顶、侧墙以及底架接口处涂密封胶，并进行淋雨试验。Tc 车车体结构如图 2-1 所示，M 车车体结构如图 2-2 所示。

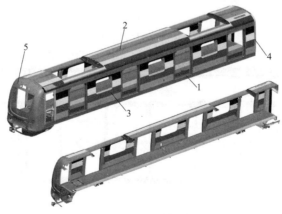

图 2-1 Tc 车车体结构
1-底架；2-车顶；3-侧墙；4-端墙；5-司机室

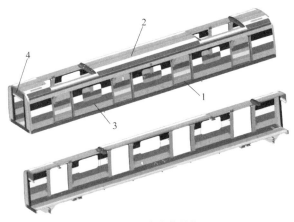

图 2-2　M 车车体结构
1-底架；2-车顶；3-侧墙；4-端墙

1. 底架

底架采用无中梁结构，由牵引梁、枕梁、缓冲梁（端梁）、侧梁（边梁）、横梁、地板等组成。底架两侧为两根铝合金型材边梁，在它们之间布置 5 块铝合金型材地板。底架的两端是由缓冲梁、牵引梁和枕梁组成的端部底架。底架的中部设有 5 根横梁。靠近底架的枕梁处设有 8 处顶车垫板，用于满足车辆的检修、吊运和救援作业的需要，同时在车体上作指导作业的标记。在底架设计时以安全、可靠为主，兼顾考虑轻量化。Tc 车底架如图 2-3 所示，M 车底架如图 2-4 所示。

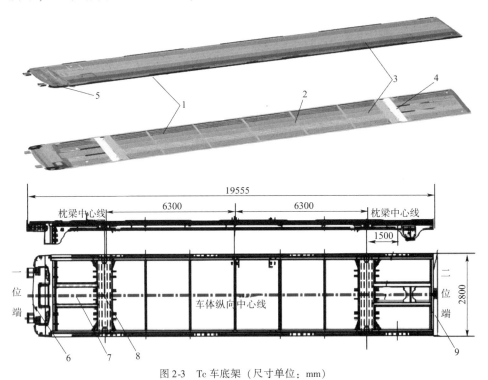

图 2-3　Tc 车底架（尺寸单位：mm）

1-侧梁（边梁）；2-横梁；3-地板、4-端部底架；5-前端底架；6-止挡梁；7-牵引梁；8-枕梁；9-缓冲梁（端梁）

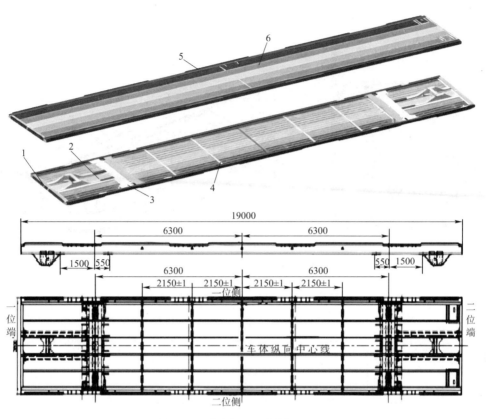

图 2-4　M 车底架（尺寸单位：mm）
1-缓冲梁（端梁）；2-牵引梁；3-枕梁；4-横梁；5-侧梁（边梁）；6-地板

牵引梁、枕梁主体结构采用铝合金材料。牵引梁由铝合金型材和板材组成。车钩安装座采用全焊接碳钢结构，通过铆钉固定在牵引梁腹板上。枕梁由两块铝合金型材拼焊而成，两块型材间设有补强筋板、空气弹簧安装垫板和牵引销安装垫板，枕梁组成后整体加工，以保证空气弹簧和牵引销安装平面的平面度和平行度。底架横梁与侧梁、地板采用角接头进行焊接。

Tc 车底架司机室处设有防爬吸能装置和吸能区。防爬吸能装置由防爬器和后端的吸能元件组成。防爬器可以防止车辆意外撞击时互相爬叠，保证冲击力沿车体纵向传递，吸能元件在车体撞击过程中能够产生有序的塑性变形吸收撞击能量。在 Tc 车司机室端车钩安装结构前端还设有专门的吸能区，在撞击时吸能区会产生大塑性变形吸收撞击能量。Tc 车前端防爬器和吸能装置如图 2-5 所示。

在 Tc 车和 M 车底架下方的一、二位枕梁两侧各设 2 个吊车（架车位）；每车共 8 个位置，同时在一、二位端车钩安装座下方设 2 个顶车位。底架架车点布置如图 2-6 所示。图 2-6 所示的③④⑤⑥点是进行正常抬车作业的抬车位置，设在枕内两侧底架边梁底部，①②⑦⑧点是脱轨紧急救援时的抬车位置，8 个抬车位置均设有抬车垫板，同时在车钩安装座的底部设顶车点⑨⑩。使用③④⑤⑥点进行抬车作业时，注意 4 处抬车点应尽量处于同一平面，前、后端抬车点的垂直高度差不得超过 50mm，并同步升降，以避免车体发生扭转、倾斜或滑移。

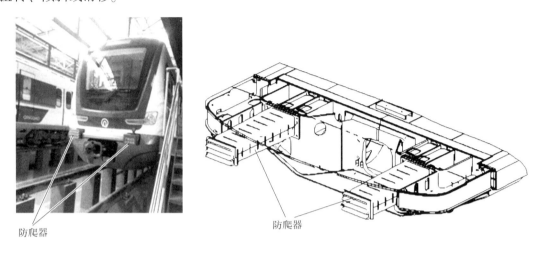

图 2-5　Tc 车前端防爬器和吸能装置

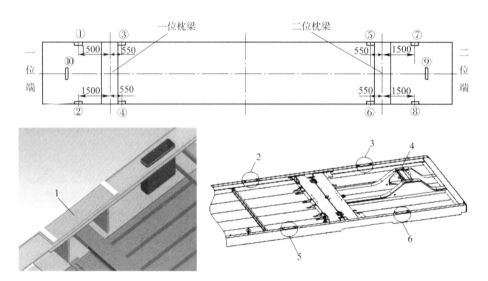

图 2-6　底架架车点布置（尺寸单位：mm）
1、2、3、5、6-抬车垫板；4-垫板

如果多辆车同时抬升检修，相邻两辆车之间最大垂直高度差不得超过 90mm。

2. 车顶

车顶由型材车顶板、空调平台等组焊组成。型材车顶板由 7 块型材拼接而成，型材内外两层焊缝采用自动焊接，如图 2-7 所示。最外侧型材自带车顶排水槽，防止车顶雨水直接流到车门区域，淋湿乘客；两块型材内部自带滑槽，用于内装设备安装。空调平台是由两侧型材及两端压型铝板形成的框架结构，整体受力良好。在进行空调安装时应压紧车顶预设的密封胶条，保证密封。

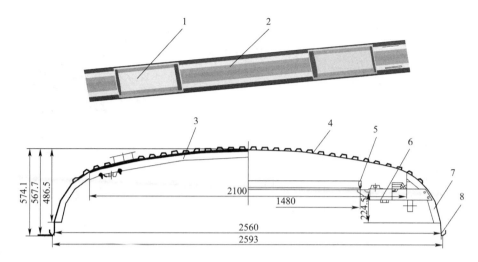

图 2-7 车顶（尺寸单位：mm）

1-空调平台；2-车顶板（7 块板拼接）；3-弯梁；4-波纹顶板；5-平顶板；6-平顶水管；7-侧边梁；8-侧顶板

3. 侧墙结构

侧墙采用中空铝合金拉伸型材结构，每个单元拼接完成后，与侧墙上边梁组焊，确定门口宽度尺寸后，再将该侧墙半成品放置于加工平台整体加工窗口和其他缺口，最后将预先组好的门框安装在门口预留部位，周圈满焊以确保密封不渗漏。Tc 车侧墙如图 2-8 所示，M 车侧墙如图 2-9 所示。

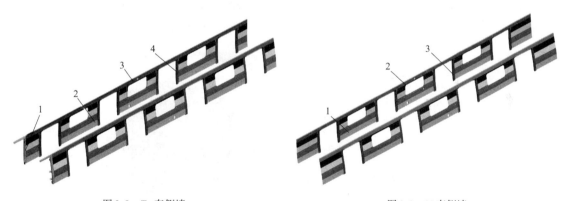

图 2-8　Tc 车侧墙

1-司机室门框；2-侧墙单元；3-侧墙上边梁；4-客室门框

图 2-9　M 车侧墙

1-侧墙单元；2-侧墙上边梁；3-客室门框

4. 端墙结构

端墙主要由端角柱、端门立柱、端墙板等组成。端墙将车顶、侧墙、底架结合成一体，共同承受车体所受的各种载荷。在进行端墙设计时，应充分考虑贯通道安装以及门开口对车辆整体强度的减弱，设计风挡立柱和风挡横梁，加强端角柱和端门立柱结构。端角柱、端门立柱、端墙板均采用铝合金挤压型材，表面喷漆达到防腐保护的目的，通过焊接将各个部件组成整体承载结构。端墙如图 2-10 所示。

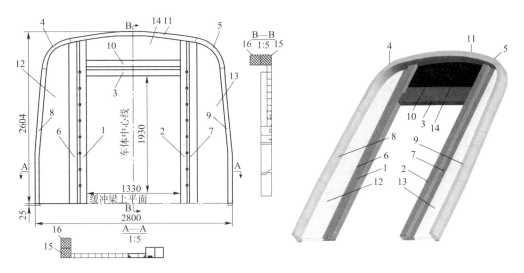

图2-10 端墙（尺寸单位：mm）

1、2-门口立柱；3-门上横梁；4、5-侧顶弯梁；6、7-风挡立柱；8、9-端角柱；10-风挡横梁；11-端顶弯梁；12～14-端墙板；15、16-隔热材料

5. 内门立柱结构

内门立柱位于客室门口两侧，每扇门两侧各一个，用于遮挡车门和安装内装墙板。内门立柱的下部通过螺栓与底架连接，上部通过螺栓与车顶连接，既能增强车体的刚度，又能作为内装板使用，减轻车体的重量。内门立柱上安装橡胶条。橡胶条可用来调整内门立柱与车门之间间隙，达到美观的效果。客室门立柱结构如图2-11所示。

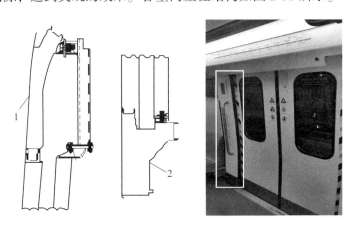

图2-11 客室门立柱结构
1-车顶；2-底架

6. 空调冷凝水管内部安装结构

空调冷凝水管内部安装结构如图2-12所示。空调冷凝水管内部安装主要位于客室内部，其上部与空调平台下部伸出的冷凝水管焊接，下部与底架边梁，中部通过管卡座固定在侧墙型材内侧的滑道上，保证排水管的牢固。

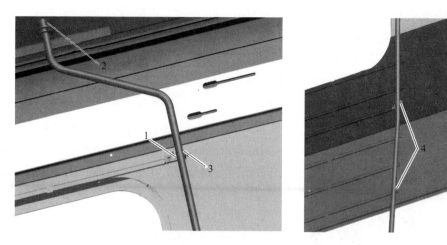

图 2-12 空调冷凝水管内部安装结构
1-管卡座；2-周围满焊；3-与管此处焊接；4-管卡座与排水管焊接

三、车窗

（一）客室车窗

客室车窗采用单元式固定车窗，车体钢结构开口为 1450mm×940mm，车窗规格为 1482mm×972mm。客室车窗所采用的车窗结构及其装卸方法：无须现车钻孔攻丝等工序，将中空玻璃与窗框预组装成一体结构，并通过螺钉与固定框紧固成一个整体，实现快速、简捷地安装与拆卸更换操作。

客室车窗形式为单元组合式固定车窗，如图 2-13 所示。客室车窗的安装设计能承受所有的内部和外部的压力差，包括会车和通过隧道。

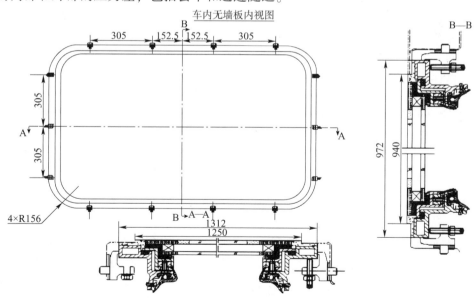

图 2-13 客室车窗（尺寸单位：mm）

所有客室车窗应严密、不渗水。客室车窗所使用的安全玻璃上印有安全合格标记，并能从车内看到标记内容（车内看正字）。客室车窗玻璃为双层中空钢化玻璃，厚度为18mm。客室车窗的窗框采用铝合金挤压型材，按精密级制造。车窗玻璃与型材粘接所选用的结构胶采用进口聚氨酯结构密封胶，其防火性能符合德国标准 DIN5510-2：2009 的相应等级。

（二）司机室前窗

司机室前窗为固定式车窗，采用层压式高抗冲击型安全电热玻璃，具有过热保护功能，除霜和密封性能良好，玻璃厚度为11.3mm。司机室前窗玻璃的安装方式为粘接方式。玻璃周边做丝网印刷处理。司机室前窗如图2-14所示。

司机室前窗玻璃的抗冲击能力满足 UIC 651 标准规定，即 1kg 铝弹以 $V = V_{max} + 160 \text{km/h}$（$V_{max}$ 为车辆能达到的最高速度）的速度垂直冲击玻璃，要求铝弹不穿透玻璃，而且玻璃没有脱离其固定框架。

司机室前窗玻璃的可见光透射比不低于 80%。前窗玻璃的加热功率为 0.06W/cm^2，前窗玻璃的透明区域均为加热区域，电热前窗玻璃加热均匀度不大于 10℃。

图 2-14 司机室前窗

课题二 车内装饰及设备

车内装饰是乘客进入列车后直观感知的，且与乘客有着最直接的联系，如座椅、扶手、内墙板、灯具等。在满足车辆运行安全性、功能性的前提下，尽可能采用模块化设计，零部件设计具有可靠性、互换性、耐磨性及耐腐蚀性。车内装饰结构具有良好的防火和阻燃性能。另外，各板、梁、柱之间的连接均采用弹性连接结构，避免在运行中产生噪声，达到良好的隔音、降噪效果。

一、车内装饰系统的整车组成和材质

（一）车内装饰系统的整车组成

整车内部装饰系统主要分为底架内装、侧墙内装、车顶内装、端墙内装及司机室内装五大模块，如图2-15所示。车体断面图如图2-16所示。

（二）车内装饰系统的材质

车内装饰结构中，顶板骨架、侧墙骨架、侧顶板、送风格栅材质选用铝型材，中顶板、端板、间壁板选用铝蜂窝复合板，墙板材质选用铝板（窗口墙板）和铝蜂窝板（端部墙板），司机室顶板及墙板选用GRP材质。其中，顶板、墙板、端板及司机室后端墙表面涂水性油漆处理方式。

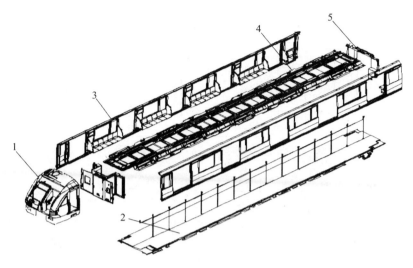

图 2-15 整车内部装饰系统的五大模块
1-司机室;2-底架;3-侧墙;4-车顶;5-端墙

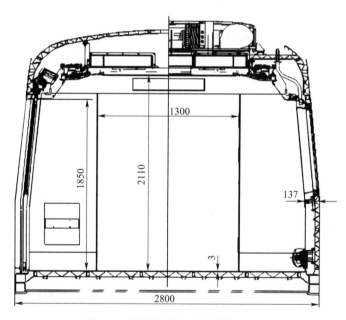

图 2-16 车体断面图(尺寸单位:mm)

二、主要组成部件及性能

车内装饰主要组成部件及性能具体如下。

(一)扶手、立柱、吊环

1. 位置布置

客室内扶手、立柱、吊环位置布置如图 2-17 所示。

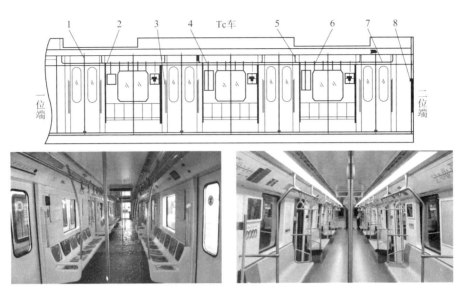

图2-17 客室内扶手、立柱、吊环位置布置
1、5-立柱；2-扶手；3-门口垂直扶手；4-水平扶手杆；6-吊环；7-门口水平扶手；8-贯通道扶手

各车型均设有7根立柱，分布在客室纵向中心线与门口中心线、窗口中心线的交汇处；在座椅上方设有通长的水平扶手杆，水平扶手杆与车体纵向中心线对称；在客室侧门两侧设置门口扶手；在贯通道两侧均设置贯通道扶手；在6人座椅两侧、3人座椅靠近侧门的一侧均设置挡风板及扶手。在座椅上方水平扶手杆上设置适当数量的吊环，以方便站立的乘客使用。

2. 主要性能

（1）扶手。

客室内所有扶手（包括客室中部扶手、门侧扶手、贯通道区扶手、屏风扶手、残疾人扶手、侧扶手等）的材质均为不锈钢304L，表面采用横向220目拉丝，外径φ35mm，壁厚2.5mm。所有的立柱均采用ZG07Cr19Ni9材料。扶手杆、三通、管座等表面光滑、无毛刺，外表面喷砂后进行电化学处理。

（2）吊环。

吊环由厂家以组件的形式供应。吊环主要由拉带和拉环组成。其中，拉环采用尼龙工程塑料；拉带采用复合夹芯材料，外部为热塑性聚氨酯，夹芯层采用通用的环保材料芳香型聚酰胺纤维。

（3）挡风板组成。

挡风板组成包括挡风板、挡风玻璃、挡风玻璃夹等，如图2-18所示。挡风玻璃采用10mm厚的钢化玻璃。

挡风板组成是城市轨道交通车辆内装中不可或缺的一部分，造型色彩各异，设计也不尽相同，但都有类似的功能：除了可以增加抓握的部位提高安全性之外，还可以防止乘客乘坐时口袋或包里的物品从座椅侧面滚落，此外也方便乘客倚靠。

图 2-18 挡风板组成

1-挡风板；2-挡风玻璃；3-挡风玻璃夹

（二）地板布

地板布为 3mm 厚的橡胶材质。沿车体纵向铺至全车，中间幅面 800mm，两边幅面 890mm，2 条接缝，采用无缝焊接，既美观，又起到良好的防水作用。客室周边地板布用不锈钢踢脚板压住，在门区处地板布采用防滑踏板压住。

（三）客室座椅

1. 座椅布置

A 型车客室座椅有 6 人座椅、3 人座椅及 2 人座椅。6 人座椅设置在各车型窗口下方区域，3 人座椅设置在 M_1、M_2、M_3 和 M_4 车的一位端，2 人座椅在 M_1、M_2、M_3 和 M_4 车的二位端。

M_1、M_2、M_3 和 M_4 车的二位端设有 2 个残疾人靠座，沿车体中心线对称布置，靠座下部设有扶手，扶手与靠座组成一体。B 型车只设有 6 人座椅。

残疾人区设备有轮椅固定器，轮椅固定器仅在非司机室车一位端二位侧设置一个，一、二位端其余腰靠位置在侧墙腰靠下方设置有可供乘客把扶的扶手。轮椅固定器安装在墙板上，表面拉丝处理。其内置安全带伸缩机构，外置挂钩，可以能够满足坐轮椅乘客的乘车需要。残疾人区设备，为车辆端部的乘客提供倚靠及为残疾人提供轮椅固定装置，满足不同类型乘客乘坐、使用需求。如图 2-19 所示。

2. 主要性能

客室座椅为 GRP 座椅，座椅面采用优质 GRP，厚度为 4mm；骨架采用铝合金焊接框架结构，材质为 6061-T5。座椅安装采用悬臂结构，安装于侧墙上。座椅形状满足人体工程学的要求。座椅具有良好的可清洗性能和防滑性能。每个座椅能承受 100kg 的载荷。

小靠座由靠座骨架、扶手和靠垫三部分组成。其中，靠座骨架为不锈钢框架结构，与扶手组成一体，靠座骨架固定在车体钢结构上；靠垫部分通过螺钉与靠座骨架连接，靠垫为 4mm 厚 GRP。

图 2-19 残疾人区设备

(四) 内装墙板

1. 内顶板

客室顶板由车顶骨架、中顶板、通风格栅、侧顶板组成，相对客室纵向中心线左右完全对称。中顶板为平顶结构。顶板采用插接或通过螺栓、螺钉与车顶骨架连接。中顶板和灯罩之间通过通风格栅实现自然过渡；顶板与骨架之间均采用减振材料以降低车内噪声。为了便于门机构、客室 LED、扬声器等各种设备的检修，侧顶板应设计为可旋转的铰接结构，如图 2-20 所示。

图 2-20 侧顶板设计为可旋转的铰接结构

2. 侧墙板

客室侧墙板的结构为铝型材框架结构，侧墙骨架与墙板组成一体。侧墙板窗口处采用整体成型结构，取代窗饰框。在与钢结构滑槽间粘贴橡胶垫可起到隔音减振的作用，使墙板与车体之间形成弹性连接，降低车内噪声；门立柱罩板与其采用插接结构，不外露螺钉。踢脚板上部通过螺钉安装在侧墙内部骨架上。客室侧墙整体设计采用模块化设计，紧急报警器、广告框、LCD 等功能件的集成，同时充分考虑了相同侧墙板之间的互换性。

3. 端墙板

客室端墙分为一位端墙（图 2-21）和二位端墙（图 2-22），分别由端墙板（左）、端墙板（右）和门上板组成。左、右端墙板由铝蜂窝板组成。左、右端墙板用螺钉固定在车体结构连接座上。左、右端墙板上分别开有检查门，以供检修电气设备。门上板由铝型材、铝蜂窝板、钢化玻璃共同组成，其中钢化玻璃提供乘客信息显示区域。门上板的一端与顶板骨架连接，另一端与车体结构外端固定。

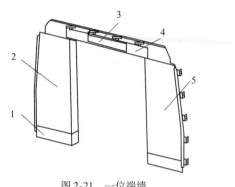

图 2-21　一位端墙

1-踢脚板；2-左端墙板；3-乘客信息显示区域；4-门上板；5-右端墙板

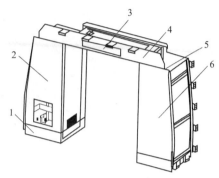

图 2-22　二位端墙

1-踢脚板；2-左端墙板；3-乘客信息显示区域；4-门上板；5-门上头固定座；6-右端墙板

（五）灭火器

1. 灭火器的分布

对于 M 车，客室内设置 4 个 2kg 的干粉灭火器，在 3 人座椅与一位端墙之间设置 1 个灭火器箱，内置 2 个干粉灭火器；此外，还在电气柜上设置 2 个干粉灭火器，客室两端的灭火器呈对角线布置。

对于 Tc 车，在一位端一、二位侧各设置 1 个干粉灭火器，在二位端电气柜上设置 2 个干粉灭火器。

2. 主要性能

灭火器为手提储压式干粉灭火器，绿色环保，无毒、无味、无污染及次生污染。灭火器罩采用金属结构，带有固定卡，灭火器放入后通过固定卡可以有效定位，无松动，使用时可方便地取出灭火器。在灭火器位置的附近，设有明显的标志，灭火器上配有简明易懂的使用说明，以方便使用者的操作。

（六）客室照明

1. 客室照明的组成

客室灯带及 LED 平面顶灯为车辆客室内部提供照明光源，如图 2-23 所示。客室灯带，LED 平面光源主要由灯体、灯罩、LED 光源板、驱动电源组成。

2. 工作特性

灯体作为其他组成部分的安装和支撑，以及其与车体之间的安装接口。灯罩为整个灯带的装饰部件，并起到保护内部器件的作用。LED 光源板为灯具发光部分。驱动电源把电源供应转换为特定的电压电流以驱动 LED 发光的电压转换器。

图 2-23　客室照明

（七）制动阀罩（隔离塞门罩）

制动阀罩（隔离塞门罩）分布在各车型二位侧中间 6 人座椅下，如图 2-24 所示。制动阀罩材质采用拉丝不锈钢板，中间有检查门，设有门锁，平时检修制动阀时只需打开检查门的门锁，不需要拆罩体。

（八）采暖装置

客室内布置适量的采暖设备，当外界温度为 -14℃时，客室内温度不低于 12℃。司机室温度不低于 16℃。客室采暖装置如图 2-25 所示。

图 2-24　制动阀罩

图 2-25　客室采暖装置

（九）广告框

广告框分布在座椅上方的侧墙上，使用时广告纸从侧面插入。

课题三　司　机　室

司机室中含有司机所必需使用的元件和功能。司机室作为一个整体预先被安装在 Tc

车上。司机室建立于一个焊接结构。在防爬装置上安装内置压溃管元件,减轻司机室冲撞。司机室覆层结构由 GRP 叠片组成。一个油漆系统可以保护司机室金属零件不受腐蚀。

一、司机室的结构

Tc 车前端设有司机室,司机室采用不锈钢压型梁组成内部骨架,外部设有 GRP 外罩,下部设裙板及脚蹬。司机室结构如图 2-26 所示。

 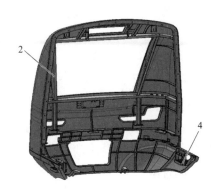

图 2-26 司机室结构
1-GRP 外罩;2-内部骨架;3-裙板;4-脚蹬

(一) 司机室内装

司机室内装由司机室墙板、顶板、地板以及电气柜间壁组成,如图 2-27 所示。司机室内装的主要功能:①将车体梁柱及防寒材遮蔽,为司机提供 HMI;②为电气设备或其他部件提供安装平台及检修空间。司机室顶板和墙板采用聚酯 GRP 制作,司机室间壁和地板采用铝蜂窝板制作(其材料及性能参数与客室端墙及客室地板相同)。司机室墙板由左右墙板、侧门立罩、侧门上罩、窗上墙板、窗下墙板、左右门压条及固定座等组成。侧门上罩可以翻转,方便对侧门机构进行检修。窗上墙板带检查门,用于检查目的地显示器。

(二) 司机室后端墙系统

司机室后端墙系统由间壁板、门上板和司机室后端门组成,如图 2-28 所示。司机室间壁板上设有检查门,用于检修内部电气设备。司机室间壁及检查门厚 40mm,由整体不锈钢骨架高温黏结不锈钢面板复合而成,内部填充铝蜂窝板,四周固定一圈铝合金压条,压条中部内凹部分粘贴防火膨胀胶条,遮蔽门板复合时边、角存在的结构缝隙,同时保证司机室后端墙系统具有优异的防火性能。

司机室后端门位于司机室间壁的中央,向司机室方向打开,兼顾防火、实用和美观的要求;采用铰接式折页。司机室隔门厚 40mm,由整体不锈钢骨架高温黏结不锈钢面板复合而成,内部填充铝蜂窝板,四周使用铝合金型材边框;通过边框可以遮蔽门板复合时边、角存在的结构缺陷。边框中心的凹槽粘接防火胶条,可以更好地阻挡火焰和烟气通过。

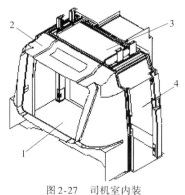

图 2-27 司机室内装
1-地板；2-顶板；3-电气柜间壁；4-侧墙板

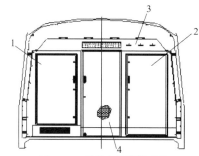

图 2-28 司机室后端墙系统
1-左间壁板；2-右间壁板；3-门上板；4-后端门

（三）司机室照明

LED 平面顶灯为司机室提供照明光源。司机室顶灯总功率为 16W。司机室灯的电源和控制电源都是借用应急电源供电，在司机操纵台上有转换开关【司机室灯】（SACEL），【司机室灯】转换开关置于【开】位后，司机室双管顶灯亮。

（四）遮阳帘

遮阳帘安装在司机室顶板的前部翻板上，主要由遮阳帘卷布、滑竿和安装座组成。遮阳帘外形尺寸：1554mm（宽度）×906mm（高度）。遮阳帘为手动操作装置，能够有效地遮挡阳光对司机眼睛的照射，保证车辆的运行安全。遮阳帘透光率不低于 80%，能有效防止阳光对司机室内的直射，避免阳光影响司机的运营操作。

二、司机操纵台的功能、布置和作用

（一）司机操纵台的功能

司机操纵台的台面采用 GRP 材料，台下箱柜采用钢板材料。整个司机操纵台在底部通过螺栓与车体固定。在功能上，司机操纵台分为列车牵引控制、制动控制、门控制、无线电台控制、空调控制、自动列车控制、前照灯控制及列车故障诊断等功能模块。

（二）司机操纵台的布置和作用

司机操纵台的台面上设置有 HMI、TCMS 显示屏、CCTV 显示屏、广播控制盒、无线电台控制盒、车辆控制相关指示灯、司机控制器、司机操纵台按钮板等设备；司机操纵台内部设置有电气连接器、司机操纵台电热器、雨刷水箱、电源模块等。司机操纵台布置如图 2-29 所示。

（1）信号显示屏作为信号系统的输入和显示单元，可以显示列车在 ATO 等自动驾驶模式下的相关信息。

（2）HMI 作为列车管理系统的显示单元，可以显示列车子系统的工作状态、故障信息，并可以通过 HMI 设置广播、空调、牵引系统的参数。

（3）广播控制盒作为广播系统的输入和显示单元，在半自动广播时可以通过广播控制盒进行起点站、终点站、越站、预录紧急广播的设置播放，可以显示紧急报警位置起始站、终点站、当前站及广播状态。

（4）无线电台控制盒作为无线系统的输入和显示单元，司机通过无线电台控制盒与 OCC 进行通话。

（5）司机控制器作为列车驾驶的核心单元，司机可以通过操作司机控制器手柄控制列车牵引与制动。

（6）主司机操纵台台面按钮板 1、按钮板 2、按钮板 3、按钮板 4、按钮板 5、按钮板 6。

按钮板 1：受电弓降、受电弓升、升弓泵投入、升弓模式、HSCB 分、HSCB 合、停放制动控制、蜂鸣器。

按钮板 2：开左门按钮 1、开左门按钮 2、关左门按钮、开左司机室门、关左司机室门、开门侧选择。

按钮板 3：紧急制动按钮、刮雨器开关、前照灯、司机室照灯、ATO 启动 1、ATO 启动 2、电笛、ATC 重启、自动折返、非受限人工驾驶模式（BM）、限制人工驾驶模式（RM）。

按钮板 4：开右门按钮 1、开右门按钮 2、开右司机室门、关右司机室门、关右门按钮。

按钮板 5：所有门关闭指示灯、制动不缓解指示灯、停放制动未缓解指示灯（红）、CBTC 指示灯。

按钮板 6：司机室通风机速度选择、司机室窗加热、司机室电热、试灯按钮、ATC 切除指示灯（红灯）、门关好旁路指示灯（红灯）、门模式选择、司机室门使能。

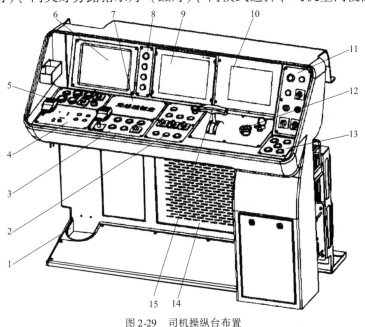

图 2-29 司机操纵台布置

1-灭火器；2-按钮板 3；3-按钮板 2；4-司机语音控制单元；5-按钮板 1；6-司机室监控触摸器；7-无线电台控制盒；8-按钮板 5；9-HMI（人机界面显示器）；10-信号显示屏；11-按钮板 6；12-驾驶模型旋钮；13-按钮板 4；14-电热器；15-司机控制器

项目二实训任务工单与阶段测试见本教材配套工作手册。

项目三

车门

学习导入

城市轨道交通车辆车门是电客车的重要部件。因数量多、操作频繁而成为列车故障率最高的部件之一。车门的形式设计与选型、开关机构及其加工制造和控制原理，以及维修品质的管理都直接影响列车的运行安全和乘客的人身安全，严重时会造成大面积的运营延误。车门的应用及故障处理是城市轨道交通车辆应用及检修人员必须掌握的操作技能；作为运营管理类人员，要求能操作车门，并能协助司机进行简单的故障处理及隔离操作。

知识目标

1. 了解车门的特点、类型以及各结构部件的功能；
2. 了解客室车门的控制原理；
3. 掌握紧急疏散门的结构与控制方式。

能力目标

1. 能正确识别车门各部件；
2. 能在正常情况及故障情况下控制客室车门。

建议学时

8 学时。

延展阅读 3

不断创新的"成都工匠"
毕东云

课题一　车门的特点和类型

一、列车车门的特点

由于城市轨道交通车辆具有运载客流量大、乘客上下车频繁等特点。为了方便乘客上下车、缩短停站时间，客室车门的布置一般具有以下特点：

(1) 设置足够的有效宽度（一般为1300~1400mm）。
(2) 均匀布置，以便站台乘客能均匀分配，上下车方便、迅速。
(3) 设置足够数量的车门（一般A型车的车门为5对，B型车的车门为4对）。
(4) 车门附近有足够的面积，以缓和上下车时的拥挤，缩短上下车时间。
(5) 确保乘客上下车安全。

车门的数量应与车门承担的地板面积相匹配，使车厢乘员尽可能多。车门应该设置在承担面积的中央位置。增加车门的数量，可增加上下车人数，但会减少车厢座位数。在保证车体强度的前提下，车门宽度一般为1400mm左右。

目前，国外知名的车辆门系统厂家有德国BODE、奥地利IFE、日本Nabco、法国Faiveley等。我国生产车辆门的厂家主要有南京康尼、北京博得、上海法维莱、青岛威奥。随着我国铁路客车的不断发展，国外的车辆门生产厂家进入我国成立了合资公司，参与我国的市场竞争。

二、车门的类型

（一）按照车门功能分类

按照车门功能分类，车门可分为司机室侧门、司机室后端门、紧急疏散门和客室侧门四类。各类车门位置如图3-1所示。

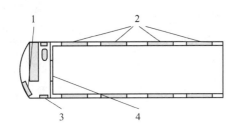

图3-1　各类车门位置
1-紧急疏散门；2-客室侧门；3-司机室侧门；4-司机室后端门

每个司机室有两个司机室侧门，每侧一个，两侧对称布置。司机室侧门一般采用一扇单页的手动塞拉车门，车门净开度为560mm，净高度为1830mm，如图3-2所示。

司机室后端门是在司机室后端墙中间（一侧）设有一个与客室相通的通道门，如图3-3

所示。该门向司机室内部方向打开，采用折页铰接式；能在关闭位置锁定，在打开至全开位时可使用门板下方的磁吸固定。司机室后端门设有门锁，司机室侧为手操作锁，客室侧为钥匙锁。在列车正常行驶时，司机室后端门锁闭，不允许乘客进入司机室内。

图 3-2 司机室侧门

图 3-3 司机室后端门

紧急疏散门（又叫逃生门）设置在带司机室车厢的前端墙上（中间或左侧），如图 3-4 所示。当列车在隧道内运行，一旦发生火灾等危险事故时，司机可打开紧急疏散门，释放紧急疏散梯，引导乘客通过紧急疏散梯走向路基中央，然后向两端的车站疏散。

图 3-4 列车紧急疏散门

客室侧门如图 3-5 所示。客室侧门由于使用频率高，对安全性、可靠性要求高，一直是城市轨道交通车辆专业的重点研究领域。按照驱动系统的动力来源不同分类，客室侧门可分为电动式车门和气动式车门两类。气动式车门的动力来源是驱动气缸，电动式车门的动力来源是直流电动机或交流电动机。电动式车门与气动式车门相比，具有结构简单、易于控制、故障率低、维修少的特点。上海地铁将部分老车型的气动式车门改装成电动式车门。

图 3-5　客室侧门

(二) 按照车门的运动轨迹以及车体的安装方式分类

按照车门的运动轨迹以及车体的安装方式分类，客室车门可分为内藏式滑移车门、外挂式滑移车门、塞拉式车门和外摆式车门四类。

1. 内藏式滑移车门

内藏式滑移车门（简称内藏门）如图 3-6 所示。车辆在开关门时，门页在车辆侧墙的外墙与内护板之间的夹层内移动，传动机构设于车厢内侧车门的顶部，装有导轨的门页可在导轨上移动并与传动装置的钢丝绳或皮带相连接，借助风缸或电动机驱动传动机构，从而使钢丝绳或皮带带动门页动作。

图 3-6　内藏式滑移车门

2. 外挂式滑移车门

外挂式滑移车门（图 3-7）的驱动机构和工作原理与内藏式滑移车门相同。外挂式滑移车门开关门时，门页均位于车辆侧墙的外侧。外挂式滑移车门的结构较简单，但由于门机构位于车体外部，密封性能相对较差。

图 3-7 外挂式滑移车门

3. 塞拉式车门

塞拉式车门（图 3-8）借助于车门上端的传动机构和导轨，当车门开启状态时，门页贴靠在侧墙的外侧；当车门在关闭状态时，门页外表面与车体外墙成一平面，既使车辆外观美观，又有利于在列车高速行驶时减小空气阻力，车门不会因空气旋流产生噪声，同时便于自动洗车装置对车体的清洗。

图 3-8 塞拉式车门

4. 外摆式车门

外摆式车门在开门时通过转轴和摆杆使车门向外摆出并贴靠在车体外墙板上，门关闭后，门翼外表面与车体外墙成一平面，如图 3-9 所示。外摆式车门的结构特点是在开门时具有较大的门翼摆动空间，一般用在轻轨列车或有轨电车上。

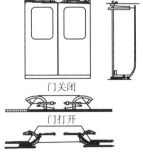

图 3-9 外摆式车门

车门的形式种类虽各不相同,但实现功能却大同小异,性能参数也差不多。城市轨道交通列车的内藏式滑移车门、外挂式滑移车门、塞拉式车门三种类型车门的性能比较见表 3-1。

内藏式滑移车门、外挂式滑移车门、塞拉式车门三种类型车门的性能比较　　　表 3-1

序号	项目	内藏式滑移车门	外挂式滑移车门	塞拉式车门
1	气密性	密封性能较外挂式滑移车门好,因为: (1) 车门不直接暴露于气流中; (2) 从车体外到车厢内部有两组密封,气流不容易进入客室	密封比较简单,车门的密封部件直接暴露于气流中,且车门与车体的密封只有一对密封条	气密性好,但是容易过压
2	关门时间	关门时间较短,实际关门时间主要依赖于车门的净开度,通常≥2.5s	关门时间较短,实际关门时间主要依赖于车门的净开度,通常≥2.5s	关门时间由关和塞两个时间组成,因此,较滑移车门的关门时间长 1s
3	外观	门页位于车体侧墙的外墙与内护板之间的夹层内	车门位于车体侧墙外侧	当门完全关好后与车体外墙成一平面
4	车辆限界及对限界的影响	由于藏于侧墙内,在一定的程度上减小了车辆内部的宽度,同时会减少载客量	由于车门悬挂于侧墙的外侧,为满足车辆限界要求,在一定程度上减小了车体的宽度。然而车门之间有效空间最大	车辆内部宽度最大,但是由于塞拉门有立柱,因此乘客站立面积没有外挂式滑移车门大
5	维修	结构简单,维修工作量大和维修时间较少,门页更换较外挂式滑移车门复杂,可以从内部对车门进行维修和调整	结构简单,维修工作量大和维修时间较少,可以快速更换门页,而且可以从外部维修	结构复杂,维修量较大,维修时间长。可以从内部对车门维修和调整
6	隔噪能力	隔噪效果较外挂式滑移车门好	隔噪效果主要取决于门页与车体的接口面	密封性好,具有较好的隔噪效果
7	关门过程中可能出现的问题	由于关门过程为直线运动,而且关门时间较短,因此,关门受阻的可能性较小	由于关门过程为直线运动,而且关门时间较短,因此,关门受阻的可能性较小	由于内部过压,最后一个门在关门的时候可能较难关上。门在塞的过程中可能由于乘客堵在车门口,关闭的方向受阻,尤其是在大客流的情况下
8	开门过程中可能出现的问题	如果门槛处有异物,在开门的过程中可能受阻	开门时,车门可能会碰到站台上靠近列车的乘客,从而进入障碍物探测状态。如果站台上安装站台门则不会出现这种问题	开门时,车门可能会碰到站台上靠近列车的乘客,从而进入障碍物探测状态。如果站台上安装站台门则不会出现这种问题

续上表

序号	项目	内藏式滑移车门	外挂式滑移车门	塞拉式车门
9	可靠性	可靠性高	可靠性高	可靠性较低
10	质量	较塞拉式车门轻	较塞拉式车门轻	较重（加上车体接口等）比前两种重40~50kg/门
11	窗	由于内藏式滑移车门需要在侧墙内滑动，因此，客室窗的宽度将受到影响	与客室窗无干涉，窗户的宽度可达到最大	与客室窗无干涉，窗户的宽度可达到最大
12	费用	较塞拉式车门低很多，和外挂式滑移车门差不多	较塞拉式车门低很多，和内藏式滑移车门差不多	较外挂式滑移车门和内藏式滑移车门造价高很多
13	操作环境	适用于大客流环境，不适用于高速车辆	适用于大客流环境，不适用于高速车辆	不适用于大客流环境，适用于高速车辆（120~140km/h）

课题二　客室车门的结构

车门可由压缩空气作为开关的动力，也可采用电动机驱动。城市轨道交通电客车所使用的车门一般采用电动机驱动作为开关门的动力。电动门按照车门开启及结构形式主要分为移动门和塞拉门，其中移动门又可分为内藏式滑移车门和外挂式滑移车门。目前我国电客车使用电动内藏式滑移车门的较多，常见的车门传动装置有两种，即丝杆、螺母副传动和齿带与齿带夹传动。下面以这两种传动的内藏式滑移车门为例介绍客室门。

一、传动装置为丝杆、螺母副的客室车门

客室车门系统主要结构包括驱动机构、门扇组成、隔离装置、内紧急解锁装置、外紧急解锁装置、门控器等，集中分布在每个车门的门口区域，便于维修。客室门系统结构如图 3-10 所示。

客室门系统原理示意图如图 3-11 所示。门控器接收到开、关门指令后，命令电动机动作，通过联轴节驱动丝杆转动，打开锁闭装置，同时通过传动螺母带动携门架运动，由携门架带动门页在上下导轨、摆臂以及平衡轮的配合作用下，一起沿长导柱方向运动来实现车门的开关。

（一）驱动机构

客室门驱动机构由导轨、驱动电动机（行星齿轮）、丝杆、丝杆螺母总成、锁闭机构、行程开关、门控器及其他附件组成，如图 3-12 所示。

项目三 车门

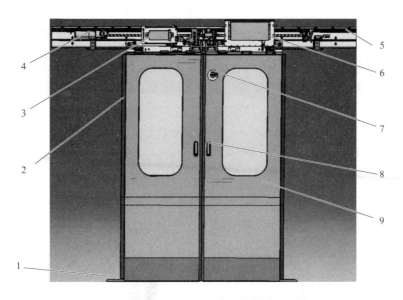

图 3-10 客室门系统结构
1-门导轨；2-后部密封胶条；3-端子排；4-门电动机；5-门机构；6-门控器；7-隔离锁；8-门扣手；9-门板

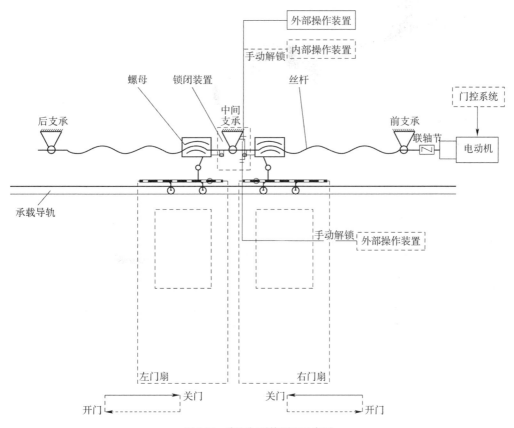

图 3-11 客室门系统原理示意图

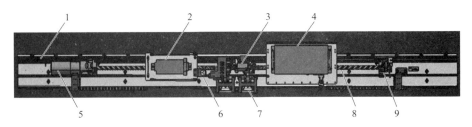

图 3-12 客室门驱动机构

1-上导轨；2-端子排组件；3-传动螺母；4-门控器组件；5-电动机；6-蜂鸣器；7-携门架；8-丝杆；9-端部解锁

1. 支承导轨

支承导轨是预装在车门顶部的门驱动机构的悬挂和导向部件，其本身是通过螺栓安装在车体门口上方的上侧梁上。车门其他部件都通过安装座安装到导轨上。

2. 驱动电动机

驱动电动机位于门口中间线，配合星形齿轮盒，通过驱动丝杆和关联的滑轮、螺母实现车门的开启和关闭运动。驱动电动机采用直流无刷电动机，具有长寿命、免维护的特点。

3. 丝杆、丝杆螺母总成

丝杆是采用铝材质大螺距丝杆，表面有一层耐磨抗氧化层。螺母采用高强度材料，具有传动效率高、寿命长的特点。门扇的运动通过一半左旋、一半右旋的驱动丝杆实现同步。

4. 锁闭机构

客室门锁闭机构包括锁闭棘爪、锁闭凸轮和位于门扇上的锁闭销轴等，如图 3-13 所示。客室门锁闭机构通过弹簧力保持其锁闭/开锁状态。锁闭凸轮只能由电动机或连接到内、外紧急解锁的钢丝绳释放。

客室门的紧急解锁操作与原理

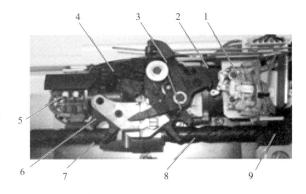

图 3-13 客室门锁闭机构

1-紧急解锁检测开关；2-电机；3-紧急解锁拉杆；4-锁闭凸轮；5-锁闭到位检测开关；6-锁闭棘爪；7-左丝杆；8-右丝杆；9-锁闭销轴

门关闭到位时，锁闭棘爪触发并通过销锁住门扇，同时锁闭凸轮被操作，转动到卡住锁闭棘爪的锁闭位置，并保持锁闭状态；当锁闭凸轮未被释放时，门在锁闭位置；在门打开运动中，首先锁闭凸轮由电动机单独一个轴驱动离开锁闭位置，然后锁闭棘爪才能被释放，门被打开。在没有电力供应时，门扇依然可以手动锁闭。

（二）门扇组成

门扇组成如图3-14所示。门扇为夹心层结构，由铝型材框架、铝蒙皮和铝蜂窝经热粘接而成，厚度为32mm。窗玻璃为中空钢化玻璃，通过胶粘接到门板上，外侧与门板外表面平齐。门扇前缘装有防夹手胶条。门扇底部（导轨两侧）集成了低摩擦的非金属耐磨条。

（三）隔离装置

如果门系统存在车门无法集控关闭故障时，则该车门必须隔离处理。隔离装置如图3-15所示。车内和车外均能通过四方钥匙操作。隔离车门时，首先关闭车门，然后操作隔离手柄，则门被机械隔离，同时隔离杆激活限位开关使门被电气隔离。隔离后，位于客室侧门上方红色指示灯亮，同时该门在全列车车门锁闭安全回路被旁路，实现门的机械锁闭和电气隔离。为防止误操作，隔离锁设计为门打开状态时不能操作。

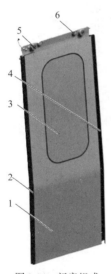
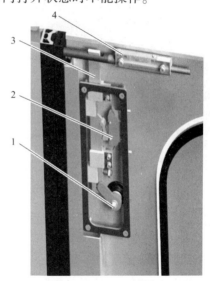

图3-14　门扇组成　　　　　　　　　　图3-15　隔离装置
1-门页；2-防夹手胶条；3-窗玻璃；4-后密封胶条；　　1-隔离锁芯；2-检测开关；3-锁舌；4-撞杆组件
5-承载轮；6-防跳轮

（四）内、外部紧急解锁装置

1. 内部紧急解锁装置

每辆车的3号、4号、5号、6号车门在客室内侧设置内部紧急解锁装置。该装置安装在一个外部设有盖板的盒子里面，内部紧急解锁装置上装有解锁旋钮（手柄），旋钮头部带有四角锁芯。转动旋钮（拉下手柄）时通过钢丝绳使门驱动装置上的解锁装置转动，从而将门解锁，并使门驱动装置上制动装置处的限位开关动作。操作内部解锁装置后，装置将被定位在解锁状态。内部紧急解锁装置的两种形式如图3-16所示。

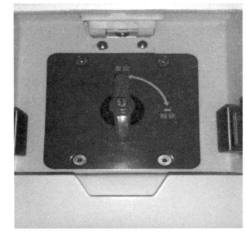

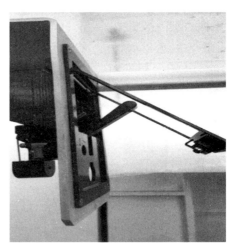

图 3-16　内部紧急锁装置的两种形式

在满足使用前提的情况下，乘务员、检修人员均可掀开盖板、操作转动解锁旋钮（拉下手柄）；乘客也可在司机的指导下进行操作。

2. 外部紧急解锁装置

在车体外墙 3 号、6 号车门处装有外部紧急解锁装置。乘务员使用四方钥匙操作外部紧急解锁装置的锁芯，通过钢丝绳使门驱动装置上的解锁装置转动，从而将门解锁，并使门驱动装置上制动装置处的限位开关动作，如图 3-17 所示。操作外部紧急解锁装置后，装置将被定位在解锁状态。乘务员可以在车外将门手动打开。如果操作了内、外部紧急解锁装置，必须在列车重新起动之前通过四方钥匙使之复位。高度为距地板布面 200mm，距门中心 1720mm。

（五）门控器

每套门设置一个门控器，如图 3-18 所示。门控器包含可编程逻辑编码器以及电动机电源电路，用于驱动电动机的控制。每辆车有两个门控器接入多功能车辆总线（MVB），其他门控器之间为控制器局域网络（CAN）总线接口。每个门控器有 1 个 RS232 服务接口。

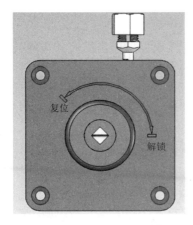 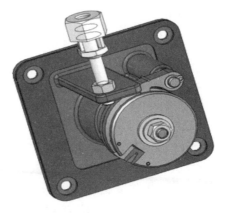

图 3-17　外部紧急解锁装置

图 3-18　门控器

客室车门是由门控器单元来控制的。列车的每节车厢装有 8 套门控器单元，每侧 4 套，对称分布。根据列车控制信号（"开门列车线""关门列车线""零速列车线"）和门驱动机构上电气开关元件发出的信号，门控器单元将门开启或关闭。

门控器单元通过列车总线与列车控制系统进行信息交换。电子控制单元可传送门的不同状态信息和诊断信息。可用便携式电脑通过 RS232 服务接口修改软件程序来满足不同的控制要求，也可通过 RS232 服务接口将电子控制单元的状态信息和诊断信息传送给使用诊断软件的便携式电脑，进行地面的故障分析。

二、传动装置为齿带与齿带夹的客室车门

（一）驱动机构组成

驱动机构组成如图 3-19 所示。

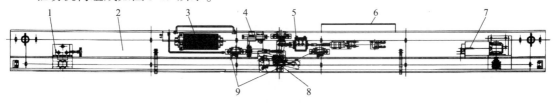

图 3-19　驱动机构组成

1-从动齿带轮组成；2-安装底板；3-端子排组成；4-附件组成；5-驱动机构锁组成；6-门控器组成；7-驱动电动机组成；8-隔离锁开关组成；9-门到位行程开关组成

1. 安装底板组成

安装底板组成包括安装底板、定位止挡、附件组成、端子排组成、行程开关组成、门控器组成等元件。

（1）各种电气开关。

①门锁闭开关：检测锁钩是否锁到位的开关。其设有常开和常闭两组触头。这两组触头分别提供给门控器和车门锁闭硬线环路。

②门板到位开关：检测门板是否到位，分为门板开关1和门板开关2。这两个开关设常开和常闭两组触头，这两组触头分别提供给门控器和车门锁闭硬线环路。

③紧急解锁开关：操作紧急解锁操作后触发的。该开关可以提供常开和常闭两组触头。紧急解锁开关动作后一般是给门控器提供一个信号，同时切断车门锁闭硬线环路。

④隔离锁开关：操作隔离锁后触发的。该开关设有常开和常闭触头，分别提供给门控器、隔离指示灯和车门锁闭环路。

（2）电动机。驱动电动机是带有行星齿轮、锥齿轮减速机的60V直流电动机。

2. 门板吊挂部件

门板吊挂部件主要由左侧门吊板组成和右侧门吊板组成两大部件组成，同样为双扇电控电动内藏式滑移车门系统导向装置的重要组成之一，其机械结构图和实物图如图3-20、图3-21所示。

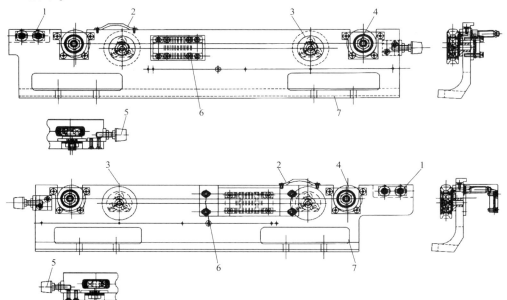

图3-20 门板吊挂部件机械结构图

1-锁闭撞轴组成；2-开关碰铁；3-承载滚轮组成；4-防跳滚轮组成；5-橡胶止挡；6-齿带夹组成；7-门吊板

每扇门板通过4个T形螺栓与门吊板组成相连，通过门板上边框内的T形槽及调整垫片来调整门板的相对位置，从而保证门板的位置满足设计要求。承载滚轮组成在安装底板的导轨内滚动，与安装底板的导轨部位在尺寸上精密配合。防跳滚轮组成消除了跳动现象，提高了运动的平稳性。门吊板组成与门板连接紧固后，通过齿带夹将齿带与门吊板组成连接成一体（齿带夹分别夹在齿带闭环的内外两侧），承载滚轮组成在安装底板的导轨中滚动，实现了车门系统的直线运动。

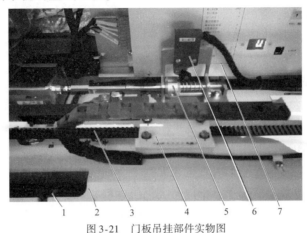

图 3-21　门板吊挂部件实物图

1-T 形螺栓；2-门吊板；3-齿带；4-齿带夹；5-紧急解锁组成；6-紧急解锁开关；7-门控器

3. 传动装置

驱动机构组成的传动装置由驱动电动机、齿带、齿带轮、齿带夹（与门吊板组成相连接）共同组成。传动装置机械结构图和实物图如图 3-22、图 3-23 所示。齿带采用橡胶半圆形同步带，是整个系统的重要部件之一，起连接传动系统的作用。传动齿带为内衬张力钢丝，具有高强度、高抗疲劳性等特点。齿带在将整个传动机构连接在一起后经过调整达到一定的张力，当经过一段运营时间后，需要对齿带的张力做一定的检测，必要时需要进行调节，使之达到更好的状态。

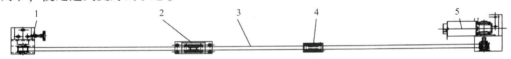

图 3-22　传动装置机械结构图

1-从动齿带轮组成；2-左侧齿带夹组成；3-同步齿带；4-右侧齿带夹组成；5-驱动电动机组成

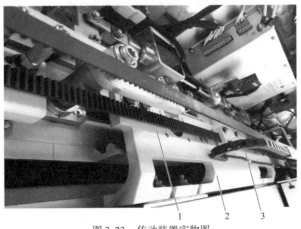

图 3-23　传动装置实物图

1-同步齿带；2-门吊板组成；3-齿带夹

传动装置的原理：门控器得到开、关门指令，驱动电动机得电旋转，旋转通过锥齿轮减速箱变向及减速，输出到电动机齿带轮，电动机齿带轮旋转带动齿带动作，从而使齿带在齿带轮之间进行直线运动。齿带在做直线运动的过程中，通过齿带夹带动左、右两个门吊板组成在安装底板的导轨中做方向相反且同步的运动，从而门吊板组成将运动传递给左、右门吊板，使其在门框范围内做客户所需要的动作。

4. 锁闭解锁装置

锁闭解锁装置（驱动机构锁组成）安装在安装底板上，组成部件包括一套电磁铁组成、一套锁钩组成、一套复位气缸组成等，其机械结构图和实物图如图3-24、图3-25所示。在门关闭的过程中，4个锁闭撞轴组成分别位于左、右侧门吊板组成之上（每个门吊板组成上有两组锁闭撞轴组成，起二级保护作用）进入锁钩中，锁钩通过复位气缸内部的弹簧可以使之自动复位（保证在供电故障情况下，车门系统仍能保持锁闭状态），从而使车门系统以这种方式被锁闭，同时门关到位行程开关及锁到位行程开关被触发，供客室车门系统锁闭到位信号，列车可以开车。电动开门时，通过对电磁铁组成的控制，电磁铁得电吸合，可使锁钩转动，从而释放出锁闭撞轴，客室车门系统以这种方式实现解锁，解锁后门才可以打开。电磁铁组成后部可以与紧急解锁装置相连接，通过拉动紧急解锁手柄实现特殊情况下的手动机械解锁，同时触发相应的行程开关，提供客室车门系统被紧急解锁信号。紧急解锁完毕后，通过复位气缸内部的弹簧可以使锁钩自动复位，保证锁钩处于锁闭状态。

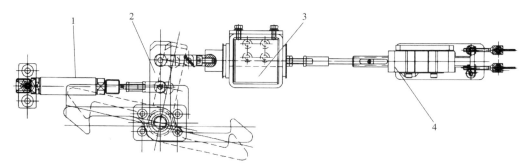

图3-24 锁闭解锁装置机械结构图
1-复位气缸组成；2-锁钩组成；3-电磁铁组成；4-紧急解锁装置

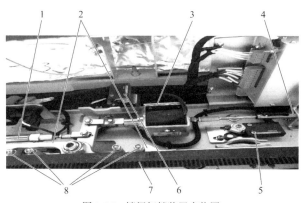

图3-25 锁闭解锁装置实物图

1-复位气缸；2-锁钩；3-电磁铁组成；4-紧急解锁装置；5-门到位行程开关组成；6-隔离锁行程开关；7-齿带；8-撞轴

(二) 车门内部紧急解锁装置

为使乘客在轨道客车出现意外的危险情况下可以及时、迅速地疏散,在客室车厢指定车门内部罩板上特配备有内部紧急解锁装置。车门内部紧急解锁装置机械结构图和实物图如图3-26、图3-27所示。通过钢丝绳组成将内部紧急解锁装置与紧急解锁装置相连接。当旋转车门内部紧急解锁装置的解锁扳手时,钢丝绳带动紧急解锁装置旋转,紧急解锁装置旋转带动电磁铁克服复位气缸弹簧弹力运动,从而使锁钩旋转打开,将锁闭撞轴释放出来实现解锁,同时触发相应的行程开关,提供客室车门系统被紧急解锁信号。

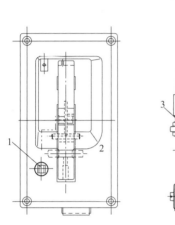
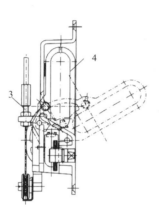

图3-26 车门内部紧急解锁装置机械结构图   图3-27 车门内部紧急解锁装置实物图
1-四方锁芯复位操作用;2-紧急锁;3-钢丝绳螺杆六角螺母;4-解锁扳手(紧急时直接拉动)

车门内部紧急解锁装置有清楚的标记,平时由有机玻璃外罩罩住。日常检修时无须打碎外部保护面罩,被授权人员可以通过专用钥匙(四方钥匙)操作;在紧急情况下,乘客可以打碎有机玻璃外罩,操作解锁扳手实现车门解锁。

在紧急情况下需要从客室内打开车门时,必须先击碎有机玻璃罩或由被授权人员使用专用钥匙(四方钥匙)打开,然后操作内部紧急解锁装置。操作该装置后,能实现以下功能:

(1) 当车辆处于零速状态时(车辆速度≤5km/h),无论车门系统工作是否正常(车门系统隔离状态除外),紧急操作时可以通过钢丝绳实现车门的机械解锁并手动开门,手动开门最大作用力为150N;当车辆速度大于5km/h时(非零速状态下),操作内部紧急解锁装置,手动开门力大于200N,并且手动开门力撤离后车门系统趋向于关门。操作解锁扳手所需的最大力矩不超过15N·m。

(2) 紧急操作后,紧急解锁信号可以传给列车监视系统,并能使列车司机控制屏上显示哪个车门的解锁装置被启动。

(3) 车门系统上蜂鸣器鸣叫报警。

(4) 内部紧急解锁装置操作后将被定位在操作状态,并必须手动复位。根据给定的信号,内部紧急解锁装置的复位操作将激活门的正常操作。

(5) 该装置部位的内罩板上设有防止滥用的有机玻璃罩。

(6) 如果此门处于隔离状态,则无法进行紧急解锁操作。

(三) 隔离锁组成

如果由于个别车门系统因为机械或电气故障而要求某一车门单独退出服务时,首先保证该车门处于关闭状态下,被授权人员才可以用专用钥匙(四方钥匙)打开罩板并转动位于驱动机构组成上的隔离锁组成(图3-28),使驱动机构组成机械锁闭,并同时触发隔离锁行程开关,提供该客室车门系统被隔离锁闭信号,进而隔离该车门系统电路,从而使该车门系统退出服务而其他车门不受其影响。当该车门被隔离后,处于客室内部罩板上的隔离指示灯(红色)亮起,对乘客起到指示作用。隔离锁操作力矩≤15N·m。

 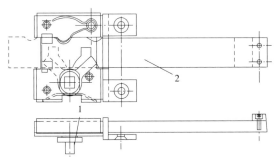

图 3-28 隔离锁组成

1-隔离锁芯;2-隔离锁组成

注意:当车门系统处于隔离状态时,紧急解锁不能将其打开。

(四) 密封毛刷组成

双扇电控电动内藏式滑移车门的门板上边缘密封采用密封毛刷形式。毛刷采用柔软羊毛且不易脱落,从而保证门板上边缘的密封效果。密封毛刷组成(图3-29)安装在车体门框上部,毛刷与门板接触密封。

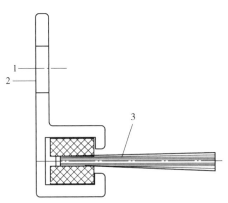

图 3-29 密封毛刷组成

1-毛刷;2-铝合金;3-毛刷柔软羊毛

三、门控器的功能

（一）门控器的激活

通过接通电源启动门控器工作顺序，具体如下：

（1）门已关闭和锁闭。车门将启动并保持关闭，依据随后的命令动作。

（2）门未关闭和锁闭。车门在关闭方向立即启动，即使有一个开启命令仍处于激活状态。门控器在上电之后无法找到车门的实际位置，因此车门首先关闭直到达到关闭和锁闭状态一次（作为位移传感器的参考位置）。障碍物探测系统处于工作状态。进一步的功能依据随后的命令。

（二）开门

1. 信号开门（集控开门）

只有在列车处于"门使能"信号激活时才能接收集控开门信号，该信号是安全继电器的激活以及进一步开门所必需的。通过激活集控开门信号，司机可以同时打开列车一侧所有车门。

只要门控器探测到有效的"门使能"信号及开门命令，则驱动电动机将驱动车门在开门方向动作，门已关闭和锁闭回路断开，告警元件（蜂鸣器和指示灯）的输出激活。

如果在开门过程中开门信号激活丢失，同时关门信号未激活，门仍然会开到开门终点位置；如果车门未关，无论开门信号是否激活，只要关门信号激活，则门将执行关门动作。障碍物探测在开门方向上激活。

2. 通过机构上服务按钮开门

只有在"门使能"信号激活时才可能实现。只要门控器探测到有效的"门使能"信号，车门的开门动作同上。

（三）关门

1. 集控关门

当门控器接收到有效的"集控关门"信号时，车门将关闭。

若"集控开门"和"集控关门"信号同时激活（故障），"集控关门"享有更高优先级，车门将关闭。

若车门正在打开，"集控关门"信号激活，随后车门将停止开启动作并立即开始关闭。

如果在关门过程中"集控开门"和"门使能"信号激活，"集控关门"信号不激活，则门将停止关门动作并重新打开。

2. 操作门控器上维护按钮关门

操作维护按钮将导致打开或正在打开的车门立刻关闭。关闭过程立即开始，没有任何预先告警时间，告警元件在关闭过程中保持激活。再次操作维护按钮时，关门顺序会转变为开门顺序。

3. 通过零速列车线无效方式关门

如果零速列车线变为无效，门立即开始关闭。再要打开已不可能。

4. 通过激活关门列车线关门

激活关门列车线，通知车门关闭。若列车控制系统生成信号指示列车速度超过5km/h时，打开的车门将立即关闭。该操作享有最高优先级，即使集控开门激活或车门处于紧急解锁状态，车门仍将关闭。

（四）障碍物探测

关闭过程中，被夹住的障碍物由下列系统探测：

（1）电动机电流监控。实际测得的电动机电流超过标准电动机电流。标准电动机电流不恒定，取决于车门的位置以及先前关闭过程中的电流消耗。即使断电时，标准电流曲线也会保存在门控器中，不会丢失。

（2）位移/时间监控。门控器监控车门动作，并通过门位置传感器将车门动作分成很多小距离。若车门未能在规定时间内跨越规定的距离，则障碍物探测激活，障碍物探测系统在车门到达关闭和锁闭位置后自动失效。

（五）车门隔离

机械隔离锁安装在驱动机构上，可从车体内外通过乘务员专用钥匙（四方钥匙）将手柄转到隔离位置（车门须处于完全关闭和锁闭位置），隔离装置将操作一个机械锁销，将驱动机构锁闭在完全关闭和锁闭位置，并激活限位开关（隔离）。此外，还将导致下列控制操作：

（1）限位开关向门控器发送一个信号，断开所有的车门功能。
（2）门已关闭和锁闭回路被限位开关旁路。
（3）不再可能实施紧急开门或手动释放。

图3-30 断开电源（断路器）

（六）断开电源（断路器）

为了执行维护任务，可通过维护断路器断开单独一个车门的电源，如图3-30所示。门已关闭和锁闭回路未被旁路，可在任意时间实施紧急开门或手动释放。

（七）蜂鸣器和指示灯

在每个客室侧门内侧上方均设有蜂鸣器，蜂鸣器在门的运动过程中提供声响提示。车门指示灯如图3-31所示。在每个客室侧门内侧上方均设有红色指示灯；该灯亮表示该车门已切除，不能操作。在每个车的外侧墙上，各设一个橙黄色指示灯；当橙黄色指示灯亮时表示车门开启；车门关好后橙黄色指示灯灭。

（八）安全联锁电路

锁闭开关检测到车门完全关闭后，其常开触头闭合，同一节车厢的同一侧所有车门的锁闭开关常开触头串联，形成关门安全联锁电路。

图 3-31　车门指示灯

列车的关门安全联锁电路形成环路，所有车门关好后，司机室内"门已锁闭"指示灯亮，列车方可起动。列车左右侧安全联锁电路完全隔离，无共用元件。

由于车门的状态关系到乘客及运营的安全，为确保列车运行过程中车门正确锁闭，只要检测到某个车门没有正确锁闭，列车便无法起动。

（九）门全关旁路功能

在司机室后面的电气柜中，设有一个带铅封的车门全关闭旁路开关。当列车客室车门安全联锁环路发生故障，不能使列车门全关闭继电器得电或因列车门全关闭继电器本身故障造成列车无法牵引时，可闭合车门全关闭旁路开关，直接接通牵引电路，使列车在司机的控制下"强制"牵引（必须确认列车的所有车门已关闭到位），进行非正常运行。

（十）"门使能"旁路功能

当车门控制线故障，车门无法响应命令时，可尝试使用"门使能"旁路开关控制车门的动作，以维持列车的运行。

（十一）故障自动诊断与显示

车门控制系统具有故障诊断功能和车门状态指示功能。故障诊断功能可以用数值或 LED 显示，不同数值或 LED 的组合代表不同的故障现象。在线诊断软件可通过 RS232 服务接口与计算机连接，从而对车门的状态和故障实现在线诊断。

课题三　列车上的其他车门和车门系统的故障处理

一、司机室侧门

（一）手动塞拉司机室侧门

司机室两侧设手动塞拉车门。手动塞拉司机室侧门结构图如图 3-32 所示。手动塞拉司机室侧门系统由顶部机构、门扇和基础部件等组成。门板内、外蒙皮材质为铝合金,门玻璃为活动式,门板结构和客室车门相同,门口设有扶手和脚蹬。车门开、闭灵活,关闭后密封性能良好,并且车门关闭后与车体外表面平齐。司机室侧门未关闭时列车不能牵引。门机构组成如图3-33所示。

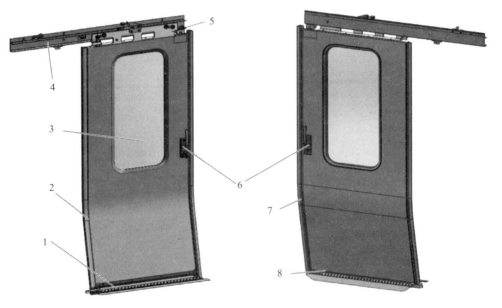

图3-32 手动塞拉司机室侧门结构图

1-内门槛;2-后挡密封胶条;3-窗玻璃;4-支承导轨;5-承载小车;6-门锁;7-前挡密封胶条;8-外门槛

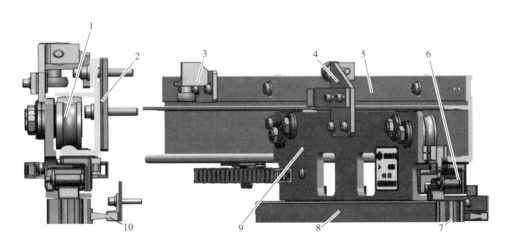

图3-33 门机构组成

1-承载轮防跳轮组件;2-调整垫片;3-缓冲定位组件;4-缓冲头;5-承载机构;6-锁挡组件;7-前挡胶条;8-门扇;9-承载小车;10-上密封毛刷

司机室两侧门上的玻璃为安全玻璃,采用外滑型垂向降落窗,该窗在关闭位置能牢固地闩住。窗户滑动灵活,并采取防止震颤噪声的措施和设有耐候性的密封条,挡风、挡尘、挡雨。

门板结构为三明治结构,厚度为32mm。内、外蒙板材质与客室门相同,内部填充铝蜂窝,中间为铝框架;门板上有双层固定窗户。携门架通过螺钉与门板连接。司机室门锁安装在门板上,锁挡安装在上支承导轨上面,通过操作门板的内外把手实现解锁。门板组成如图3-34所示。司机室门锁组成如图3-35所示。

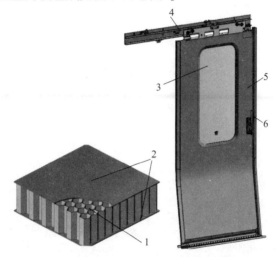

图3-34 门板组成

1-蜂窝;2-蒙皮;3-双层玻璃;4-承载小车;5-门板;6-门锁

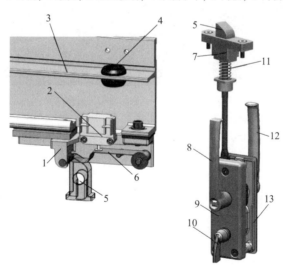

图3-35 司机室门锁组成

1-锁挡组件;2-微动开关;3-支承导轨;4-防尘罩;5-锁舌;6-片簧;7-锁舌套;8-内把手;9-内锁盒;10-内保险;11-复位压簧;12-外把手;13-外锁板

(二) 单开电动塞拉司机室侧门

车门的电控电动装置采用微处理器控制的电动机驱动装置,不仅具有自诊断功能和故障记录功能,还具有与列车总线网络进行通信的功能,并可通过列车总线网络对车门进行控制。车门采用硬线控制。单开电动塞拉司机室侧门机构组成如图3-36所示。

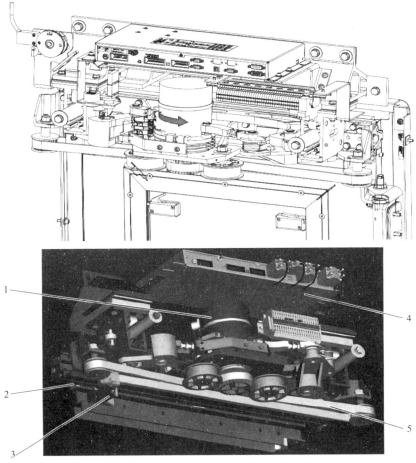

图 3-36 单开电动塞拉司机室侧门机构组成
1-电动机；2-三级导轨；3-驱动臂；4-门控器；5-齿形皮带

传动装置采用齿轮、齿带方式，导向装置、驱动装置和锁闭装置集中为一个紧凑的功能单元，便于安装和维修。

电动机组件由一个直流电动机及电动机和驱动装置之间的连接装置组成。电动机及联轴节在全生命周期内免维护。

二、紧急疏散门

紧急疏散门，又叫逃生门，是安装在城市轨道交通列车上的一种逃生装备。在发生紧急或意外情况下，紧急疏散门展开能形成一个人员撤离通道。紧急疏散门一般设置在车辆头部，每列列车设置两套紧急疏散门。

塞拉门

（一）门总成

门总成安装在车头左侧，上部铰链连接在车骨架上，下部门框连接在铝地板上，门框四周与车头 GRP 之间涂胶密封。门总成由门框、门扇、铰链、锁紧机构、气弹簧等部分组成。紧急疏散门打开实例图和示意图如图 3-37 所示。

 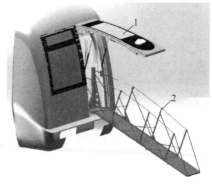

a)实例图　　　　　　　　　　　　　b)示意图

图 3-37　紧急疏散门打开实例图和示意图
1-上翻式疏散门；2-坡道式疏散梯

门主体中有两个行程开关，安装在门框上，左右锁点各一个。当门处于锁紧状态时，锁舌触动行程开关的触头，使行程开关的常闭触头导通；当门处于打开状态时，常闭触头断开，行程开关及坡道的状态信号传入列车管理系统。当列车遇到紧急情况时，扳动解锁把手到指定位置，锁舌从门框脱出，向外推动门扇，当门扇绕着铰链转到一定角度，经过气弹簧的死点后，放开解锁把手，这时门扇可在气弹簧推力的作用下自动旋转到打开的极限位置。

(二) 紧急疏散门的操作

1. 打开

（1）先将门解锁把手用力向左扳动，拉断手柄上的安全绳，将手柄扳动90°到解锁位置。（注：红色为门解锁把手，绿色为坡道解锁把手）

（2）然后双手握住门左右把手将门向外推出，此后门将自动弹开到打开位置，把梯子放在司机座椅后面。门把手位置如图3-38所示。

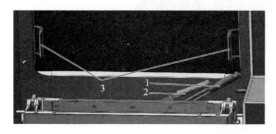 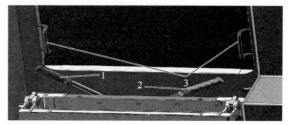

图 3-38　逃生装置打开把手位置
1-门解锁把手；2-坡道解锁把手；3-门左右把手

（3）门开到位后将坡道解锁把手用力向左扳动90°到解锁位置。向外推出坡道上部位置，此后坡道依靠重力自行展开，如图3-39所示。整个疏散系统完全打开，如图3-40所示。

图 3-39　推出坡道　　　　图 3-40　整个疏散系统完全打开

2. 回收

（1）从门扇上取下回收装置并展开，将回收布带两挂钩分别挂至门把手上，将布带拴到任意一根气弹簧上，如图 3-41 所示。

图 3-41　回收布带挂钩挂到门把手上
1-门把手；2-回收布带

（2）将坡道逐级折叠回收，4 节坡道全部折叠完毕后，将坡道限位机构的定位叉放在定位柱上，扳动坡道解锁把手至关位，回收装置和折叠坡道如图 3-42 所示。

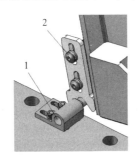 

图 3-42　回收装置和折叠坡道
1-定位轴；2-定位叉

注意：在回收时，每节坡道的斜拉钢丝绳应收回在扶手与踏板的空隙之中，并且主钢丝绳应收回在踏板型材内侧，在回收过程中必须将坡道各钢丝绳梳理整齐，保证位置正确。此步骤非常重要，如果稍有不当将导致坡道下次不能顺利展开。

（3）把气弹簧上的旋钮拉出（**注意**：必须使旋钮保持在拉出状态，否则在关闭门扇时会损坏空气弹簧）并拉动回收装置将门板拉回，直到锁舌滑入锁片内，将门解锁把手向右扳动到锁定位置，穿上铅封。气弹簧及旋钮，如图 3-43 所示。

（4）将门回收装置折叠好放回其原来位置，扳回门解锁手把及铅封，如图 3-44 所示。

图 3-43　气弹簧及旋钮

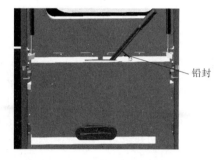

图 3-44　扳回门解锁手把及铅封

三、车门系统的故障处理

车门系统的故障现象及处理建议见表 3-2。

车门系统的故障现象及处理建议　　　　　　　　　　表 3-2

序号	故障现象	处理建议	
1	地铁列车司机显示单元显示车门故障	（1）列车停稳后，重新开关一次车门，若故障消除（若连续两站出现地铁列车司机显示单元显示车门故障，司机手动隔离该门）	完成当天运营
		（2）若故障仍然存在，手动隔离该门，并通知 OCC 安排站务员在该门处贴故障纸	完成当天运营
		（3）若同一节车大于 2 个车门或整列同一侧多于 4 个车门被手动隔离	运行到终点站，退出服务
		（4）若整节车厢全部车门显示问号或整列车全部车门显示问号，且门全关闭指示灯亮	无须隔离车门，运行到终点站，退出服务
2	车门被紧急解锁	现场查看情况后，复位车门紧急解锁手柄，并确认车门状态指示灯灭	完成当天运营
3	整列车左（右）侧车门打不开	（1）若相应侧开门按钮上的指示灯亮，则重新按压侧墙上的左（右）侧开门按钮。 ①车门打开； ②如车门仍打不开，按下司机操纵台上相应侧开门按钮，车门打开	完成当天运营
		（2）查看司机室电气柜内列车门控制断路器，如跳闸且可以手动复位，复位后继续运营	完成当天运营

续上表

序号	故障现象	处理建议	
3	整列车左（右）侧车门打不开	（3）若相应侧开门按钮上的指示灯不亮，按压指示灯按钮，该指示灯亮，按压门允许按钮。 ①若开门按钮上的指示灯亮起，按压开门按钮后，车门打开，继续运营； ②若开门按钮上的指示灯不亮，将司机室电气柜内的ATP切除开关【SKATP】置于切除位（同时报告OCC），将门模式开关置于【mm】位，然后将门选开关打在左（右）侧车门位，车门打开	完成当天运营
		（4）若上述操作后故障仍然存在，将零速旁路开关【SKZVB】置于"强制"位： ①若故障消失运行至终点退出服务； ②若无效则报OCC处理，紧急解锁客室车门	清客，退出服务
		（5）若操作紧急解锁后仍无法打开车门，将客室电气柜内本车门电源断路器【QFLD】置于分开位置后再次操作紧急解锁，车门打开。清客后，将司机室电气柜内的列车门全关闭旁路开关【SKTDB】置于"强制"位	退出服务
4	单个客室车门打不开	（1）重新按压对应侧开门按钮，如果车门打开	完成当天运营
		（2）手动隔离该客室车门，在该客室车门处贴故障纸	完成当天运营
		（3）若同一节车大于2个车门或整列同一侧多于4个车门打不开	运行到终点站，退出服务
5	整列左（右）侧车门关不上	（1）重新按压侧墙上的左（右）侧关门按钮。 ①如车门正常关闭； ②如车门仍关不上，按司机操纵台上相应侧关门按钮，车门关闭	完成当天运营
		（2）检查司机室电气柜内列车门控制断路器是否跳闸，若跳闸且复位成功，操作关门按钮，列车车门关闭	完成当天运营
		（3）若上述操作后故障仍然存在，报OCC处理，经OCC允许后，清客，将列车门全关闭旁路开关【SKTDB】置于"强制"位	清客，退出服务
6	单个客室车门关不上	（1）重新按压对应侧关门按钮，如果车门关闭	完成当天运营
		（2）手动关闭该车门后隔离该门，在该门处贴故障纸	完成当天运营
		（3）若机械卡死，无法关闭，司机打开罩板，尝试关闭。 ①若关闭成功，手动隔离该门，在该门处贴故障纸； ②若仍不能关闭	完成当天运营
		（4）若2个及以上车门关不上	清客，退出服务

续上表

序号	故障现象	处理建议	
7	操作客室门隔离锁，隔离指示灯不亮	（1）确认隔离锁处于【隔离】位后，车门无法打开且隔离锁无法继续转动，视为本次隔离操作成功，此时可忽略隔离指示灯显示状态	—
		（2）若隔离锁无法转动至【隔离】位（门已关闭的情况），确认该车门无法打开，将该门处贴故障纸，打开该门区罩板断开门控器电源断路器，安排站务员值守	运行至终点，退出服务
8	车门关好后，门全关闭指示灯不亮	按压司机操纵台上的【试灯】按钮，如门全关闭指示灯亮。（若不亮直接按序号2处理） ①若地铁列车司机显示单元显示的车门状态为"绿色"，则以地铁列车司机显示单元显示状态为准动车。若不能动车，则将列车门全关闭旁路开关【SKTDB】置于"强制"位； ②若地铁列车司机显示单元显示的车门状态显示为非"绿色"，则重新开、关一次客室门、司机室侧门	完成当天运营

项目三实训任务工单与阶段测试见本教材配套工作手册。

项目四

转向架

学习导入

转向架是城市轨道交通车辆的重要组成部件之一，也是保证车辆运行品质、动力性能和行车安全的关键部件。转向架安装在车体与轨道之间，用来牵引和引导车辆沿着轨道行驶，承受与传递来自车体及线路的各种载荷并可缓和其动力作用。城市轨道交通车辆运行于地下隧道、城市的高架线路上，要求转向架具有较低的噪声和良好的减振性能，并且具有适应车辆载重量变化较大的能力，所以它广泛采用空气弹簧和橡胶弹簧作为弹性悬挂元件。

知识目标

1. 转向架的组成、种类，主要组成构件的结构及作用；
2. 弹簧减振装置的结构及作用原理；
3. 牵引传动系统的结构和安装；
4. 城市轨道交通车辆主型转向架的结构组成。

能力目标

1. 能够正确认知转向架各部件名称；
2. 能够说明转向架各部件的作用和结构特点。

建议学时

12 学时。

延展阅读 4

中国名片

课题一　转向架概述

一、转向架的作用

转向架具有如下作用：

（1）车辆采用转向架可以增加车辆的载重、长度和容积，提高列车运行速度。

（2）通过轴承装置使车轮沿着钢轨的滚动转化为车体沿线路运动的平动，并保证在正常条件下，车体都能可靠地落座在转向架上。

（3）支撑车体，承受并传递来自车体与轮对之间或钢轨与车体之间的各种载荷及作用力，并使轴重均匀分配。

（4）保证车辆安全运行，能灵活地沿直线线路运行及顺利通过曲线。

（5）采用转向架的机构便于弹簧减振装置的安装，使之具有良好的减振性能，以缓和车辆和线路之间的相互作用，减小振动和冲击，提高车辆运行的平稳性和安全性。

（6）充分利用轮轨之间的黏着作用，传递牵引力和制动力。

（7）转向架是车辆的一个独立部件，在转向架与车体之间应尽可能减少连接件，并要求结构简单，装拆方便，以便转向架独立制造和维修。

（8）城市轨道交通车辆的转向架要便于安装牵引电动机及传动装置，以驱动车辆沿钢轨运行。

二、转向架的组成

转向架的类型较多，结构各异，但它们的基本组成和主要功能是相同的。转向架由构架、轮对轴箱装置、弹性悬挂装置（一系悬挂装置和二系悬挂装置）、基础制动装置、牵引电动机与齿轮传动装置、中央牵引装置等部分组成。动车转向架组成如图4-1所示，拖车转向架组成如图4-2所示。

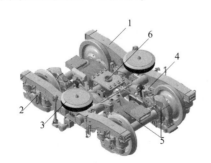
a) 不带受流器的动车转向架

b) 带受流器的动车转向架

图4-1　动车转向架组成

1-构架；2-轮对轴箱装置（一系悬挂装置）；3-空气弹簧（二系悬挂装置）；4-基础制动装置；5-牵引电动机与齿轮传动装置；6-中央牵引装置；7-受流器

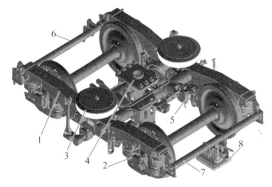

a) 带ATP天线梁和TWC天线安装梁的拖车转向架　　　b) 不带ATP天线梁和TWC天线安装梁的拖车转向架

图 4-2　拖车转向架组成

1-构架；2-轮对轴箱装置；3-空气弹簧装置；4-中央牵引装置；5-基础制动装置；6-ATP 天线梁；7-TWC 天线安装梁；8-TWC 天线

（一）构架

构架是转向架的基础，它将转向架的各零（部）件组成一个整体。构架不仅承受、传递各种载荷及作用力，而且其结构、形状尺寸都应满足各零（部）件组装的要求。

构架的检修

（二）轮对轴箱装置

轴箱与轴承装置是联系构架和轮对的活动关节，它使轮对的滚动转化为车体沿着轨道的平动。轮对沿钢轨的滚动，除传递车辆的重量外，还传递轮轨之间的各种作用力。

轮对及轴箱的装配

（三）弹性悬挂装置

为了保证轮对与构架、转向架与车体之间连接，同时减小线路的不平顺和轮对运动对车体的影响，在轮对与构架、转向架与车体之间装设有弹性悬挂装置。轮对与构架之间弹性悬挂装置又叫一系悬挂装置，转向架与车体之间弹性悬挂装置又叫二系悬挂装置。弹性悬挂装置包括弹簧、减振器及轴箱定位装置。

（四）基础制动装置

为使运行中的车辆在规定的距离范围内停车，车辆转向架须安装基础制动装置。其作用是传递和扩大制动缸的制动力，使闸瓦与车轮或闸片与制动盘之间的转向架内摩擦力转换为轮轨之间的外摩擦力（制动力），产生制动效果。一般城市轨道交通车辆转向架采用单侧踏面制动单元（闸瓦制动）或单元制动夹钳装置（盘形制动）。

（五）牵引电动机与齿轮传动装置

动力转向架上设有牵引电动机与齿轮传动装置。动力转向架使牵引电动机的转矩转化为轮对或车轮上的转矩，利用轮轨之间的黏着作用，驱动车辆沿着钢轨运行。

（六）中央牵引装置

中央牵引装置主要由连杆组件、中心销、牵引梁、横向油压减振器、空气簧异常上升止挡、牵引叠层橡胶和横向缓冲橡胶等组成。

中央牵引装置的作用：

（1）连接车体和转向架，并能使转向架相对于车体灵活回转。

（2）传递牵引力和制动力，同时允许二系弹簧在垂向和横向柔软地动作。

（3）纵向及横向具有适当的弹性，以衰减转向架纵向和横向的冲击振动。

三、转向架的结构种类

由于转向架用途的不同及运行条件的差异，转向架的性能、结构、参数和采用的材料工艺等存在不同的要求，从而出现了多种形式的转向架。各种转向架主要区别在于车轴的类型和数目、轴箱定位的方式、弹簧装置形式（悬挂方式）、车体与转向架连接装置的方式等。

（一）按轴数分类

一般铁道机车车辆有 2 轴转向架、3 轴转向架、多轴转向架（极少数）等，而对城市轨道交通车辆通常只有 2 轴转向架，但在轻轨车辆上有时可见单轮对（或轮组）转向架。

（二）按轴箱定位方式分类

所谓的轴箱定位就是轮对定位，限制轮对与构架之间纵横两个方向的相互位置关系。轴箱定位对转向架的横向动力性能，抑制蛇行运动具有决定性作用。轴箱定位装置在纵向和横向要求具有适当的弹性定位刚度值，从而避免车辆在运行速度范围内蛇行运动失稳，保证在曲线运行时具有良好的导向性能，减轻轮缘与钢轨的磨耗和噪声，确保运行安全和平稳性。常见的轴箱定位形式有以下几种。

1. 转臂式轴箱定位

转臂式轴箱定位又称弹性铰定位，定位转臂的一端与圆筒形轴箱体固接，另一端以橡胶弹性节点与构架上的安装座相连接。弹性节点允许轴箱与构架在上下方向有较大的位移，弹性节点内的橡胶件设计成使轴箱在纵向和横向具有适宜的不同的定位刚度要求。转臂式轴箱定位装置如图 4-3 所示。

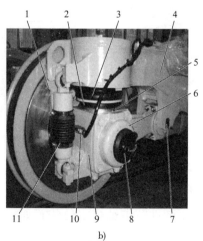

图 4-3 转臂式轴箱定位装置

1-轮对提吊；2-橡胶垫；3-轴箱弹簧（及防雪罩）；4-构架；5-调整垫；6-轴箱盖；7-轴箱定位节点；8-橡胶盖；9-轴箱体；10-温度传感器；11-轴箱垂向减振器

2. 金属叠层橡胶堆式轴箱定位

如图 4-4 所示，在构架与轴箱之间装设压剪型叠层橡胶弹簧，其垂向刚度较小，使轴箱相对构架有较大的上下方向位移，而它的纵向、横向有适宜的刚度，以实现良好的弹性定位。

a)锥形叠层橡胶堆　　　　　　　　　　　b)人字形叠层橡胶弹簧

图 4-4　叠层橡胶堆式轴箱定位装置
1-提升止挡；2-锥形叠层橡胶堆；3-垂向止挡；4-人字形叠层橡胶弹簧

3. 拉杆式轴箱定位

拉杆式轴箱定位装置如图 4-5 所示。拉杆的两端分别与构架和轴箱销接，拉杆两端的橡胶垫、套分别限制轴箱与构架之间的横向与纵向的相对位移，实现弹性定位。拉杆允许轴箱与构架在上下方向有较大的相对位移。

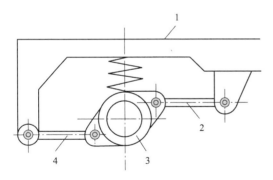

图 4-5　拉杆式轴箱定位装置
1-构架；2、4-拉杆；3-轴箱

4. 双拉杆式 + 弹性节点轴箱定位

双拉杆式 + 弹性节点轴箱定位装置如图 4-6 所示。拉杆的两端分别与构架和轴箱销接，拉杆两端的橡胶垫、套分别限制轴箱与构架之间的横向与纵向的相对位移，实现弹性定位。拉杆允许轴箱与构架在上下方向有较大的相对位移。弹性节点中为橡胶件使纵向、横向具有一定的刚度。

5. 拉板式轴箱定位

如图4-7所示，用特种弹簧钢材制成的薄片形定位拉板，其一端与轴箱连接，另一端通过橡胶节点与构架相连；利用拉板在纵向、横向的不同刚度来约束构架与轴箱的相对运动，以实现弹性定位。拉板上下弯曲刚度小，对轴箱与构架上下方向的相对位移约束很小。

目前，城市轨道交通车辆转向架轴箱定位大多数都采用转臂式和金属叠层橡胶堆式弹性定位，是为无磨耗的轴箱弹性定位装置，可以实现轴箱纵向、横向不同定位刚度的要求，达到较为理想的定位性能。

图4-6 双拉杆+弹性节点轴箱定位装置
1-拉杆；2-轴箱；3-弹性节点

a)单弹性拉板

b)双弹性拉板

图4-7 拉板式轴箱定位装置
1-弹性拉板；2-双弹性拉板；3-整体起吊环

（三）按弹簧装置形式（悬挂方式）分类

1. 一系悬挂转向架

一系悬挂转向架仅在轮对轴箱与构架间或者仅在构架与车体间有弹簧，适用于中低速车辆。

2. 二系悬挂转向架

除了在轮对轴箱与构架间有弹簧，还在构架与车体间设置二系悬挂弹簧。二系悬挂转向架适用于高速机车车辆。城市轨道交通车辆通常采用二系悬挂转向架。

（四）按车体与转向架连接装置的方式分类

按车体与转向架连接装置的方式转向架可分为有心盘转向架、无心盘转向架和铰接式转向架。其中，铰接式转向架又分为三种：①具有双排球形转盘的铰接式转向架；②具有球心盘的铰接式转向架；③高速列车铰接式转向架。

课题二　轮对、轴承、轴箱装置

一、轮对

轮对是车辆的重要部件之一。它承受着从车体、钢轨两个方面传递来的各种作用力，并引导车轮沿钢轨上滚动完成车辆的运行。轮对性能直接影响行车安全。因此，轮对必须坚固耐用，各零（部）件尺寸必须符合技术规定，以确保行车安全。

轮对由一根车轴和两个相同的车轮组成，组装时采用过盈配合，在轮轴顶压机（油压机）上将两车轮压装于车轴两端。动车轮对还安装有齿轮箱（直线牵引电动机车辆除外），传动齿轮热装在车轴上。长客 B 型某车辆轮对如图 4-8 所示。其车轴轴颈直径为 $\phi120mm$，车轴两轴颈中心间距为 1930mm，车轴全长为 2096mm，轮座直径为 $\phi200mm$，车轴轴身直径为 $\phi165mm$，考虑轮对分解时可能会造成车轴轮座损伤，因此，轮座留有修磨余量。在车轮轮辋外侧安装有单侧噪声阻尼环，能有效地降低车辆在通过曲线时轮轨间由于侧滑、挤压、摩擦而产生的高频噪声，新造车轮直径是 $\phi840$（1.5，2.5）mm，轮辋宽度为 135（0，3）mm，车轮采用磨耗型（LM）踏面。

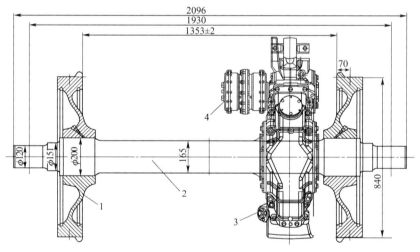

图 4-8　长客 B 型某车辆轮对（尺寸单位：mm）
1-车轮；2-车轴；3-齿轮箱；4-联轴节

（一）车轴

车轴是轮对的主要配件，它除与车轮组成轮对外，两端还要与轴箱油润装置配合，保证车辆安全运行。车轴采用优质碳素钢加热锻压成型，经过热处理和机械加工制成。国产车轴普遍采用代号为"LZ50"的车轴钢。进口车轴多采用型号为"A1N"车轴钢。

滚动轴承车轴各部件名称及作用（图 4-9～图 4-11）如下：

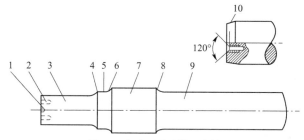

图 4-9 标准型滚动轴承车轴

1-中心孔；2-轴端螺栓孔；3-轴颈；4-轴颈后肩；5-防尘板座；6-轮座前肩；7-轮座；8-轮座后肩；9-轴身；10-轴端倒角

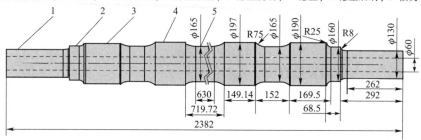

图 4-10 带制动盘座的拖车车轴（尺寸单位：mm）

1-轴颈；2-防尘板座；3-轮座；4-制动盘座；5-轴身

（1）中心孔：方便车轴定位，校对车轴的圆度以及测量车轴的基准线。

（2）轴端螺栓孔：对称设有 3 个轴端螺栓孔，RD$_3$ 型车轴孔径为 M$_{22}$，安装轴承前盖或压板。

（3）轴颈：安装滚动轴承，它承受着车辆质量，并传递各方向的静载荷、动载荷。

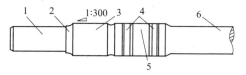

图 4-11 不带制动盘座的动车车轴

1-轴颈；2-防尘板座；3-轮座；4-齿轮箱轴承座；5-齿轮座；6-轴身

（4）轴颈后肩：轴颈与防尘板座之间的过渡圆弧部分，半径为 20mm，可防止应力集中。

（5）防尘板座：为车轴与防尘挡圈的配合部位，其直径介于轴颈和轮座之间，是轴颈与轮座的中间过渡部位，可以减小应力集中。

（6）轮座前肩：防尘板座与轮座之间的过渡圆弧部分，半径为 30mm，可防止应力集中。

（7）轮座：用于固定车轮，是车轴的受力最大的部位。

（8）轮座后肩：轮座与轴身之间的过渡圆弧部分，半径为 75mm，可防止应力集中。

（9）轴身：车轴中间连接部分。

（10）制动盘座：安装有制动盘的车轴设有制动盘座，用于安装制动盘的盘毂，一般一根车轴上设两个制动盘座（高速列车设 3~4 个），制动盘的盘毂与制动盘座采用冷压静配合，过渡圆弧半径为 55mm。

（11）齿轮座、齿轮箱轴承座：动车车轴的一端有齿轮座、齿轮箱轴承座，用于安装传动齿轮和齿轮箱。车轴的齿轮座部位凹槽较多，超声波探伤时应注意避开其影响。车轴可分为动力车轴和非动力车轴。动力转向架上两根车轴都是动力车轴，非动力转向架上两根车轴均为非动力车轴。但对于带有传动轴的动力转向架，一根是动力轴（安装在转向架内侧），另一根是非动力轴。动车车轴和拖车车轴（RD$_{3X017}$型）各部尺寸如图4-12所示。

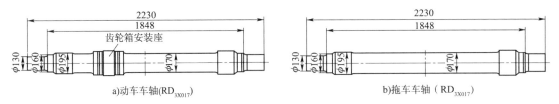

图4-12 动车车轴和拖车车轴（RD$_{3X017}$型）各部尺寸（尺寸单位：mm）

> **知识扩展**

空 心 车 轴

由于车轴主要承受横向弯矩作用，截面中心部分应力很小，制成空心后，对车轴强度影响很小，但可以节省材料，空心车轴比实心车轴可减轻20%~40%的质量，一般可减少60~100kg，甚至更多。目前高速客车普遍采用空心车轴（图4-10），轴内孔内径约为60mm通直型空心车轴，对于降低车辆簧下部分质量、提高车辆运行平稳性和减小轮轨间动力作用有着重要影响。空心车轴的制造应采用完善的工艺方法，以达到理想的质量要求，提高其疲劳强度。

（二）车轮

车轮是车辆最终受力配件，它把车辆的载荷传给钢轨，并在钢轨上转动，完成车辆的运行。其性能直接影响行车安全。

1. 车轮各部名称及作用

车轮各部名称及作用（图4-13）如下：

（1）踏面：车轮与钢轨面相接触的外圆周面。踏面与轨面在一定的摩擦力下完成滚动运行。

（2）轮缘：车轮内侧面的径向圆周凸起部分，为保持车轮在轨道上正常运行不脱轨。

（3）轮辋：车轮具有完整踏面的径向厚度部分，以保证踏面具有足够的强度和便于加修踏面。

（4）辐板：连接轮辋与轮毂的部分，起支承作用。

（5）轮毂：轮与轴互相配合的部分，固定在车轴轮座上，为车轮整个结构的主干与支承。

（6）轮毂孔：安装车轴用的孔，与轮座过盈配合。

2. 辗钢整体车轮

城市轨道交通车辆上主要采用的是辗钢整体车轮（简称辗钢轮），有S形辐板车轮和直辐板车轮两种。

辗钢轮用圆钢锭切成轮坯，经锻压和加热辗轧后，再经机械加工而成，制造过程中对车轮进行淬火和热处理，以提高强度。

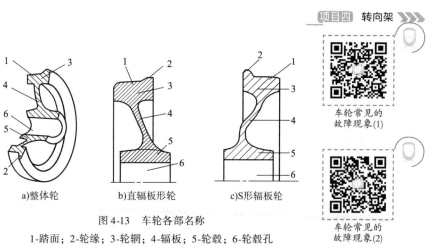

图 4-13 车轮各部名称
1-踏面；2-轮缘；3-轮辋；4-辐板；5-轮毂；6-轮毂孔

辗钢轮的优点：强度高，韧性好，适应载重大和速度高的要求；自重轻，轮缘磨耗后可以堆焊，踏面磨耗后可以镟修，维修费用低。

辗钢轮的缺点：制造技术较复杂，设备投资较大，踏面耐磨性较差等。

一般精加工的车轮需要进行静平衡试验，当车辆运行速度低于 120km/h 时，车轮静不平衡量要求小于 125g·m；当车辆运行速度大于或等于 120km/h 时，车轮静不平衡量要求小于 75g·m。

3. 车轮材质要求

进口车轮普遍采用国际铁路联盟标准（UIC 812-3 标准），其材质采用 R8 或 R9，国产 S 形辐板车轮普遍采用 CL60 钢，采用间歇淬火或三面淬火工艺提高其淬透性，其他钢种的含碳量、强度和硬度都稍高于 R8-T（注：R8 表示车轮钢的钢种，T 表示轮辋淬火），车轮钢要求强度高，韧性好，运用中不会发生崩裂，且要求具有与钢轨相匹配的硬度，要尽量降低轮与轨的磨损，减少踏面疲劳剥离。

4. 磨耗型踏面

把车轮踏面一开始就做成类似磨耗后的稳定形状，即磨耗型踏面。磨耗型踏面可明显减少轮与轨的磨耗、减少车轮磨耗过限后修复成原形时切掉的材料、延长车轮的使用寿命，减少了换轮、镟轮的工作量；同时，磨耗型踏面还可减小轮轨的接触应力，既能保证车辆直线运行的横向稳定，又有利于曲线通过。磨耗型踏面（LM 型踏面）如图 4-14 所示。

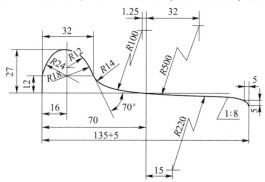

图 4-14 磨耗型踏面（LM 型踏面）（尺寸单位：mm）

由于车轮踏面有斜度，各处直径不相同，规定从轮缘内侧到踏面 70mm 处的点测量的直径作为车轮的名义直径，该圆为滚动圆。我国城市轨道交通车辆车轮直径一般为 840mm，可以磨耗到 770mm，直线电机车辆 BM3000 柔性转向架上车轮直径（新轮）为 730mm。

> **知识链接**

地铁车辆车轮降噪的方式

地铁车辆的噪声主要是转向架传递至车体的振动及车轮和钢轨的撞击及摩擦激发的振动所产生的辐射噪声。减小轮轨噪声有效的方法有以下几种。

1. 弹性车轮

弹性车轮是一种分体式车轮，内外两个轮圈之间内嵌压缩状态的橡胶阻尼元件，依靠橡胶的减振、隔振特性，使得地铁车辆运行时减缓车轮的振动冲击，有效降低了车辆的振动噪声水平。弹性车轮由轮心、压环、轮箍、减振橡胶、连接导线和紧固件等部件组合而成，如图 4-15 所示。其独特之处在于轮箍与轮心之间嵌入橡胶块，这样，在车辆行驶时，轮箍的振动会首先经过橡胶元件的减振作用，再传递至车轮。目前，中车戚墅堰机车车辆工艺研究所研制的弹性车轮先后在北京、沈阳、南京、无锡、南通等 10 余座城市、20 余条线路中应用。

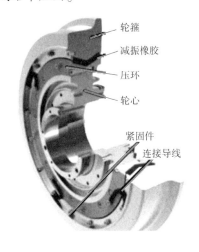

图 4-15 弹性车轮

2. 车轮上安装降噪阻尼装置

在车轮上安装降噪阻尼装置后，车轮的振动会传递给降噪阻尼装置，引起降噪阻尼装置的谐振，阻尼装置将吸收车轮振动的能量，从而达到降低噪声的目的。降噪阻尼装置 [图 4-16a)、b)] 主要有两种：一种是降噪阻尼环，它是特殊材料制成的开口圆环结构，通过压缩安装在车轮轮辋内、外侧槽内，圆环通过本身弹性紧贴轮辋，并采用特殊设计的高阻尼弹性连接件或焊接封闭其接口，确保阻尼环在长时间使用周期下的良好降噪性能。降噪阻尼环有单侧安装和双侧安装两种形式，如图 4-16c)、d) 所示。降噪阻尼环具有组装、拆卸方便，使用寿命长的特点，降噪阻尼环车轮广泛应用于我国地铁列车上。另一种是降噪阻尼片，阻尼片由多层金属板和阻尼胶片叠加而成。

a) 降噪阻尼环　　　　　　　　b) 降噪阻尼片

c) 降噪阻尼环单侧安装　　　　d) 降噪阻尼环双侧安装

图 4-16　降噪阻尼车轮

3. 车轮表面敷设黏弹性材料降噪车轮

在不改变车轮结构的情况下，在车轮表面敷设黏弹性材料，这种材料不需要机械紧固件，适用于踏面制动方式和盘形制动车轮。

4. 橡胶车轮

采用橡胶车轮可以显著降低噪声，具有噪声低、振动小、高黏着、易维修等特点。然而，橡胶车轮需要实时监测轮胎的充气情况并定期更换轮胎，且线路造价较高。

二、滚动轴承轴箱装置

车辆的轴箱、轴承及其附属配件统称为滚动轴承轴箱装置。滚动轴承轴箱装置是转向架的重要组成部分，其作用包括：①将轮对构架连接在一起，把车辆的垂直、水平载荷传递给轮对；②保证良好的润滑性能，减少摩擦，降低运行阻力；③防止热轴，限制轮对过大的横向移动；④防止雨水、灰尘等异物侵入，保证车辆安全、可靠地运行。目前，城市轨道交通车辆轴承一般使用整体自密封、自带润滑脂的轴承，使用设计寿命一般 200 万 km，检修周期 80 万 km，采用整体冷压装方式。

(一) 滚动轴承的组成和工作原理

滚动轴承一般由内圈、外圈、滚子（滚动体）、保持架四部分组成。内圈通常装配在轴颈上，并与车轴一起旋转。外圈通常装配在轴箱或轴承座内，起支承作用。滚子在内圈和外圈之间，当轴颈与内圈一同相对外圈旋转时，引导滚子一面绕其轴心自转，一面绕内、外圈滚道旋转。滚子的大小与数量决定轴承的承载能力。保持架的作用是使各滚子均匀分布，防止互相碰撞摩擦，并在一定程度上引导滚子滚动良好。

城市轨道交通车辆上使用的滚动轴承有圆柱滚子轴承和圆锥滚子轴承两种。至于采用圆柱滚子轴承还是圆锥滚子轴承，则要取决于径向力、轴向力的大小和作用的时间。

1. 圆柱滚子轴承

圆柱滚子轴承一般属于双列分体式轴承，采用聚合物保持架（塑钢），用迷宫环对润滑脂非接触式密封。轴承滚子既能承受径向力，又能承受轴向力。但圆柱滚子轴承的轴向力主要靠滚子端面和挡边承受。滚子端面与挡边之间的摩擦是滑动摩擦。如果滑动摩擦力较大，容易导致轴温升高，从而降低润滑脂使用寿命，轴承的使用寿命也会受到影响。

2. 圆锥滚子轴承

圆锥滚子轴承一般为整体式轴承，塑钢保持架。SKF 双列圆锥滚子轴承，属于自密封、自带润滑脂结构，在正常运行条件下运行 5 年不需要润滑和维护。TBU 圆锥滚子轴承采用传统的接触式橡胶密封，卡紧式密封件，因而提高了润滑脂的污染的防护能力，延长了油脂的寿命，并使圆锥滚子轴承具有更好的性能和更长的寿命。

3. 轴承游隙

轴承游隙包括径向游隙和轴向游隙。

（1）径向游隙。径向游隙是指内、外圈滚道与滚子之间的内部间隙。其作用是保证滚子受力均匀，转动灵活。径向游隙对轴承工作性能有着重要影响，每种轴承在一定的作用条件下，都有最佳的径向游隙，使轴承寿命高，摩擦阻力小，磨损小。

径向游隙可分为原始游隙、配合游隙和工作游隙三种。其中，原始游隙是指未装配的轴承内、外圈间的径向游隙；配合游隙也称安装游隙，是指轴承安装后的游隙；工作游隙是指轴承在工作状态下的游隙。轴承装配后，内圈胀大，径向游隙减小，轴承工作后，随后温度升高，润滑油膜形成，径向游隙还要进一步减小。如果径向游隙过小，会使轴承工作温度升高，不利于润滑，影响力的正常传递，甚至会使滚子卡死；如果径向游隙过大，使轴承压力面积减小，压强增大，使轴承寿命缩短，振动与噪声增大。所以，选择合适的径向游隙是非常重要的。一般载荷大的轴承要求径向游隙较大，圆柱滚子轴承原始径向游隙一般按铁路标准范围为 0.11~0.19mm。

（2）轴向游隙。轴向游隙是指轴承内、外圈沿其轴线的相互位移量。其作用是避免滚子端部与内、外圈挡边的经常摩擦，保证挡边与滚子端面接触处的润滑条件，以降低滑动摩擦所产生的热量。所以轴向游隙也不宜过小，一般成对圆柱轴承轴向游隙为 0.8~1.4mm。

圆锥滚子轴承的径向游隙和轴向游隙有一定的几何关系，径向游隙可通过轴向游隙来反映，因而只规定了轴向游隙。

（二）圆柱滚子轴承的结构特点

圆柱滚子轴承一般由内圈、外圈、滚子（滚动体）和保持架等组成，外圈两侧带有挡边，内圈只有一侧有固定单挡边（活动平挡圈），保持架、滚子和外圈组合成一个组件，与内圈可以互相分离。圆柱滚子轴承分解件如图 4-17 所示，滚动轴承轴箱装置内部各零（部）件如图 4-18 所示。

1. 内圈

内圈与轴颈为过盈配合（热配合），外圆周面为滚道。内侧内圈有固定单挡边；外侧内圈没有固定挡边，但设有活动平挡圈。内圈与活动平挡圈采用 GCr18Mo 轴承钢，电渣重熔法制造，并采用贝氏体等温淬火方法进行热处理，表面硬度为 58~62HRC。

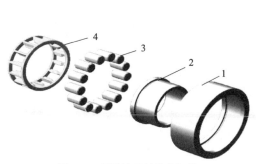

图 4-17　圆柱滚子轴承分解件
1-外圈；2-内圈（带固定单挡边）；3-滚子（14 个）；
4-保持架（塑钢）

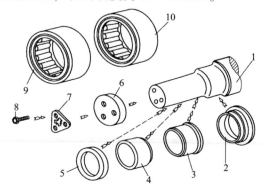

图 4-18　滚动轴承轴箱装置内部各零（部）件
1-车轴；2-防尘挡圈；3-带固定单挡边轴承内圈；4-不带挡边
但有活动平挡圈轴承内圈；5-活动平挡圈；6-压板；7-防松片；
8-轴端螺栓；9、10-滚子、保持架、外圈组件

内圈的标志刻打在内圈大端面，活动平挡圈的标志刻打在无槽端面，在圆周上间隔 120°机械打印。标志内容包括内圈标志、制造厂代号、制造年月。

2. 外圈

外圈与轴箱筒体为间隙配合，外圈内表面为滚道，且两边都有固定挡边。内侧与外侧外圈完全一致，可互换使用。外圈采用 GCr18Mo 轴承钢，电渣重熔法制造，并使用贝氏体等温淬火方法进行热处理，表面硬度为 58~62HRC。

外圈的标志刻打在外圈外端面，在圆周上间隔 120°机械刻打。标志内容包括轴承型号、制造厂代号、制造年月。

3. 滚子

滚子为圆柱形，为了使滚子受力均匀分布，滚子两端允许按双点线（$\phi18.5$mm）制作平端面，平端面的表面粗糙度为 $Ra0.2\mu m$，并可制作直径 $\phi14$mm、深 1mm 的凹穴。滚子采用 GCr15 轴承钢，电渣重熔法制造，并采用马氏体淬火、回火方法进行热处理，表面硬度 59~63HRC。

滚子承受载荷并产生滚动作用，当滚子处于轴径水平中心线上侧时受力，处于下侧时则不受力。每套轴承由 14 个滚子组成滚动体，同一组滚子的直径变动量≤0.002mm；同一组滚子长度变动量≤0.010mm。

4. 保持架

目前滚子轴承保持架一律采用塑钢材质，保持架的制造标志刻打在保持架的外端面，在圆周上间隔 120°机械刻打。标志内容包括轴承型号、制造厂代号、制造年份。

滚子从保持架兜孔外侧放入保持架正常位置后再向内移动一段距离，但不能从兜孔内侧脱出，使滚子装入后整体外圈直径小于外圈挡边内径。然后套上外圈，再装进内圈，使轴承成为一个整体。

(三) 城市轨道交通车辆上用的圆锥滚子轴承的结构

城市轨道交通车辆一般采用有轴箱圆锥滚子轴承，一般使用 SKF 双列圆锥滚子轴承或 TBU 型圆锥滚子轴承。圆锥滚子轴承主要由 1 个外圈、2 个内圈及滚子组件（包括塑钢保持架）、1 个中隔圈、前后端密封等组成。圆锥滚子轴承单元型滚动轴承如图 4-19 所示。

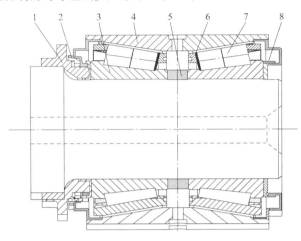

图 4-19　圆锥滚子轴承单元型滚动轴承
1-后挡；2-后端密封；3-内圈；4-外圈；5-中隔圈；6-保持架；7-滚子；8-前端密封

(四) 滚动轴承轴箱装置

1. 圆柱滚动轴承轴箱装置

圆柱滚动轴承轴箱装置主要由轴箱体、轴承、轴箱前盖、轴端压板、轴箱后盖、防尘挡圈和 O 形密封圈等组成，如图 4-20 所示。根据轴端安装设备的不同，轴箱组成又分为三种，分别为接地轴端组成、防滑轴端组成（装有防滑速度传感器）和测速轴端组成（装有 ATP 速度传感器），如图 4-21～图 4-23 所示。

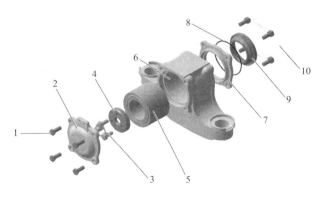

图 4-20　圆柱滚动轴承轴箱装置
1-轴箱前盖紧固件；2-轴箱前盖；3-防松片；4-轴端压板；5-轴承；6-轴箱体；7-轴箱后盖；8-O 形密封圈；9-防尘挡圈；10-轴箱后盖紧固件

图 4-21　接地轴端组成
1-电刷；2-摩擦盘

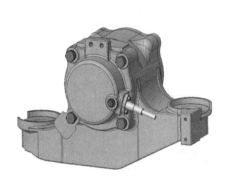
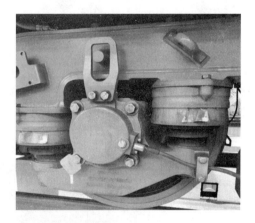

图 4-22　防滑轴端组成（装有防滑速度传感器）

图 4-23　测速轴端组成

2. 圆锥滚子轴承轴箱装置

圆锥滚子轴承轴箱装置如图 4-24 所示。

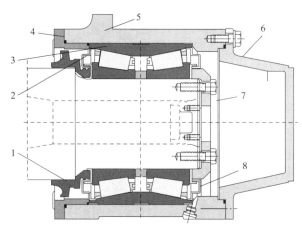

图 4-24　圆锥滚子轴承轴箱装置

1-后挡；2-凸缘密封；3-轴承；4-后盖；5-箱体；6-前盖；7-端部垫圈；8-密封板

课题三　弹簧减振装置

城市轨道交通车辆在轨道上运行时，由于线路的不平顺、轨隙、道岔，轨面的缺陷和磨耗，车轮踏面的斜度、擦伤和轮轴的偏心等原因，必将伴随着产生复杂的振动和冲击。为了提高车辆运行的平稳性，保证乘客的舒适度，必须设置弹簧减振装置。

一、弹簧结构及特性

车辆上采用的弹簧减振装置按其作用不同，大体可分为三类：①主要起缓和冲击作用的弹簧减振装置，如空气弹簧和钢制弹簧；②主要起衰减振动作用的减振装置，如垂向减振器、横向减振器；③主要起弹性约束作用的定位装置，如轴箱定位装置，心盘与构架的纵、横向缓冲挡等。

（一）弹簧的特性

弹簧的主要特性参数有挠度、刚度、柔度。其中，挠度是指弹簧在外力作用下产生的弹性变形量（单位：mm）；刚度是指弹簧被压缩单位长度所需的外力的大小（单位：N/mm）；柔度是指单位载荷下弹簧产生的变形量（单位：mm/N）。

（二）弹簧的分类

车辆上采用的弹簧种类很多，城市轨道交通车辆上主要采用螺旋钢弹簧、橡胶弹簧、空气弹簧等几种。

1. 螺旋钢弹簧

螺旋钢弹簧呈螺旋状，有圆柱形螺旋钢弹簧和圆锥形螺旋钢弹簧两种。车辆上用的主要以圆柱形螺旋钢弹簧为主。圆柱形螺旋钢弹簧如图 4-25 所示。

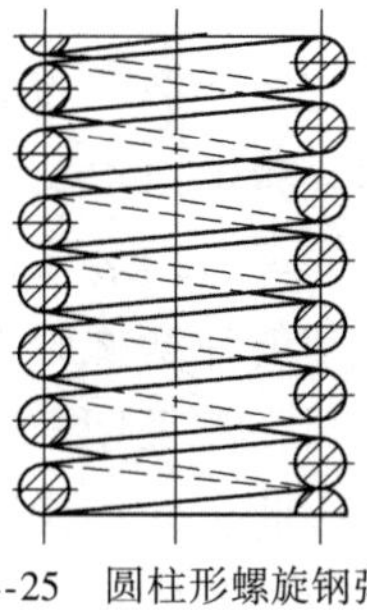

2. 橡胶弹簧

随着城市轨道交通车辆的不断发展及车速的进一步提高，橡胶弹簧在城市轨道交通车辆上的应用越来越广泛。车体与摇枕、摇枕与构架、轴箱与构架、弹簧支撑面等金属件接触部位之间，经常采用橡胶衬垫、衬套、止挡等橡胶元件。常见橡胶元件形式如图 4-26 所示。

图 4-25　圆柱形螺旋钢弹簧

3. 空气弹簧

SYS540H 型空气弹簧结构主要由上盖组成、胶囊、橡胶堆、节流阀、摩擦板和扣环等组成，如图 4-27 所示。其最大外径为 $\phi 680mm$，工作高度为 200mm。其主要技术参数如下：

（1）空气弹簧在垂向载荷 88kN，附加气室容积 42L 时，垂向静刚度（450±45）N/mm；水平方向静刚度（振幅±40mm）：（150±22.5）N/mm；水平方向动刚度（振幅±10mm，频率 1Hz）：（210±32）N/mm。

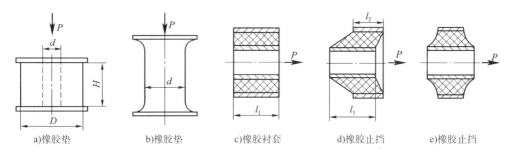

图 4-26 常见橡胶元件形式
P-压力；D-外径；d-内径；l_1、l_2-长度

（2）空气弹簧变位能力：
垂向：拉伸 40mm，压缩 30mm；
水平：±110mm。

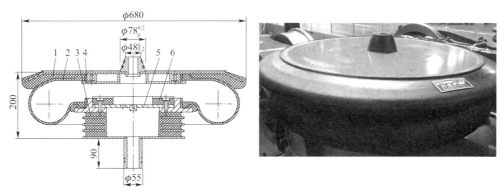

图 4-27 SYS540H 型空气弹簧结构组成（尺寸单位：mm）
1-上盖组成；2-胶囊；3-橡胶堆；4-扣环；5-节流阀；6-摩擦板

空气弹簧的胶囊气室与附加空气室间的节流孔对车体的垂向振动能够起到一定的衰减作用。城市轨道交通车辆上一般都采用自由膜式、压力自封式的空气弹簧。这种空气弹簧结构简单，组装检修方便。

空气弹簧橡胶囊由内层橡胶、外层橡胶、帘线层和成型钢丝圈组成。内层橡胶主要用于密封，需采用气密性和耐油性较好的橡胶材质。外层橡胶除了起密封作用，还起保护作用。因此，外层橡胶不仅应采用能抗太阳辐射和臭氧侵蚀并耐老化的橡胶材质，还应满足环境温度的要求，一般采用天然橡胶。帘线层的层数为偶数层，一般为两层或四层，各层帘线相交叉，并与空气胶囊的经线方向成一定角度布置。由于空气弹簧上载荷主要是由帘线承受，而帘线的材质对空气弹簧的耐压性和耐久性起着决定性的作用，需采用高强度的人造丝、维尼龙或卡普隆作为帘线。

二、空气弹簧装置系统组成

空气弹簧装置系统主要由空气弹簧本体、高度调整阀（简称高度阀）、差压阀、滤尘器和附加空气室等组成，如图 4-28 所示。下面主要介绍高度阀和差压阀。

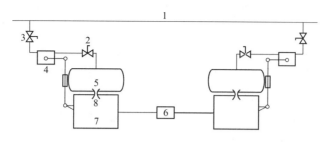

图 4-28　空气弹簧装置系统组成（部分元件未标示）

1-列车主风管；2-排风塞门（空气簧）；3-排风塞门（高度阀）；4-高度阀；5-空气弹簧；6-差压阀；7-附加空气室；8-节流阀

（一）高度阀

高度阀是空气弹簧悬挂系统装置中的一个重要组成部件。只有采用良好的高度阀，空气弹簧的优点才能充分体现出来。下面以 LV-3 型高度阀为例进行介绍。

1. 作用

高度阀的主要作用是维持车体在不同载荷下都与轨面保持一定的高度。由于车辆载荷的变化而引起车体高度的变化，高度阀能够自动地充入或排出空气弹簧中的空气量，左、右侧空气弹簧高度保持基本一致，从而减小车体的倾斜，以保证车辆的安全运行，同时提高了乘客的舒适感。另外，当空气弹簧中的空气有漏泄时，高度阀可以自动补风，以保证空气弹簧的正常高度。

2. 结构

高度阀一般控制机构、进排气机构和延时机构等部分组成。LV-3 型高度阀的外形及结构如图 4-29 所示。其主要部件有进排气阀体、吸入阀、缸盖、主轴、缓冲弹簧、弹簧支架、过滤网、空气节流阀、进排气阀、连杆套筒等。

a)高度阀外形图　　　　　　　　　　b)高度阀内部结构图

图 4-29　LV-3 型高度阀的外形及结构

1、6-主轴；2-缓冲弹簧；3、8-连杆；4-过滤网；5-高度阀体；7-空气节流阀；9-连杆套筒；10-排气阀体；11-排气阀；12-吸入阀；13-进气阀；14-缸盖；15-进气阀体；16-弹簧支架；17-减振器支架

（1）高度阀的控制机构主要包括连杆套筒、连杆和主轴。它们的主要作用是完成进排气的控制。

（2）高度阀的进排气机构主要由高度阀体、过滤网、空气节流阀、进气阀体、进气阀、排气阀体、排气阀组成。进气阀低压侧和排气阀的高压侧（空气弹簧侧）组成通道，并进行联系。通过控制机构的控制，打开或关闭进、排气阀来完成进气或排气的作用。

（3）高度阀的延时机构主要由活塞、吸入阀、缸盖、缓冲弹簧、弹簧支架和减振器支架组成。延时机构以硅油为阻尼介质，使得车辆运行时，空气弹簧在正常的振动情况下，即空气弹簧高度虽有变化，但不发生进、排气作用，仅延时机构的缓冲弹簧扭转变形，而进、排气阀并不工作，这样一方面可减少高度阀的误动作，另一方面可起到节约压力空气的作用。

（4）高度阀的主轴、吸入阀和缸盖等部件全部浸泡在硅油中。在主轴上装有弹簧支架和减振器支架，可在主轴上自由回转，弹簧支架和减振器支架同时接触缓冲弹簧。在主轴旋转时，转动缓冲弹簧，由此产生的力带动减振器支架，连动突起的活塞，使进气阀和排气阀动作。连杆在水平位置±45°范围内回转时，设置在本体内的限位机构能够限制缓冲弹簧产生过度动作。

3. 作用原理

高度阀的进气图和排气图如图4-30、图4-31所示。空气弹簧在车体载荷增加（减少）时，空气弹簧的内压将不足（过剩），因而被压缩（伸长），高度降低（增加）。此时，控制机构的连杆向上（向下）动作，带动主轴旋转，由于延时机构的作用，一定时间后打开进气阀（排气阀），空气弹簧高度随之升高（下降），并使连杆逐渐恢复到水平状态，此时，进气阀（排气阀）迅速关闭，空气弹簧恢复到原来设定高度。

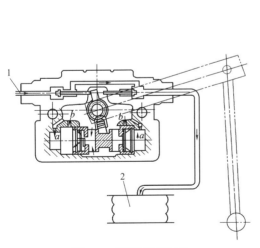

图4-30 高度阀的进气图
1-风源；2-空气弹簧；a、b-节流孔

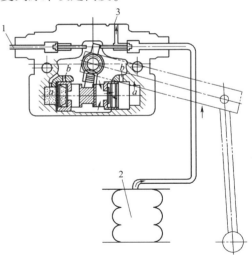

图4-31 高度阀的排气图
1-风源；2-空气弹簧；3-大气；a、b-节流孔

（二）差压阀

1. 作用

差压阀是保证一个转向架两侧空气弹簧的内压之差不超过保证行车安全规定的某一定

值（120kPa 或 150kPa）的装置。若转向架左、右侧空气弹簧内压之差超过定值时，差压阀自动沟通左、右空气弹簧，使压差维持在该定值以下。

由于空气弹簧在进、排气时间和速度上的差别，线路不平顺，各高度阀的高度控制杆有效长度的不同及车辆载荷的不均衡等原因，使得静止或运行中的转向架左、右侧空气弹簧内压力有区别，以及一侧空气弹簧泄漏或破损，可能造成车体的异常倾斜，使车辆脱轨稳定性降低。当不采用差压阀时，其压差为 0.1～0.15MPa。因此，为了保证车辆安全运行，在空气弹簧悬挂系统中必须设置差压阀。

2. 结构

CYF-1 型差压阀的结构及外形如图 4-32 所示。该阀阀体上有两个 φ11mm 的螺栓孔，可用两个 M10 螺栓固定在转向架上。从空气弹簧来的管道，通过活节连接阀体上压入阀座，用橡胶制的单向阀被弹簧顶住在阀座上。接头将过滤网四周固定，接头穿过密封体固定在阀体上。活节和连接螺母通过密封件紧固在接头上。此外，单向阀和弹簧之间有垫片（厚 0.1mm）、（厚 0.2mm），改变垫片的数量，可进行压力值的微调。

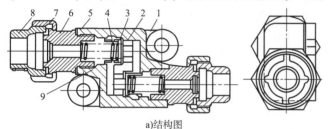
a)结构图

b)外形图

图 4-32　CYF-1 型差压阀的结构及外形

1-阀体；2-阀座；3-单向阀；4-弹簧；5-接头；6-过滤网；7-连接螺母；8-活节；9-垫片

3. 作用原理

（1）通常状态。

图 4-33a）所示为差压阀的通常状态，两个单向阀分别在阀座中就位，维持左、右侧空气弹簧的压差在规定值以下。

（2）产生异常压差状态。

如图 4-33b）所示，当右侧空气弹簧压力下降，左、右侧空气弹簧压差超过规定值时，右侧单向阀打开，左、右侧空气弹簧被沟通，左侧空气弹簧的压力空气向右侧空气弹簧充气，当两侧空气弹簧压差降至规定值时，单向阀关闭，差压阀又处于通常状态。

如图 4-33c）所示，当左侧空气弹簧压力下降，右侧空气弹簧向左侧空气弹簧充气，其工作原理同上，但方向相反。

三、减振装置

（一）减振器的作用及特点

弹簧减振装置主要由弹簧和减振器组成。弹簧主要起缓冲作用，缓和来自轨道的冲击和振动的激扰力。减振器的作用是减小振动，它的作用力总是与运动方向相反，起阻止振动的作用。通常，减振器具有将机械能转换为热能的功能，减振阻力的方式和数值不同将直接影响振动性能。城市轨道交通车辆一般装有一系、二系纵向油压减振器和二系横向油压减振器及纵向油压减压器（抗蛇行运动）。目前城市轨道交通车辆上广泛使用SACHS型、CHLH42002型油压减振器等，这些减振器的内部结构有很大不同，但工作原理基本是一样的。

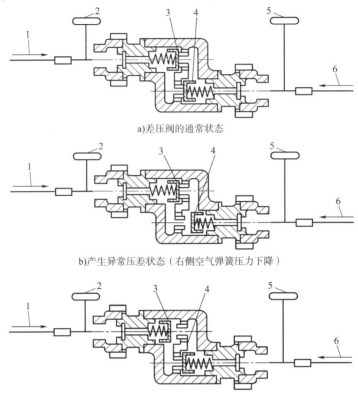

图 4-33　CYF-1 型差压阀的作用原理
1-供给；2-左侧空气簧；3-单向阀1；4-单向阀2；5-右侧空气弹簧；6-供给

（二）SACHS型油压减振器

1. 结构

SACHS型油压减振器的实物图和安装示意图如图4-34所示，SACHS型油压减振器的结构组成如图4-35所示。

2. 工作原理

在复原阶段，活塞杆被拉出；在压缩阶段，活塞杆被压入，由于活塞上下的工作缸压力差而产生了阻尼力。工作缸由活塞分隔为一个高压缸和一个低压缸；工作缸内的压力随着活塞速度和工作油通过活塞和底阀时的流动阻力自动调整。

在活塞运动期间，迫使工作油（阻尼油）流入或流出环形储油腔，该腔上部是空气，下部是工作油。

减振器工作时，活塞杆的移动产生了泵油过程，此过程由底阀控制。

a) 实物图

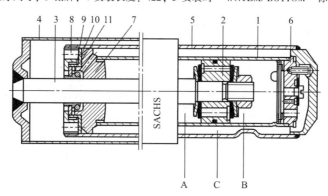

b) 安装示意图

图 4-34 SACHS 型油压减振器（尺寸单位：mm）

1-生产日期；2-产品序列号；3-铭牌；4-安装长度：422；5-安装时"WNTEM/BOTTOM"标志朝向下方（地面）

图 4-35 SACHS 型油压减振器的结构组成

1-工作缸；2-活塞；3-活塞杆；4-防尘罩；5-外筒；6-回油阀（底阀）；7-导向器；8-螺纹环；9-活塞密封件；10-工作缸密封件；11-阀片；A-高压缸；B-低压缸；C-储油缸

在复原阶段（拉伸期间），活塞杆拉出，工作油通过底阀上的补油阀从储油缸内吸入，工作油的体积与活塞杆拉出的体积相同。同样，在压缩过程，活塞杆压入，排开的一部分工作油通过底阀上压力阀被压进储油缸。这样，在车辆任何状态下，底阀压力阀都能以这种方式调节保证比活塞压力阀更大的阻力。这种结构在任何时候都能确保上工作腔内（高压缸）的压力始终大于储油缸压力，因此，可以避免从活塞杆与活塞杆导向器之间的间隙吸入空气。

3. 阻尼力

减振器阻尼力基于活塞速度，也就是说，当活塞速度增加时，阻尼力的增加取决于各个阀设置所确定的阻尼特性。组装减振器时，对每个减振器必须非常仔细地调整和测试。减振器阻尼力的准确调整的唯一方法是通过测试。减振器在专用示功机上测试期间，减振器活塞在预定的速度下循环运动，专用示功机记录减振器产生的阻尼力曲线。

（三）CHLH42002 型油压减振器

CHLH42002 型油压减振器的结构组成如图 4-36 所示。其用于横向减振器的基本结构由下列部件组成：

（1）防尘罩：活塞杆外部的金属保护套。
（2）刮油环：在压缩行程中清除活塞杆表面上的脏油膜。
（3）油封：这种油封不受油压作用，使用很长时期也不会漏油。
（4）阻尼调节阀：为减振器的关键部件，当活塞上下运动时，油液流经此阀而产生减振器阻尼力，调节弹簧的预紧力即可改变减振器阻尼力的大小和特性。
（5）导向座：导向座上的油压消除口通向储油缸，保持活塞杆密封部位不受压。
（6）压力缸：活塞在压力缸内滑动，油液通过流通孔从一个隔腔进入另一个隔腔。
（7）活塞杆：经过精密磨光的镀铬活塞杆，以配合油缸内腔保证运动副之间的空隙尽可能小而不被卡住。
（8）回油管：引导经阻尼调节流来的压力缸的油液进入储油缸。
（9）底阀组件：底阀上有大的通油孔，便于储油缸向压力缸迅速充油。
（10）储油缸：缸中储有油液，保证减振器工作时的储油和排油。

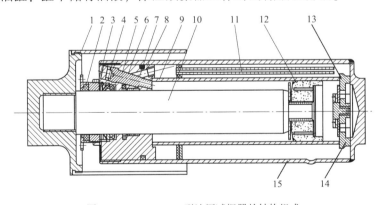

图 4-36 CHLH42002 型油压减振器的结构组成

1-防尘罩；2-刮油环；3-刮油环座；4-油封；5-调节阀固定螺母；6-密封垫；7-阻尼调节阀；8-导向座；9-压力缸；10-活塞杆；11-回油管（3 根）；12-活塞组件；13-压缩阀密封垫圈；14-底阀组件；15-储油缸

课题四　牵引连接装置和驱动装置

一、牵引连接装置

城市轨道交通车辆转向架普遍采用无摇枕结构。由于没有摇枕，车体直接坐落于空气弹簧上，必须靠牵引连接装置来实现摇枕所具有的传递纵向力和转向功能。

转向架与车体的分解——牵引装置与车体连接的分解

牵引连接装置为车体和转向架之间提供了合适的纵向刚度，减少牵引中心销牵引和制动时的冲击，使列车运行平稳。图 4-37 为一种典型的城市轨道交通车辆的中央牵引装置，每台转向架设有一套牵引装置。牵引连接装置包括中央牵引销、牵引销座、复合弹簧、中央牵引梁、牵引拉杆等部件。牵引连接装置呈 Z 形，在承担列车牵引力及制动力的同时，还承担横向力（通过侧挡），并通过中央牵引梁限制车体与转向架的垂向位移。

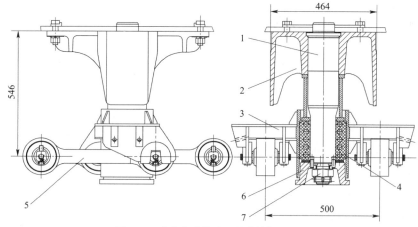

图 4-37　中央牵引装置（尺寸单位：mm）

1-中央牵引销；2-牵引销座；3-中央牵引梁；4-复合弹簧；5-牵引拉杆；6-下压紧盖；7-螺母

图 4-38～图 4-41 为几种中央牵引装置的结构，它们都有各自的特点。由于牵引杆两端与中心销和转向架的连接部位都有橡胶关节，橡胶关节的弹性定位能保证转向架绕中心销在各个方向上有一定程度摆动，这既能保证转向架抗蛇行运动的性能，又能实现转向架与车体之间的转角，保证车辆顺利通过曲线。

二、驱动装置

驱动装置实际上是指将动车传动系统传来的能量最后有效地传给轮对（车轮）的执行装置。驱动装置是一种减速装置，使高转速、小转矩的牵引电动机驱动具有较大阻力矩的动轴。一般驱动装置包括牵引电动机、车轴齿轮箱和驱动机构等。驱动装置的作用是将牵引电动机的力矩有效地转化为转向架轮对转矩，利用黏着机理，驱使动车沿着钢轨运行。

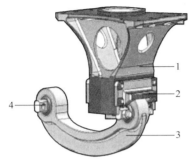
图 4-38 中央牵引装置结构（一）
1-中心销；2-提升止挡；3-牵引杆；4-橡胶弹性定位套

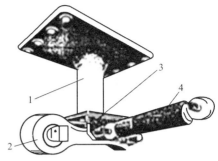
图 4-39 中央牵引装置结构（二）
1-连接座；2-轴；3-牵引座；4-减振器

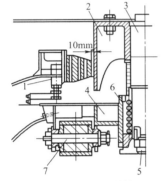
图 4-40 中央牵引装置结构（三）
1-起吊保护螺栓；2-中心销导架；3-中心销；4-中心架；5-定位螺栓；6-复合橡胶衬套；7-牵引杆

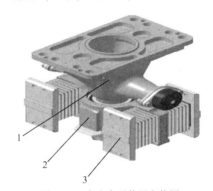
图 4-41 中央牵引装置实物图
1-中央牵引销；2-牵引销座；3-牵引橡胶堆

按牵引电动机的布置方式，牵引驱动装置分为以下几种形式。

（一）牵引电动机横向布置

（1）轴悬式驱动。

（2）电动机空心轴架悬式驱动。

（3）轮对空心轴架悬式驱动。

（4）挠性浮动齿式联轴节式架悬式驱动。

（二）牵引电动机纵向布置

（1）单电动机弹性轴悬式驱动。

（2）单电动机架悬式驱动（全弹性驱动）。

（3）对角配置的万向轴驱动（架悬式）。

（三）牵引电动机体悬式驱动装置

（1）半体悬式。

（2）全体悬式。

现代城市轨道交通车辆和轻轨车辆转向架大多数采用牵引电动机横向布置——轴悬式驱动装置（采用金属挠性板式联轴节），而旧型轻轨车辆转向架一般采用单电动机架悬式驱动装置。

驱动装置与构架的分解

根据牵引电动机在转向架上悬挂方式的不同，牵引驱动装置的结构形式分为轴悬、架悬和体悬三类。

1. 牵引电动机横向布置——轴悬式驱动装置

轴悬式驱动装置是将牵引电动机一端与车轴相连，另一端与构架相连，其全部质量的大约一半由车轴承担，另一半由转向架承担。而驱动力矩传递则由安装在电动机输出轴上的小齿轮，直接驱动由固定在车轴上的大齿轮来实现。

（1）刚性轴悬式驱动装置。

牵引电动机横向布置——刚性轴悬式驱动装置的结构如图4-42所示，其结构原理图如图4-43所示。

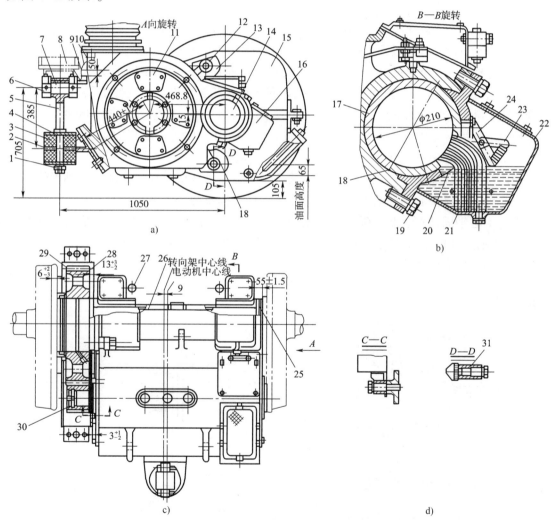

图4-42 牵引电动机横向布置——刚性轴悬式驱动装置的结构（尺寸单位：mm）

1-螺母；2-吊杆座；3-橡胶垫；4-垫板；5-吊杆；6-橡胶套；7-心轴；8-转向架横梁；9-安全托；10-电动机吊座；11-牵引电动机；12、19-螺栓；13-座；14-动轴；15-齿轮箱；16-抱轴轴承；17-抱轴瓦；18-键；20-刷架框；21-毛线垫；22-抱轴轴承盖；23-弹簧；24-刷架；25-密封圈；26-防尘罩；27-油杯；28-齿轮箱下箱体；29-大齿轮；30-小齿轮；31-调整垫片

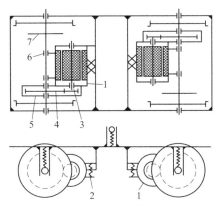

图 4-43 牵引电动机横向布置——刚性轴悬式驱动装置的结构原理图
1-牵引电动机；2-电动机弹性悬挂；3-驱动小齿轮；4-车轴上大齿轮；5-减速齿轮箱；6-爪形轴承；7-制动盘

牵引电动机的一端通过两个抱轴轴承刚性地支承在车轴的抱轴颈上；另一端通过一根弹性吊杆吊于构架的横梁形成三点支承。而齿轮箱除了同样通过两个抱轴承支承在车轴上外，其靠近牵引电动机一侧则用螺栓与电动机壳体固定在一起，由电动机壳体提供第二点支承。这样，除了满足齿轮箱的三点稳定支承要求外，还能保证大、小齿轮啮合过程的良好随动性和平稳性。其特点是结构简单，但簧下质量较大，仅适用于 120km/h 以下的运行速度。

（2）弹性轴悬式驱动装置。

与刚性轴悬式驱动装置相比，弹性轴悬式驱动装置只是在车轴和电动机抱轴承间加了一根空心轴，而该空心轴两端通过弹性元件（连杆机构及橡胶关节）与左右车轮相连，而大齿轮与空心轴固结在一起。弹性轴悬式驱动装置结构如图 4-44 所示，其结构原理图如图 4-45 所示。其特点与刚性轴悬式驱动装置基本相同，只是轮轨动作用力经弹性元件缓冲后再传给齿轮和电动机，但结构较复杂。

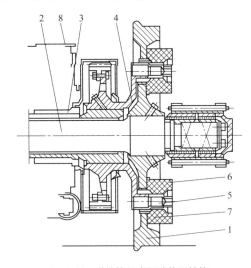

图 4-44 弹性轴悬式驱动装置结构
1-动轮；2-车轴；3-空心轴；4-驱动盘；5-驱动销；6-固定于车轮上的盒；7-橡胶垫；8-牵引电动机

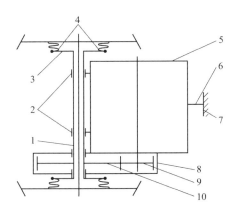

图 4-45 弹性轴悬式驱动装置结构原理图
1-空心车轴；2-抱轴承；3-连杆机构；4-弹性橡胶元件；5-牵引电动机；6-弹性吊挂；7-构架；8-车轴齿轮箱；9-小齿轮；10-大齿轮

2. 牵引电动机横向布置——架悬式驱动装置

架悬式驱动装置是指将牵引电动机整个悬挂在构架上，其全部质量由转向架构架承担，不再与车轴发生直接的联系，而驱动力矩则通过一套灵活的机构传递给车轴（车轮）。

（1）牵引电动机空心轴架悬式驱动装置。

牵引电动机的两端均通过弹性吊挂与转向架构架横梁相连，但牵引电动机内部将转子铁芯挖空，并通过齿形联轴节将转矩传给弹性扭轴，再通过联轴节与驱动小齿轮输入轴连接。牵引电动机空心轴架悬式驱动装置结构原理图如图 4-46 所示。牵引电动机空心轴架悬式驱动装置结构如图 4-47 所示。

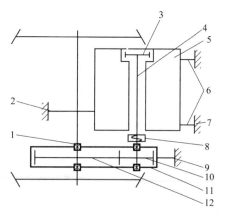

图 4-46 牵引电动机空心轴架悬式驱动装置结构原理图

1-滚动轴承；2、6、9-弹性吊挂；3-齿形联轴节；4-扭轴；5-牵引电动机；7-构架；8-弹性联轴节；10-小齿轮；11-车轴齿轮箱；12-大齿轮

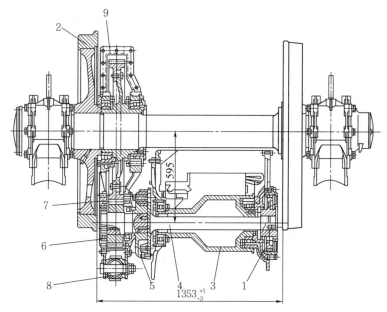

图 4-47 牵引电动机空心轴架悬式驱动装置结构（尺寸单位：mm）

1-齿形连接器；2-车轮；3-电动机空心轴；4-电动机轴（扭轴）；5-弹性联轴节；6-小齿轮；7-大齿轮；8-齿轮箱吊杆；9-齿轮箱

（2）轮对空心轴架悬式驱动装置。

牵引电动机的两端均通过长、短吊挂与转向架横梁或端梁相连，并在车轴上加了一根空心轴，其一端通过弹性元件（连杆机构和橡胶关节）与车轮连接，另一端同样通过弹性元件与驱动大齿轮连接。轮对空心轴架悬式驱动装置结构原理图如图 4-48 所示。轮对空心轴架悬式驱动装置结构如图 4-49 所示。

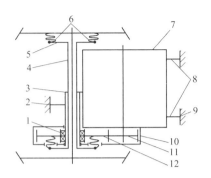

图 4-48 轮对空心轴架悬式驱动装置结构原理图

1-滚动轴承；2-长吊挂；3-外空心轴；4-内空心轴；5-连杆机构；6-弹性橡胶元件；7-牵引电动机；8-短吊挂；9-构架；10-车轴齿轮箱；11-小齿轮；12-大齿轮

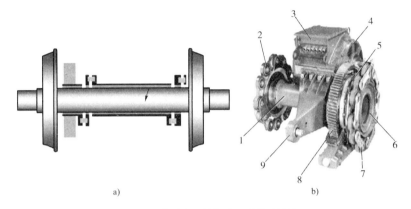

图 4-49 轮对空心轴架悬驱动装置结构

1-空心轴；2、7-连杆结构；3-电缆联轴箱；4-电动机外壳；5-小齿轮；6-空心轴孔；8-大齿轮；9-构架连接器

（3）大变位联轴节电动机架悬驱动装置。

大变位联轴节电动机架悬驱动装置的牵引电动机为架悬，小齿轮、大齿轮及齿轮箱为轴悬，齿轮箱尾部吊挂承载。在电动机电枢轴输出端和齿轮箱小齿轮输入端的两轴间，通过布置大变位联轴节来适应电动机轴与车轴间的各方向变位。我国城市轨道交通车辆和市郊电动车组普遍采用这种形式。大变位联轴节电动机架悬驱动装置如图 4-50 所示。

3. 牵引电动机纵向布置——单电动机架悬式驱动机构

牵引电动机与齿轮减速箱连成一体完全弹性地悬挂在转向架构架的横梁上，牵引电动机驱动轴以减速齿轮（锥齿轮）驱动空心轴，再经橡胶连杆机构将力矩传递给轮对。牵引电动机纵向布置——单电动机架悬式驱动机构结构原理图如图 4-51 所示。其特点是：可较大地缩短轴距；两轮对由同一电动机驱动；可最大限度地减轻簧下重量，能显著改善电动机及齿轮的工作条件；两轮对的直径差对运行阻力和轮轨磨耗影响较大。

4. 牵引电动机体悬式驱动装置

体悬式驱动装置是将牵引电动机完全安装在车体底架下面，其全部质量都由车底架承担。而驱动力矩则由万向驱动机构（通常是万向轴）来传递。

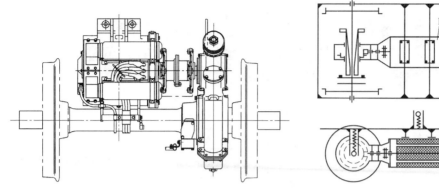

图 4-50 大变位联轴节电动机架悬驱动装置

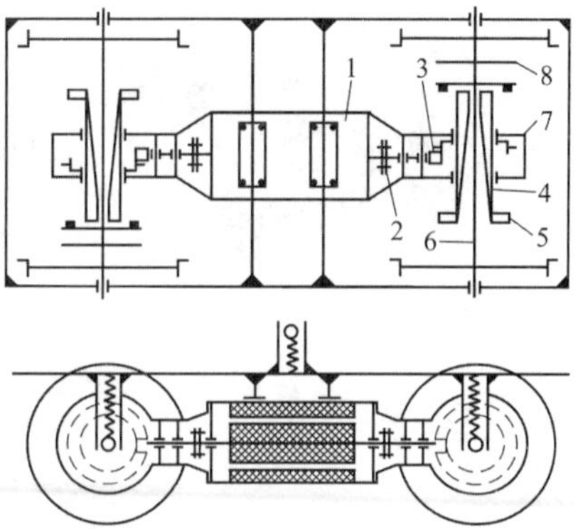

图 4-51 牵引电动机纵向布置——单电机架悬式驱动装置结构原理图

1-牵引电动机；2、5-联轴节；3-驱动锥齿轮；4-万向接头空心轴；6-轮轴；7-减速器；8-制动盘

牵引电动机体悬式驱动装置有多种结构形式，图 4-52 为一种万向轴驱动的牵引电动机体悬式驱动装置结构原理图。

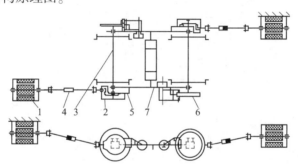

图 4-52 一种万向轴驱动的牵引电动机体悬式驱动装置结构原理图

1-牵引电动机；2-齿轮传动装置；3-轮轴；4-连杆轴；5-传动支撑；6-制动盘；7-制动装置

体悬式的牵引电动机完全悬挂于车体底架下面，通过万向轴将牵引电动机转矩传递给安装在车轴上的齿轮传动装置，并且采用一对圆锥齿轮作为牵引齿轮，以实现万向轴和车轴之间的直角传动。齿轮箱的一端通过吊杆弹性悬挂于构架的侧梁（横梁）上，另一端则借助于滚动轴承抱在轮对车轴上。万向轴在传递转矩的同时，能较好地补偿牵引电动机与车轴齿轮箱之间各个方向的相对运动。其特点是牵引电动机完全悬挂于车体之上，可减轻转向架质量，提高转向架高速运行时的平稳性和稳定性，同时充分改善牵引电动机的工作条件。牵引齿轮的工作条件并未有所改善，万向轴和圆锥齿轮传动系统的传动效率有所降低，万向轴的制造工艺要求高，整个驱动装置结构复杂。图 4-53 和图 4-54 所示为两种典型的牵引电动机体悬式驱动装置，即法国 TGV 三爪万向轴体悬式驱动装置和德国 ICE 轮对双空心轴半体悬式驱动装置。

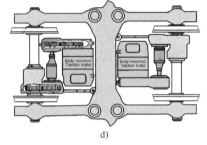

图 4-53 法国 TGV 三爪万向轴体悬式驱动装置

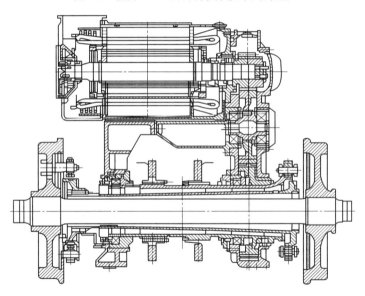

图 4-54 德国 ICE 轮对双空心轴半体悬式驱动装置

课题五　CW2100（D）型转向架

CW2100（D）型转向架是中国北车集团长春机车厂生产的。该转向架适用于80km/h速度等级的无摇枕焊接结构转向架。一系悬挂装置为叠层橡胶弹簧，二系悬挂装置为无摇枕空气弹簧，动车转向架和拖车转向架均采用单侧踏面制动，驱动装置采用一级减速的齿轮箱和齿式联轴节，中央牵引装置采用Z形拉杆结构，设有走行部检测装置。根据客户要求该型转向架还配有轮缘润滑装置。

一、CW2100（D）型转向架主要参数

CW2100（D）型转向架主要参数见表4-1。

CW2100（D）型转向架主要参数　　　　表4-1

项目	参数值
最高试验速度	90km/h
最高运行速度	80km/h
转向架轴距	2200mm
车轮直径	840mm（新轮）/770mm（磨耗到限）
轮对内侧距	（1353±2）mm
轴重	≤14t
一系悬挂装置	圆锥橡胶弹簧
二系悬挂装置	空气弹簧
基础制动装置	单侧踏面制动、高耐磨合成闸瓦
轴箱轴承	ϕ120mm×ϕ215mm×146mm 自密封圆柱滚子轴承单元
轴颈间距	1930mm
最大长度	拖车一位转向架：3401mm；动车转向架：3265mm
最大宽度	2530mm
转向架重量	动车转向架：7200kg；拖车转向架：5200kg

二、CW2100（D）型转向架的组成

CW2100（D）型转向架分为动车转向架和拖车转向架。动车转向架主要由构架、轮对轴箱装置、二系悬挂装置、中央牵引装置、基础制动装置、驱动装置、天线装置、排障器、走行部在线监测装置组成，如图4-55所示。拖车转向架除了没有动力牵引驱动装置之外，其余与动车转向架相同，如图4-56所示。

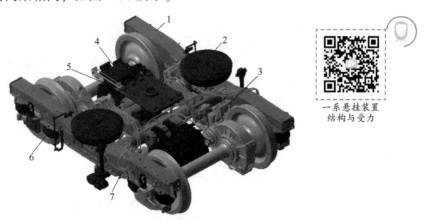

一系悬挂装置结构与受力

图4-55　CW2100（D）型动车转向架组成（部分元件未标示）
1-构架；2-二系悬挂装置；3-基础制动装置；4-驱动装置；5-中央牵引装置；6-一系悬挂装置；7-走行部在线监测装置

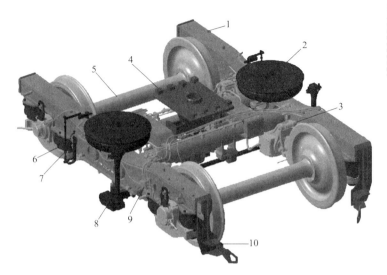

图 4-56 CW2100（D）型拖车转向架组成（部分元件未标示）

1-构架；2-二系悬挂装置；3-基础制动装置；4-中央牵引装置；5-轮对组成；6-一系悬挂装置；7-高度阀；8-抗侧滚扭杆；9-走行部在线监测装置；10-排障器

（一）构架

构架是转向架主要承载的部件，分为动车用构架和拖车用构架。动、拖车用构架均采用 H 形钢板焊接结构，其结构的主干部分完全相同，主要区别是根据各自所安装的设备的不同而有所差别，如动车用构架带有电动机吊座、齿轮箱吊座；动、拖车用构架区别在于横梁上的吊座和线卡座不同，动车用构架设有齿轮箱吊座、电动机吊座，拖车用构架没有。主干结构主要由钢板焊接结构的箱形侧梁、与侧梁相贯通的无缝钢管横梁以及箱形纵梁组成。动、拖车转向架构架组成如图 4-57 所示。

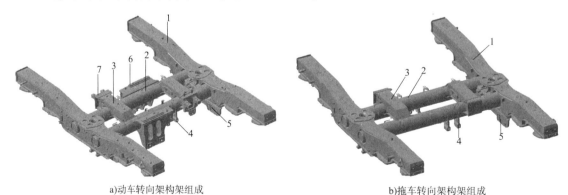

a) 动车转向架构架组成　　　　　　　　　b) 拖车转向架构架组成

图 4-57　动、拖车转向架构架组成

1-侧梁组成；2-横梁；3-纵梁组成；4-牵引拉杆座；5-托板组成；6-牵引电动机吊座；7-齿轮箱吊座

侧梁采用"四块板"焊接的箱形结构，侧梁的下部焊接由托板组成，用于安装制动缸。横梁为无缝钢管结构，兼作空气弹簧附加气室。同时，它与两个箱形纵梁连接成横梁框架。

横梁上斜对称布置有牵引电动机吊座、齿轮箱吊座和牵引拉杆座，分别用于安装牵引电动机、齿轮箱吊杆和牵引拉杆。箱形纵梁的内立板用于安装横向止挡。

（二）轮对轴箱装置

轮对轴箱装置主要包含车轮、车轴、轴箱组成、轴箱弹簧等。轮对轴箱装置可分为轮对组成、轴箱组成和一系悬挂装置三个部分，如图 4-58 所示。其中，一系悬挂装置采用两个并联的圆锥叠层橡胶弹簧。上部通过两个螺栓固定在构架一系弹簧座上，下部通过压板、螺栓固定到轴箱上。这种定位方式使轴箱在纵向、横向和垂直方向实现无间隙、无磨耗的弹性定位，同时具有良好的吸收高频振动和隔音性能。一系悬挂装置如图 4-59 所示。

图 4-58　轮对轴箱装置
1-轮对组成；2-轴箱组成；3-一系悬挂装置

图 4-59　一系悬挂装置
1-圆锥叠层橡胶弹簧；2-定位销；3-调整垫；4-压盖；5-轴箱吊

（三）二系悬挂装置

二系悬挂装置主要由空气弹簧、高度调整装置和抗侧滚扭杆装置 3 个部分组成，如图 4-60 所示。

1. 空气弹簧

采用低横向刚度的空气弹簧结构，可极大地改善乘坐舒适性和通过曲线的性能，能缓和车体的垂向和横向振动。

2. 高度调整装置

每个空气弹簧对应安装一套高度调整装置。高度调整装置用于自动调节空气弹簧的充气、排气。高度调整装置主要由高度阀、高度阀调整杆、水平杠杆和安全吊链等组成，如图 4-61 所示。

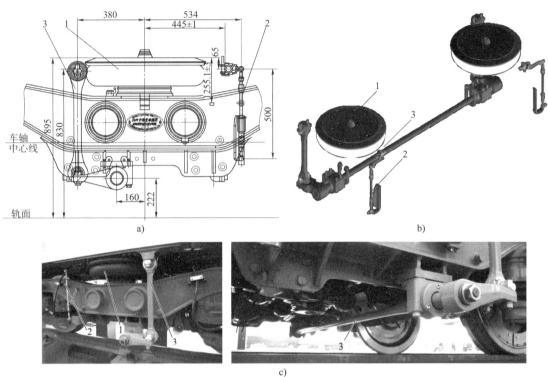

图 4-60 二系悬挂装置（尺寸单位：mm）
1-空气弹簧；2-高度调整装置；3-抗侧滚扭杆

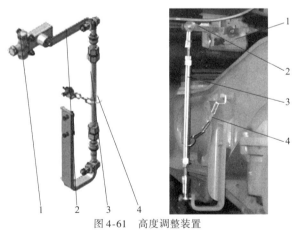

图 4-61 高度调整装置
1-高度阀；2-水平杠杆；3-高度阀调整杆；4-安全吊链

3. 抗侧滚扭杆装置

为限制车体由于通过曲线时离心力或侧风产生的侧滚运动，车体底架与转向架之间安装抗侧滚扭杆装置。抗侧滚扭杆装置主要由连杆、扭臂、连杆组成、支承座、弹性衬套组件组成，如图 4-62 所示。

抗侧滚扭杆对车辆的垂向、横向、点头、摇头及沉浮等振动不产生影响，只抑制车辆的侧滚振动。当左右空气弹簧发生相互反向的垂向位移时（车体侧滚时），水平放置的两个扭臂对于扭杆分别有一个相互方向的力与力矩的作用，使弹性扭杆承受力矩而产生扭转弹性变形。扭杆产生的反力矩，总是与车体产生的侧滚角角位移的方向相反，以约束车体的侧滚振动。

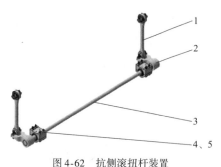

图 4-62 抗侧滚扭杆装置
1-连杆；2-扭臂；3-连杆组成；4-支承座；5-弹性衬套组件

（四）中央牵引装置

每个转向架设置一套中央牵引装置，采用传统的 Z 形布置的牵引拉杆结构。中央牵引装置主要由牵引梁组成、中心销、横向挡组成、横向减振器、中心销套和两个牵引拉杆等组成，如图 4-63 所示。中心销的上端通过定位脐和 8 个螺栓固定在车体的枕梁中心，下端插入牵引梁内，通过下盖和 M36 螺栓将中心销与带有中心销套的牵引梁固定在一起，牵引梁和构架之间通过两个呈 Z 形布置的牵引拉杆连接。

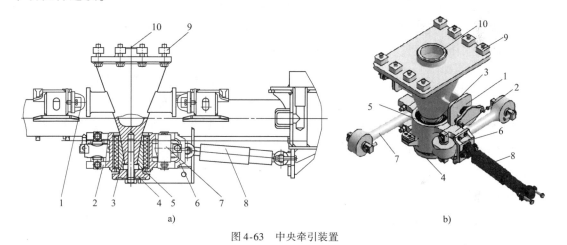

图 4-63 中央牵引装置
1-横向挡组成；2-牵引梁组成；3-中心销；4-下盖；5-中心销套；6-减振器座；7-牵引拉杆；8-横向减振器；9-紧固螺栓；10-定位脐

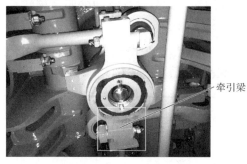

图 4-64 牵引梁

1. 牵引梁

牵引梁采用整体铸造结构，是传递牵引力和制动力的中间载体，如图 4-64 所示。

2. 中心销与中心销套

中心销采用整体铸造结构。上部设有定位脐和 8 个螺栓孔，定位脐与车体枕梁定位，防止连接螺栓受剪；螺栓孔用于安装连接螺栓，实现垂向约束；下部设有圆锥配合面，与中心销套内侧金属套配合；在中心销两侧各延伸出一个支架，与横向挡配合，实现横向限位。

中心销套采用内侧、外侧为金属钢套和中间为橡胶的金属橡胶件。

由于中心销与中心销套采用圆锥方式配合，且采用金属橡胶件的中心销套，不仅消除了中心销、中心销套、牵引梁之间的无间隙配合，而且减缓了纵向冲击。中心销套的橡胶变形还可以满足车体和转向架之间的相对转动，从而消除了磨耗。

3. 横向挡

横向挡由橡胶缓冲器和刚性止挡组成。橡胶缓冲器是为了实现柔性连接，缓和横向接触时的冲击。橡胶缓冲器特性参数与空气弹簧相兼容。刚性止挡是为了限制车体的横向位移，保证车辆满足限界要求。

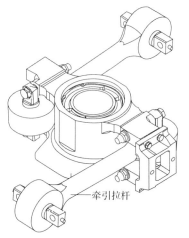

图4-65 Z形布置的牵引拉杆

4. 横向减振器

横向减振器布置在转向架横向中心线上，横向减振器能有效缓解车辆的横向振动。

5. 牵引拉杆

每台转向架使用两个呈Z形布置的牵引拉杆，如图4-65所示。牵引拉杆的两端为弹性橡胶节点，其中一端与构架相连，另一端与牵引梁相连，从而实现柔性连接。

6. 整车起吊功能

在牵引梁和构架之间设有垂向止挡；在中心销落入牵引梁中心孔后，将下盖用大螺栓安装在中心销上。当需要对车辆进行起吊时，在吊起车体的同时，下盖会与牵引梁贴合，牵引梁和构架之间的垂向止挡也会贴合，传递垂向力的作用，将转向架一同吊起。

（五）基础制动装置

每台转向架有4个踏面单元制动缸，分为两个具有停放功能的踏面单元制动缸和两个不具有停放功能的踏面单元制动缸；使用高耐磨合成闸瓦。

踏面单元制动缸能对车轮和闸瓦的磨耗间隙进行自动补偿，同时设有手动复原装置；通过手动复原装置可以调整车轮及闸瓦间的间隙，制动闸瓦和车轮踏面之间的距离保持在5～10mm。

具有停放功能的单元制动缸还配有手动缓解闸线，手动缓解闸线的把手安装在侧梁上部，可以在必要时很方便地手动缓解停放制动，制动配管采用无螺纹结构，密封性能好。

动车转向架、拖车转向架基础制动装置分别如图4-66、图4-67所示。

（六）驱动装置

驱动装置包括齿轮箱组成、齿式联轴节和牵引电动机三部分。

齿轮箱采用平行轴式一级减速结构，齿轮为斜齿轮，润滑方式为飞溅润滑。齿轮箱大齿轮的一端安装在车轴上，另一端通过吊杆与构架上的齿轮箱吊座相连。

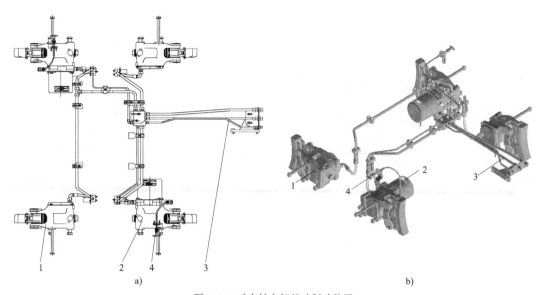

图4-66 动车转向架基础制动装置

1-单元制动缸；2-带停放的单元制动缸；3-制动配管；4-手动缓解拉链

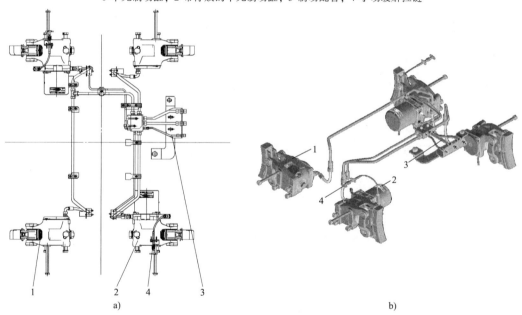

图4-67 拖车转向架基础制动装置

1-单元制动缸；2-带停放的单元制动缸；3-制动配管；4-手动缓解拉链

齿式联轴节采用油润滑方式，可满足电动机轴和小齿轮轴的相对位移要求，同时可完成传递力矩的作用。

牵引电动机刚性悬挂在构架上。驱动装置如图4-68所示。

（七）天线装置、排障器、走行部在线监测装置

1. 天线装置

天线装置（如CAU天线）安装车体上，如图4-69所示。

图 4-68　驱动装置
1-齿轮箱；2-联轴节；3-牵引电动机

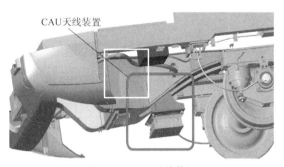

图 4-69　CAU 天线装置

2. 排障器

排障器安装在拖车一位转向架一位端。排障器距轨面高度应为（75+5）mm，可通过调整排障器上长圆孔进行调整。

3. 走行部在线监测装置

列车配置走行部在线监测系统的主要部件安装在车辆上，车辆段配置走行部地面服务器和相应的软件。系统采用冲击、振动、温度三参数复合传感器对轴箱轴承进行实时监测，实现被监测部件的自动实时故障诊断和分级报警，保障列车运营安全，指导状态维修。

（八）轮缘润滑装置

为减少对轮缘的镟修、降低轨道的磨耗及噪声，在转向架上安装了轮缘润滑装置。该装置具有弯道探测功能，并在过弯道时喷射润滑油脂。

轮缘润滑装置主要包括电控箱、弯道传感器、油箱组、喷嘴等元件。其中，电控箱、弯道传感器安装于车体上，油箱组、喷嘴安装于转向架上。轮缘润滑装置组成如图 4-70 所示。

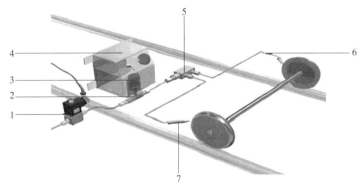

图 4-70　轮缘润滑装置组成（部分元件未标示）
1-电磁阀；2-油气混合块；3-气动大泵；4-油箱；5-油气分配器；6-软管；7-喷嘴

课题六　几种典型的城市轨道交通车辆转向架简介

一、ZMA080 型转向架

ZMA080 型转向架具有如下特点：

（1）构架采用"H"形，侧梁带有导框，无摇枕全焊接结构。

（2）一系悬挂装置采用人字形金属橡胶弹簧，二系悬挂装置采用空气弹簧结构。

（3）动车转向架牵引电动机架悬在构架横梁上，每个构架反对称地布置两台牵引电动机；驱动装置由电机、联轴节、齿轮箱等组成。

（4）牵引装置采用无磨耗的中心销、Z形拉杆牵引方式。

（5）基础制动装置采用踏面制动单元。

（6）动车转向架、拖车转向架各自间可互换，所有转向架的构架可完全互换。

ZMA080 型转向架主要由构架、基础制动装置、中央牵引装置等部件构成。ZMA080 型转向架的结构如图 4-71 所示。

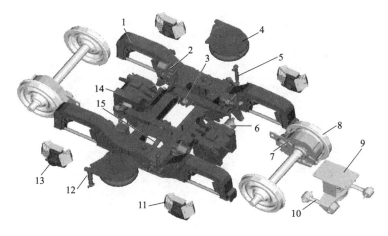

图 4-71　ZMA080 型转向架的结构

1-构架；2-基础制动装置；3-横向橡胶缓冲挡；4-空气弹簧；5-抗侧滚扭杆；6-联轴节；7-齿轮减速箱；8-轮对；9-中央牵引装置；10-Z形拉杆；11-叠层橡胶弹簧；12-垂向液压减振器；13-轴箱轴承装置；14-牵引电动机；15-横向液压减振器

二、SDB-140 型转向架

SDB-140 型转向架具有如下特点：

（1）基础制动采用盘形制动，制动盘独立承担摩擦制动热负载，与踏面制动相比，能极大地改善车轮工作环境，降低车轮踏面异常磨耗的发生概率，大大提高车轮使用寿命。

（2）一系悬挂装置采用转臂式轴箱定位结构，不仅具有较大的水平定位刚度，提高了车辆的临界速度，还具有较低的垂向刚度，可以保证较好的垂向舒适性，降低了车辆轮重减载率和脱轨系数，提高了运行安全性。

（3）采用小刚度、大柔度的空气弹簧来提高车辆乘坐舒适性；空气弹簧气囊下的紧急弹簧（橡胶堆）具有较低的垂向和横向刚度，可以保证空气弹簧失效的紧急工况下，车辆仍能按照正常运营速度安全运行。

（4）牵引装置采用Z形全弹性无间隙牵引装置，通过优化牵引刚度，隔离转向架纵向伸缩振动通过中心销向车体弯曲模态振动传递。

（5）采用在城市轨道交通车辆及电气化铁道系统中经过运用验证的进口双列圆柱滚子轴承，自密封结构，不漏油。轴承规格为 $\phi 120mm \times \phi 215mm \times 146mm$。轴承的检修周期为 6 年或 80 万 km，寿命大于 200 万 km。

（6）二系悬挂装置设置过充止挡，既能防止空气弹簧垂向过充，又实现了整体起吊功能，吊起车体时能够将转向架一起吊起。

（7）构架进行防腐处理。内部腔体经灌涂防腐液处理，隔绝空气起到防腐的效果。

SDB-140 型转向架结构图及其仰视图如图 4-72、图 4-73 所示。

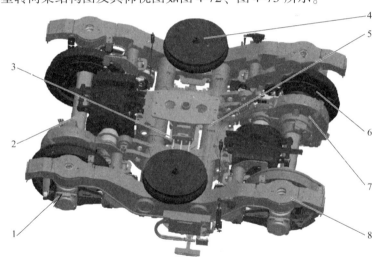

图 4-72　SDB-140 型转向架结构图（部分元件未标示）

1—一系悬挂装置；2—轮对组成；3—横向挡；4—空气弹簧；5—制动管路；6—制动盘；7—齿轮箱；8—焊接构架组成

三、CW6500 型转向架

CW6500 型转向架是参考高速铁路列车转向架的特点，遵循轻量化、低噪声、低成本的原则设计制造的，为无摇枕结构转向架。采用 H 形钢板焊接构架、横梁采用无缝钢管；一系悬挂装置的转臂定位采用钢圆弹簧和油压减振器结构，中央悬挂为大柔度空气弹簧，直接支承车体；基础制动装置采用轮盘制动形式；牵引电动机为架悬式结构。CW6500 型转向架如图 4-74 所示。

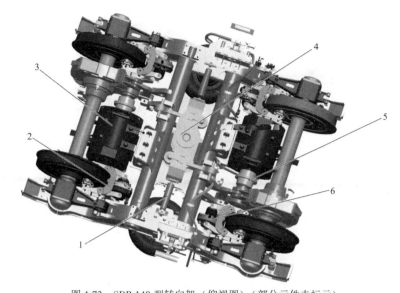

图 4-73 SDB-140 型转向架（仰视图）（部分元件未标示）
1-横向减振器；2-轮盘制动夹钳装置（带停放）；3-牵引电动机；4-中央牵引装置；5-联轴节；6-轮盘制动夹钳装置

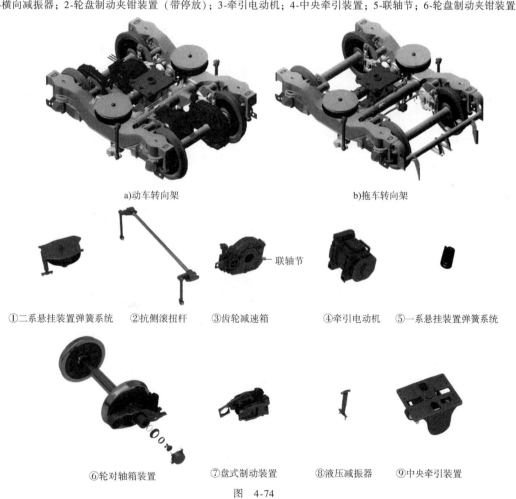

a)动车转向架 b)拖车转向架

①二系悬挂装置弹簧系统 ②抗侧滚扭杆 ③齿轮减速箱 ④牵引电动机 ⑤一系悬挂装置弹簧系统

⑥轮对轴箱装置 ⑦盘式制动装置 ⑧液压减振器 ⑨中央牵引装置

图 4-74

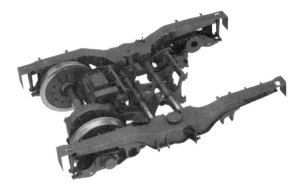

⑩构架组成
c) 动车转向架结构分解图
图 4-74　CW6500 型转向架

知识扩展

直线电机转向架的驱动方式

一些轻轨车辆上使用直线电机转向架。直线电机可以视为一台旋转电机沿半径方向切开而展平的感应子电动机，定子（磁铁和线圈）和转子（感应板）分别安装在车辆转向架上和轨道中间的导轨上。其工作原理与普通旋转式感应式电动机的工作原理一样，只不过其运动方式由旋转运动变为直线运动，仍然构成感应式电动机的作用机能。

这种驱动方式的最大特点是驱动方式不再受到轮轨黏着的限制，而取决于该定子-转子系统的电磁性能，因而它是一种非黏着驱动方式，能在车辆与导轨无接触情况下传递牵引力和制动力。直线电机驱动同样可以利用牵引逆变器控制定子磁场的变化，以产生相应的牵引力和制动力，达到驱动列车加速和减速的目的。直线电机转向架工作原理示意图如图 4-75 所示。

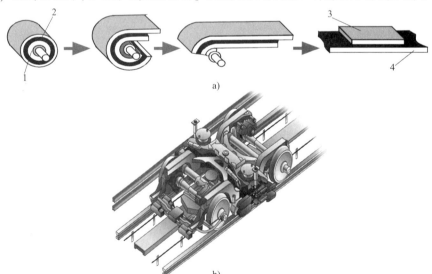

图 4-75　直线电机转向架工作原理示意图
1-旋转型电动机转子线圈；2-旋转型电动机定子线圈；3-线性感应电动机定子线圈（车辆侧）；4-线性感应电动机转子线圈（地面侧、反应作用板）

知识链接

磁 浮 列 车

磁浮列车实际上是依靠电磁吸力或电动斥力将列车悬浮于空中并进行导向的，实现列车与地面轨道间的无机械接触，再利用线性电动机驱动列车运行。图4-76为电磁吸力导向的上海磁浮列车。

磁浮列车仍然属于陆上有轨交通运输系统，并保留了轨道、道岔和车辆转向架及悬挂系统等许多传统机车车辆的特点。由于列车在牵引运行时与轨道之间无机械接触，这就从根本上克服了传统列车轮轨黏着限制、机械噪声和磨损等问题。

磁浮列车可分为常导型和超导型两大类。常导型磁浮列车也称常导磁吸型磁浮列车，以德国高速常导磁浮列车为代表。超导型磁浮列车也称超导磁斥型磁浮列车，以日本列车为代表。它们均使用同步直线电机作为驱动器。

磁浮列车的制动：改变移动磁场方向的时候，电动机变成发电机，无任何接触地使列车制动。制动能量可以反馈到电网。

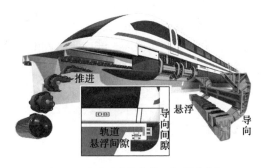

图4-76 电磁吸力导向的上海磁浮列车

项目四实训任务工单与阶段测试见本教材配套工作手册。

项目五

车辆连接装置

学习导入

车辆连接装置是车辆最基本的且最重要的部件组合,其作用是连接机车与车辆、车辆与车辆,减缓列车纵向冲动,传递列车牵引力、电力、通信控制信号和连接列车风管,通过贯通道实现客室车厢的空间连接。车辆连接装置主要包括车钩、缓冲器、贯通道(风挡)、车端阻尼装置、车端电气连接装置等。车辆通过它们连接成列,并实现相邻车辆之间的纵向力传递和通道的连接。车钩缓冲装置主要起到牵引、缓冲、连挂三方面的基本作用。车辆贯通道装置为一个整体,分别与安装在相邻车辆一端的连接框进行锁闭连接,两车相连挂时,为乘客提供安全通道,并可在车辆运行期间为乘客提供站立空间,同时可以适应车体在任何转弯及穿越路口时车厢之间产生的移动。车辆之间的电气连接除包含低压、信号、通信电缆外,还要传递 AC 380V 和 DC 1500V、DC 750V 中、高压线。

知识目标

1. 了解车钩缓冲装置的分类和用途;
2. 掌握车钩缓冲装置的结构及作用原理;
3. 掌握缓冲器的结构和作用原理;
4. 掌握贯通道及渡板的结构和工作原理。

能力目标

1. 能指认不同类型车钩缓冲装置的结构;
2. 能指认贯通道的结构;
3. 能对车钩缓冲装置进行全面检查。

建议学时

8 学时。

延展阅读 5

大国工匠李万君

课题一　车钩缓冲装置

一、作用

车钩缓冲装置是车辆最基本的且最重要的部件，安装于车辆车体底架的两端。车钩缓冲装置用于连接车辆成列，并使之彼此保持一定距离，为车辆传递牵引力，吸收和缓和列车在牵引、制动中或调车时所产生的纵向冲击力，并且具有一定的转动功能，能够使车辆顺利通过曲线，可以实现车辆间的电路和气路连接。

二、分类

（一）按连接特点分类

按照车钩缓冲装置的连接特点不同进行划分，车钩可分为非刚性车钩和刚性车钩两种。

1. 非刚性车钩

如图 5-1a）所示，允许两个相连接的车钩钩体在垂直方向上有相对位移。当两个车钩的纵轴线存在高度差时，两个车钩呈阶梯形状，并且各自保持水平位置。由于钩体的尾端相当于销接，这就保证了车钩在水平面内的位移。非刚性车钩较普遍地应用于一般的铁路客车、货车上。

2. 刚性车钩

如图 5-1b）所示，刚性车钩也称为密接式车钩，它的连接不允许两连挂车钩存在相对位移，而且对前后的间隙要求应限制在很小的范围之内。如果在车辆连挂之前两车钩的纵向轴线高度已有偏差，那么在连挂后，两车钩的轴线处在同一条直线上并呈倾斜状态。两钩体的尾端具有完全的销接，能保证两连挂车辆之间具有相对的平移和角位移。

国产密接式车钩的钩头结构与作用原理

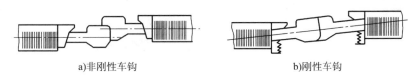

a) 非刚性车钩　　　　　　b) 刚性车钩

图 5-1　刚性车钩和非刚性车钩

刚性车钩具有如下优点：

（1）减小了两个车钩连接表面之间的间隙，从而降低了列车中的纵向冲击，提高了列车运行的平稳性。

（2）由于车钩零件的位移减小了，并且在这些零件上作用的力也减小了，因此可以改善自动车钩内部零件的工作条件。

(3) 减小了车钩连接表面的磨耗。

(4) 减小了由于两连挂车钩相互冲击而产生的噪声,这对于城市轨道交通车辆和铁路客车尤为重要。

(5) 避免在意外撞车事故时,发生一个车辆爬到另一个车辆上的危险。

因此,刚性车钩在我国 25T 型列车、动车组、地铁列车上得到了广泛应用。

(二) 按各部分连接方式分类

按各部分连接方式不同分类城市轨道交通车辆所用车钩可分为全自动车钩、半自动车钩和半永久车钩三种。

1. 全自动车钩

全自动车钩位于列车端部,其电气和风路连接装置都组装在钩头上。当车辆连挂时,车钩的机械、风路、电路系统都能自动连接;解钩时,可在司机室控制自动解钩或采用手动解钩。解钩后,车钩即处于待挂状态;电气连接器通过盖板自动关闭,主风管连接器也自动关闭。目前,城市轨道交通车辆使用的国产全自动车钩有 CG-5 型、35 型和 330 型三种,如图 5-2 所示。

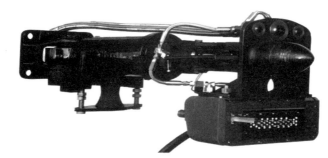

a) CG-5型全自动车钩

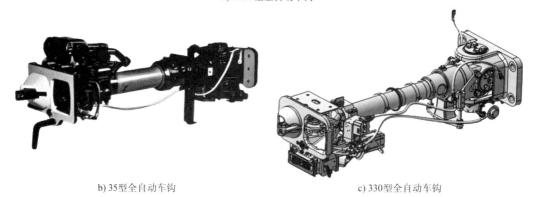

b) 35型全自动车钩　　　　　　　　c) 330型全自动车钩

图 5-2　城市轨道交通车辆使用的国产全自动车钩

2. 半自动车钩

半自动车钩,如图 5-3 所示。半自动车钩一般设置在拖车(TC 车)的端部,可以实现机械、气路的自动连接和分离,但电路的连接和分离(有的半自动车钩不设电气连接器)需要人工进行;半自动车钩有时也设置在列车编组两单元之间,用于两单元之间的连挂，车钩之间能保证连接紧固良好，能在低速情况下进行连接。

a) CG-5型半自动车钩

b) 35型半自动车钩

c) 330型半自动车钩

图 5-3　半自动车钩

3. 半永久车钩

半永久车钩，又叫半永久牵引杆，用于同一编组单元内车辆之间的连接，确保机械连接和车辆主风管的连贯性。半永久车钩一般是 A 型（带缓冲器）和 B 型（带压溃管）相连接，如图 5-4、图 5-5 所示。其机械、气路和电路及解钩都需要人工操作。一般不分解，只有在维修时才需要分解，分解时可以快速拆装连接环进行车辆解编重组。半永久车钩的特点是连接间隙小，刚度大，列车出轨时仍能保持相对位置，可防止重叠、颠覆，并可以支承连接通道。

半永久牵引杆的连接及分解作业

（三）按车钩缓冲装置的制式分类

目前，国内常用的密接式车钩缓冲装置主要有以下三种：

（1）日本柴田式密接车钩，如 25T 提速客车、CRH2 型动车组、北京早期地铁列车使用的车钩。柴田式密接车钩的钩头形状为凸锥式，钩舌为半圆形，如图 5-6 所示。

（2）德国 Scharfenberg（夏芬伯格）型密接车钩，其钩头形式是棱锥式，采用拉杆式连接结构，如图 5-7 所示。它在我国高铁列车和地铁列车（如 CRH1、CRH3、CRH5 动车组、上海地铁列车、广州地铁列车、北京地铁列车等）中得到广泛应用。

（3）国产的 CG 系列密接车钩。我们将在下文中详细介绍。

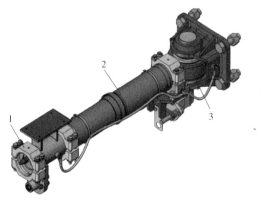

图 5-4 半永久车钩 A 型（带缓冲器）
1-安装吊挂；2-缓冲装置；3-卡环连接

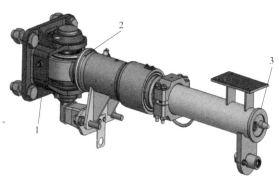

图 5-5 半永久车钩 B 型（带压溃管）
1-卡环连接；2-压溃装置；3-安装吊挂

图 5-6 日本柴田密接车钩
1-钩舌；2-凸锥

图 5-7 德国 Scharfenberg 型密接车钩

课题二 车 钩

我国生产的城市轨道交通车辆用的车钩主要有 CG-5 型（半圆形钩舌）密接式车钩和 CG-12 型密接式车钩（简称 330 型密接式车钩）以及 35 型车钩三种。其中，CG-5 型密接式车钩和 330 型密接式车钩钩头为一位式钩锁，即车钩连挂位和解钩位为同一位置；35 型车钩的钩头结构较为复杂，是两位式钩锁，连挂位和解钩位为不同位置，可以通过钩舌的转动中心进行连挂状态识别，连挂范围较大，下部设有导向杆，所以电气连接器只能布置在钩头两侧或上部。例如，上海地铁、南京地铁的部分线路使用的是 35 型车钩；北京地铁、沈阳地铁部分线路应用的是 CG-5 型半自动车钩；由于 330 型密接式车钩结构简单、体积小、强度高，电气钩可以安装在车钩下方，所以大部分地铁公司的城市轨道交通车辆上都使用 330 型密接式车钩。本书将重点介绍 CG-5 型、330 型密接式车钩。

一、CG-5 型密接式车钩

1. 组成

CG-5 型密接式头车车钩的缓冲装置主要由连接系统、压溃装置、缓冲装置和过载保护装置四部分组成。它的连挂系统采用凸锥、凹锥和半圆形钩舌结构形式。其特点是结构形式简单，连挂解钩动作灵活，容易提高车钩连挂部分的强度，并可以保证拉压强度一致。由青岛四方车辆研究所研制的 CG-5 型密接式头车半自动车钩缓冲装置的结构与组成如图 5-8、图 5-9 所示。其压溃装置采用膨胀式压溃管；缓冲装置采用弹性胶泥缓冲系统，它由安装吊挂系统和弹性胶泥缓冲器两部分组成；过载保护装置采用过载保护螺栓装置。

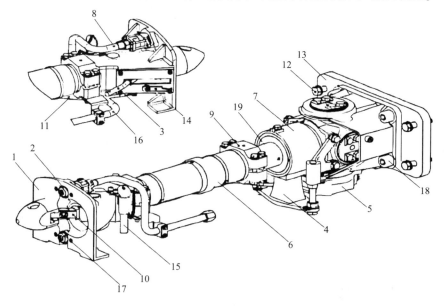

图 5-8　CG-5 型密接式头车半自动车钩缓冲装置结构

1-机械钩头；2-总风管阀；3-解钩手柄；4-水平支承；5-对中装置；6-压溃管；7-缓冲装置；8-风管；9-连接环；10-钩舌；11-接地线；12-过载保护装置；13-安装转接板（冲击板）；14-支杆；15-安全销；16-制动风管；17-制动风管阀；18-安装螺栓；19-外拉杆

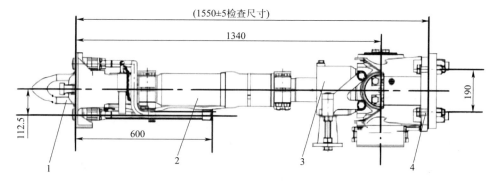

图 5-9　CG-5 型密接式头车半自动车钩缓冲装置组成（尺寸单位：mm）

1-连接系统；2-压溃装置；3-缓冲装置；4-过载保护装置

CG-5 型密接式中间半自动车钩缓冲装置由连接系统、缓冲系统、安装吊挂系统组成，其结构与组成如图 5-10、图 5-11 所示。

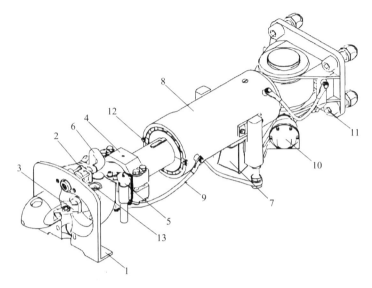

图 5-10 CG-5 型密接式中间半自动车钩缓冲装置结构
1-机械钩头；2-叠加式减压阀；3-钩舌；4-连接环；5-安全销；6-风管；7-橡胶支承；8-缓冲装置；9-接地线；10-水平对中；11-安装螺栓；12-螺栓；13-安全销孔

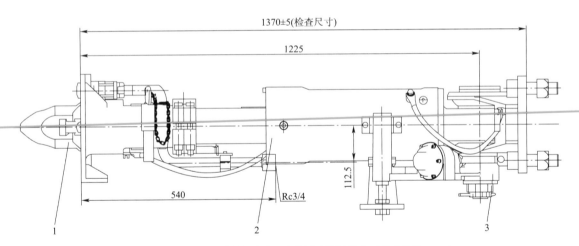

图 5-11 CG-5 型密接式中间半自动车钩缓冲装置组成（尺寸单位：mm）
1-连接系统；2-缓冲系统；3-安装吊挂系统

车辆连挂时依靠两车钩相邻钩头上的凸锥和凹锥的相互插入，实现两车钩的紧密连接；同时自动将两车辆之间的电路、空气通路接通。解钩时，操作人员扳动解钩手柄，推动钩舌逆时针方向转动 40°至开锁位置，此时两车钩即可分解。凸锥、凹锥在车辆连挂时起到定位和导向作用，也可自动解钩，并自动切断两车辆之间的电路和空气通路。

车钩前端为钩头。钩头有一个凸锥和凹锥孔，其内部结构由半圆形钩舌、解钩手柄等组成，如图 5-12 所示。

2. 作用原理

CG-5 型密接式车钩有以下三种状态：

（1）待挂状态［图 5-13a）］。车钩连接前的准备状态，此时钩舌定位杆被固定在待挂位置，解钩风缸活塞杆处于回缩状态，此时半圆形钩舌的连接面与水平面呈 40°角。

（2）连挂状态［图 5-13b）］。两车钩连挂时，凸锥插进对方车钩相应的凹锥孔中。这时凸锥的内侧面在前进中压迫对方的钩舌转动，使解钩气缸的弹簧受压，钩舌沿逆时针方向旋转 40°。

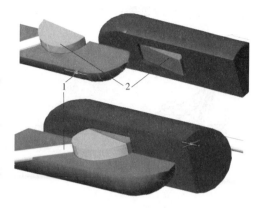

图 5-12　钩头的内部结构
1-解钩手柄；2-半圆形钩舌

当两车钩连接面相接触后，凸锥的内侧面不再压迫对方的钩舌，此时，由于弹簧的作用，钩舌恢复到原来的状态，即处于闭锁位置。

（3）解钩状态［图 5-13c）］。

①自动解钩：要使两车钩分解，需由司机操纵解钩电磁阀，压缩空气由总风管进入前车（后车）的解钩气缸，同时经解钩风管连接器送入相连挂的后车（前车）解钩气缸，活塞杆向前推并带动解钩杆，使钩舌转动至开锁位置，此时两钩即可解开。两车钩分解后，解钩气缸的压缩空气迅速排出，解钩弹簧得以复原，带动钩舌顺时针方向转动 40°恢复到原始状态，为下次连挂作好准备。

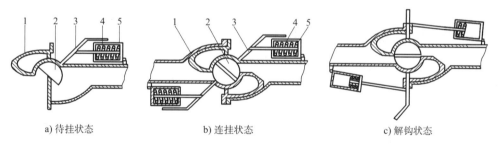

a) 待挂状态　　　　b) 连挂状态　　　　c) 解钩状态

图 5-13　CG-5 型密接式车钩内部结构与作用原理
1-钩头；2-钩舌；3-解钩杆；4-弹簧；5-解钩风缸

②手动解钩：如果采用手动解钩，只要用人力扳动解钩杆，就能使钩舌转动至开锁位置，实现两车钩的分解。

二、330 型密接式车钩

（一）半自动车钩

由于全自动车钩的造价较高、使用频率较低，国内大部分地铁列车都采用半自动车钩。目前城市轨道交通车辆使用国产 330 型密接式半自动车钩的较多。下面以国产 330 型密接式半自动车钩为例说明车钩的结构和作用原理。

330 型头车密接式半自动车钩缓冲装置（图 5-14）由连挂系统、压溃管组成、缓冲系统等组成，集成机械连挂、风路连通的功能，手动进行解钩操作。

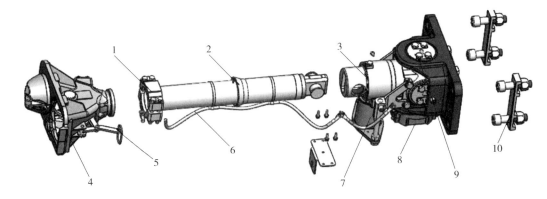

图 5-14　330 型头车密接式半自动车钩缓冲装置
1-连接环组成；2-压溃管组成；3-缓冲系统（内置拉断螺栓）；4-连挂系统；5-解钩手柄；6-接地线组成；7-橡胶支承；8-对中装置；9-安装座组成；10-安装螺栓

能量吸收部分由弹性胶泥缓冲器和压溃管两部分组成。其中，弹性胶泥缓冲器为可恢复变形能量吸收装置，用于吸收车辆正常连挂及运行过程中的冲击能量；压溃管为不可恢复变形能量吸收装置，用于吸收车辆在发生意外碰撞时的冲击能量。330 型头车密接式半自动车钩缓冲装置的尾部设计有过载保护装置，当车钩受到过大冲击力时，车钩拉断螺栓破坏，车钩可以脱离车体安装板，以便防爬器发挥作用。

1. 连挂系统的结构

330 型头车密接式半自动车钩内部结构由钩舌、连挂杆、恢复弹簧、解钩手柄等构成，如图 5-15 所示。为确保两辆车的机械连接可靠，其表面有凸锥和凹锥，允许车钩自动对齐和同心，在水平和垂直方向提供一个大的连挂范围。330 型头车密接式半自动车钩钩头还增加了导向杆，进一步增大了连挂范围。

2. 车钩的位置状态

330 型头车密接式半自动车钩有连挂位（闭锁位）和全开位两种状态。

（1）连挂位（闭锁位）状态。

当车钩要连挂时，通过两车钩的相互撞击，钩体内部的钩舌等机构发生顺时针旋转，对方钩体的凸锥推动本钩钩舌等连挂机构旋转到最大角度，到达全开位，然后在弹簧的作用下迅速恢复到连挂位，到达完全连挂后车钩连挂机构的位置状态，如图 5-16a）所示。

（2）全开位状态。

在解钩时，既可在司机室内遥控自动完成，也可在轨道旁手动完成，但有的半自动车钩不设

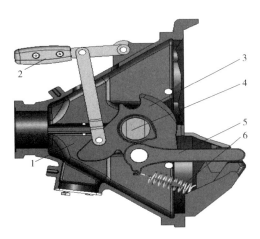

图 5-15　330 型头车密接式半自动车钩内部结构
1-钩体；2-解钩手柄；3-钩舌；4-中心销；5-连挂杆；6-恢复弹簧

自动操作设备，只能手动操作完成解钩，如青岛地铁、哈尔滨地铁等。司机操纵按钮、控制电磁阀使解钩风缸充气、解钩风缸活塞杆推动钩舌顺时针转动，使钩体内部的钩舌及其他机构旋转到最大角度，到达全开位，然后车辆后退，两车钩正常分离。手动解钩时，人工扳动解钩手柄即可到达全开位，如图5-16b）所示。此时两车钩可以正常分离，然后释放解钩手柄，在恢复弹簧力的作用下，钩舌等其他内部机构恢复到待连挂位。

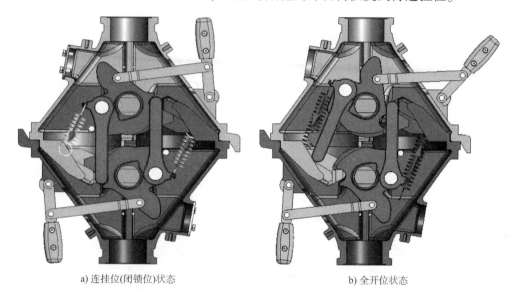

a) 连挂位(闭锁位)状态　　　　　　　　　b) 全开位状态

图 5-16　330 型头车密接式半自动车钩的位置状态

设有手动解钩阀的半自动车钩还可以通过操作车端下部的手动解钩阀，驱动解钩风缸进行解钩，如图 5-17 所示。

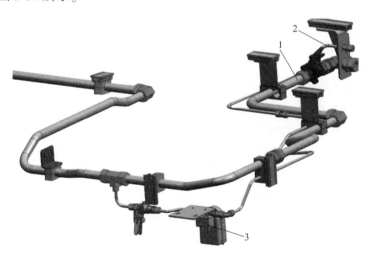

图 5-17　手动解钩

1-主风管；2-解钩风管；3-手动解钩阀

3. 电动半自动车钩的连挂反馈装置

在机械车钩上方设有连挂反馈装置（图5-18），可以实现当车钩连挂不到位或者意外脱钩时对司机室的信号进行反馈。当机械车钩处于待挂位或连挂位时，行程开关被触发杆压缩而触发，行程开关输出低电平。当机械车钩正常连挂时，钩舌带动触发杆转动至最大位置后立即恢复连挂位，在此期间，触发杆与行程开关短暂分离后复位，行程开关会短时输出高电平直至连挂到位。若机械车钩连挂后出现人为拉动解钩手柄等误操作时，触发杆会与行程开关分离，此时行程开关输出高电平，从而给列车监控系统提供信息。

4. 无电控装置的半自动车钩的连挂状态指示器

为了便于在车辆侧方快速识别连挂状态，在连挂系统解钩手柄侧面设置了连挂状态指示器，如图 5-19 所示。通过检查指针与刻度槽的重合状态来迅速判断车钩是否连挂到位。该状态指示器既可以从车钩上方进行检查，也可以从侧面进行检查，这样的设计使检修人员可以在车辆一侧准确判断连挂状态，方便日常检修操作。

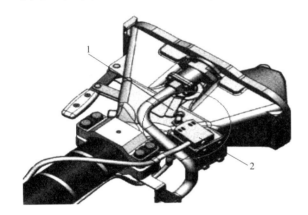

图 5-18　半自动车钩连挂反馈装置
1-触发杆；2-行程开关

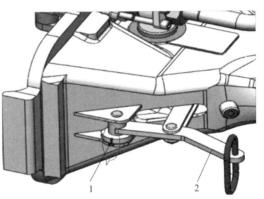

图 5-19　半自动车钩连挂状态指示器
1-连挂指示装置；2-解钩手柄

5. 风管连接器

330 型头车密接式半自动车钩连挂系统设计有风管连接器，保证风管管路的可靠连通。车钩上方的风管连接器为总风管连接器，具有自动开闭功能，可在车钩自动连挂后打开风路，车钩分解后自动关闭气路；车钩下方的风管连接器为制动风管连接器，制动风管连接器与总风管连接器结构相似，但不具有自动开闭功能，在车钩解钩时，制动风管连接器直通大气。

目前，采用的风管连接器为铸造不锈钢阀体，由于尾部采用了焊接结构的法兰盘，有效地提高了风管系统的自密封性；采用了尾部开槽的安装螺栓，能够在车钩处于连挂位状态下更换和拆分风管连接器。风管连接器结构图如图 5-20 所示。

6. 安装吊挂系统

在安装吊挂系统中，支承装置支承整个车钩缓冲装置保持水平；回转装置为整个车钩缓冲装置提供水平和垂直面内的转动自由度；对中装置使整个车钩缓冲装置向纵向中心线恢复、使其自动对中。安装吊挂系统结构图如图 5-21、图 5-22 所示。

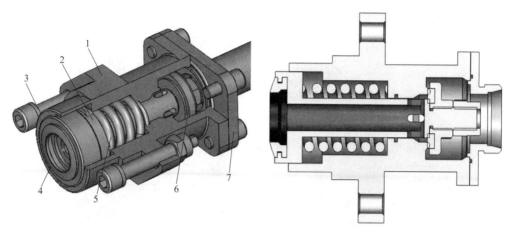

图 5-20 风管连接器结构图
1-阀体；2-阀杆；3-安装螺栓（尾部开槽）；4-异形密封圈；5-弹簧；6-阀垫；7-法兰盘

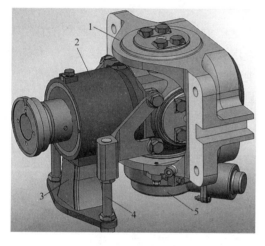

图 5-21 安装吊挂系统结构图（一）
1-安装座；2-缓冲器壳体；3-橡胶支承块；4-调节螺栓；5-水平对中机构

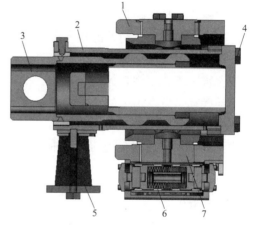

图 5-22 安装吊挂系统结构图（二）
1-安装座组成；2-缓冲器壳体；3-芯子组成；4-拉断螺栓；5-橡胶支承块；6-对中组成；7-对中旋转轴

（1）支承装置。

当车钩处于解钩状态时，由橡胶垫和位于橡胶垫钩尾下面的垂向支承支撑，以保持车钩在解钩状态仍然处于中心轴线位置。通过调节螺母，可以对车钩水平位置进行调整。

（2）对中装置。

对中装置安装于车钩支承座的下方，由外壳、气缸、盘形弹簧、杆、辊、凸轮盘等组成，如图 5-23 所示。在对中装置中，对中机构弹簧力为整个车钩缓冲装置提供一定范围内的水平对中力矩，使其在水平 ±15° 范围内，有较大对中旋转力矩，在超过 ±15° 后对中力矩消失，但车钩缓冲装置可继续旋转到 ±20° 的范围内，以满足在特殊环境下的检修作业。凸轮盘可在外壳内旋转，同时，刚性连接至橡胶垫牵引装置的轴颈。它配有两个外围槽，与气缸位置精确对合。

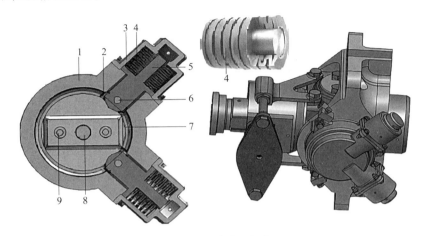

图 5-23 对中装置组成

1-外壳；2-槽；3-气缸；4-盘形弹簧；5-杆；6-辊；7-凸轮盘；8-销；9-平行销

工作模式：盘形弹簧将带辊气缸杆压入凸轮盘槽中。带辊气缸杆和槽自行对中并将车钩固定在中心位置。车钩处的横向负载将获得一定补偿。如果横向负载较大，车钩迫使凸轮盘旋转。凸轮盘槽偏离气缸中心位置，将带辊气缸杆压入气缸内。如果车钩偏离超出对中角度，辊子不在槽内且无法反作用，车钩将自由摆动。

手动摆动：急弯道上的连挂超出了半自动车钩的对接范围。为实现在急弯道上的连挂，可以用手动方式将对中装置摆出对中范围。

水平调节：可根据车辆的纵轴中心线，通过外壳后侧的两个螺钉对车钩重新进行水平调节。

案例分析

2005 年 12 月 1 日，南京地铁在小行—安德门上行区间，距安德门站约 300m 处，7∶40，行调指令基地内 1314 车出库连挂故障车 2526 车；8∶05，1314 车出库，采用洗车模式与 2526 车连挂，因列车处于小半径曲线位置，车钩对位不正，连挂失败，车钩发生碰撞。此次事故造成 2526 车 A 端的防爬器轻微擦伤，2526 车 A 端车头右侧的导流罩损坏。

问题：

1. 请查询能否在曲线路段进行列车连挂作业。
2. 如果故障列车被迫停车在曲线路段，需要救援，在列车连挂时要注意什么？
3. 你在工作中应怎样牢固树立安全第一的思想？

7. 过载保护装置

过载保护装置的关键元件是 4 个拉断螺栓，当车钩缓冲装置受到的冲击载荷大于拉断螺栓设计的触发力值时，车钩脱离车体安装板向后回退，以使车体上的防爬器能够相互咬合，实现过载功能。过载元件结构和安装位置如图 5-24 所示。

图 5-24　过载元件结构和安装位置

当车钩缓冲装置在正常牵引状态，安装座将牵引力直接传递给车体，过载保护螺栓并不承受牵引力；当车钩缓冲装置在正常顶推状态，纵向压缩力通过过载保护螺栓传递到车体，如图 5-25 所示。当车钩缓冲装置受到的压缩载荷达到过载保护装置额定触发力时，装置上的螺栓将断裂，安装座与安装板脱离，车钩在压缩力的作用下可以向后运动，如图 5-26 所示。

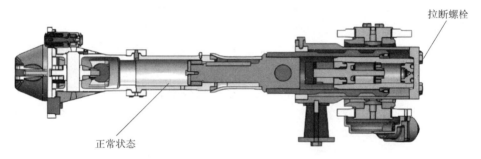

图 5-25　半自动车钩过载保护装置正常状态

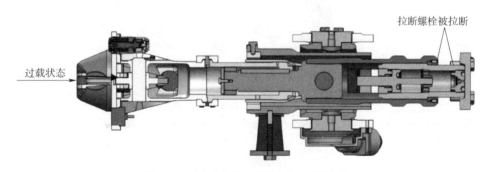

图 5-26　半自动车钩过载保护装置过载状态

8. 半自动车钩的电气部分

半自动车钩的电气部分有两种形式：①与全自动车钩使用的电气车钩一样；②采用跨接电缆，如图 5-27 所示。

这两种形式各有优缺点：如果采用电气车钩方式，具有解钩和连挂方便等优点，但价格高；如果采用跨接电缆方式，具有解钩简单、配件价格低等优点，但在解钩过程中经常需要插拔插头，容易损坏插头并引起故障。

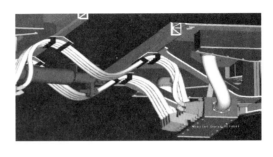

a) 电气车钩　　　　　　　　　　　　　　b) 跨接电缆

图 5-27　半自动车钩的电气连接形式

半自动车钩的电气连接是通过电气车钩或跨接电缆来实现的，需要手动进行连挂和解钩。机械车钩解钩时，需要操纵位于车底架的按钮阀或在轨道侧手动操作来完成。解钩操作必须按"断开电源→分离电气部分→分开机械钩头"的步骤进行。

半自动车钩采用四触头电连接器检测车钩状态，安装在钩头上方，当车钩机械钩头连挂好后，相应的四触头电连接器导通，从而为列控系统提供检测信号。四触头电连接器结构和位置如图 5-28 所示。四触头电连接器对称布置，包含 2 个弹性触头、2 个固定触头。车钩连挂时，固定/弹性触头被压向反向车钩，同时建立电气连接，建立车钩监控回路。四触头电连接器的尾部设有接线端子，列车线通过接线端子固定，上、下 2 个触头分别短接，即使处于连挂的上下 2 对触头任意一对出现损坏，也能保证电路不会断路，增加了可靠性。四触头电连接器橡胶框密封接触区，可防尘、防水和防止对触头的机械损坏及意外接触。

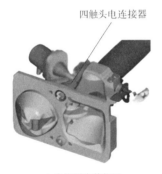

a) 连接器安装位置　　　　　b) 四触头电连接器　　　　　c) 接线端子

图 5-28　四触头电连接器结构和位置

自动车钩的四触头电连接器在车钩连挂后连接，列车线在车钩旁的跳接箱内实现交叉连接"半自动车钩连好"继电器，继电器触发后闭合列车激活回路，为列车控制系统提供信号。

车辆两编组单元连挂运行，车尾未闭路，两个半自动车钩完成连挂后，通过四触头电连接器使半自动车钩连好继电器线圈得电，列车激活回路导通；当单编组运行时，车尾闭路，半自动车钩末端继电器线圈得电，列车激活回路，形成环路接通。

9. 列车中间半自动车钩

列车中间半自动车钩缓冲装置由连挂系统、缓冲系统等组成，其结构如图5-29所示。其功能和原理同头车半自动车钩。

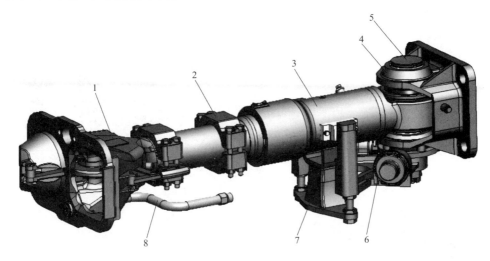

图5-29 列车中间半自动车钩缓冲装置

1-连挂系统；2-连接环组成；3-缓冲系统；4-安装座；5-钩尾销；6-对中支架；7-橡胶支承；8-风管连接器组成

（二）半永久车钩

1. 带压溃管半永久车钩缓冲装置（A型）

半永久车钩头部是带有凹锥的卡环连接结构，以保证与带弹性胶泥缓冲装置半永久车钩连接。半永久车钩中部加装了压溃装置，以满足整列车冲击工况的能量吸收要求。该压溃管结构相对独立，容易更换。半永久车钩安装吊挂系统内的回转机构使用了关节轴承，保证车钩在水平面和垂直面一定范围内自由旋转，并带有自支承功能，在车钩分解状态下可以保持车钩处于水平状态。在半永久车钩头部集成了直通式的风管连接器，可以在连接车钩缓冲装置的同时完成列车内部风路的连接。带压溃管半永久车钩缓冲装置（A型）如图5-30所示。

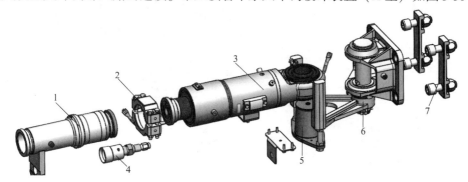

图5-30 带压溃管半永久车钩缓冲装置（A型）

1-压溃管组成；2-连接环组成；3-缓冲系统；4-风管连接器；5-橡胶支承；6-安装吊挂系统；7-安装螺栓

2. 带缓冲器半永久车钩缓冲装置（B型、C型）

带缓冲器半永久车钩缓冲装置（B型、C型）如图5-31所示。带缓冲器半永久车钩缓冲装置的头部也是带有凸锥、凹锥的卡环连接结构，以保证与A型半永久车钩连接。半永久车钩缓冲装置采用了弹性胶泥缓冲器。回转机构采用与A型半永久车钩相同的结构，均不含有水平对中功能。该半永久车钩缓冲装置头部也集成了直通式的总风管连接器，与A型半永久车钩风管连接器连接，保证列车间风路系统的连通。

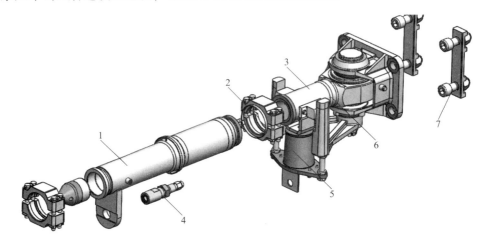

图5-31　带缓冲器半永久车钩缓冲装置（B型、C型）
1-压溃管组成；2-连接环组成；3-缓冲器；4-风管连接器；5-橡胶支承；6-安装吊挂系统；7-安装螺栓

3. 带压溃管半永久车钩缓冲装置（D型）

带压溃管半永久车钩缓冲装置（D型）和带缓冲器半永久车钩缓冲装置（B型、C型）的结构相同，只是压溃管更换为加长杆，如图5-32所示。

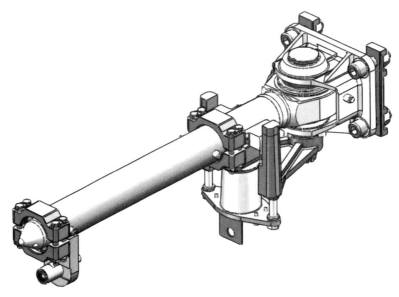

图5-32　加长杆的带压溃管半永久车钩缓冲装置（D型）

带空气管路连接、电气连接、缓冲器和贯通道支撑的半永久车钩如图 5-33 所示。

4. 半永久车钩之间的连接

带压溃管半永久车钩缓冲装置和带缓冲器半永久车钩缓冲装置的连挂由专用的连接环通过 4 个专用螺栓连接，可以保证连接环完全消除纵向间隙。连接及分解操作由人工完成。连接环结构可靠，安装、拆卸操作简便。连挂前将两套半永久车钩缓冲装置通过人工调整至车体中心位置，在车辆相互接近时，车钩牵引杆前端的凸锥、凹锥结构将自动进行导向，使风管连接器位置对正，人工安装连接环后即可完成连挂操作。半永久车钩间的连接如图 5-34 所示。

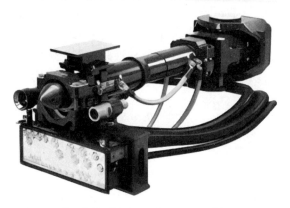

图 5-33　带空气管路连接、电气连接、缓冲器和贯通道支撑的半永久车钩

图 5-34　半永久车钩间的连接

半永久车钩分为带压溃管半永久车钩缓冲装置（A 型）和带缓冲器半永久车钩缓冲装置（B 型），通过专用的连接环连接。两个半永久车钩连挂示意图如图 5-35 所示。

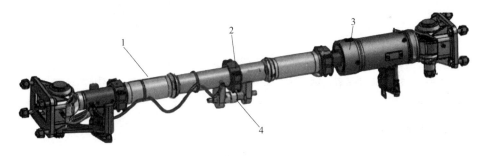

图 5-35　两个半永久车钩连挂示意图

1-带压溃管半永久车钩缓冲装置（A 型）；2-连接环；3-带缓冲器半永久车钩缓冲装置（B 型）；4-风管连接器

（三）全自动车钩

全自动车钩位于列车端部，即司机室的前端位置，其电气和风路连接装置都组装在钩头上。用于紧急情况下的列车救援连挂，以保证故障列车不影响线路的运营，其他车辆能顺利通过。全自动车钩可以实现机械、气路、电路的自动连挂，解钩后，车钩即处于待挂状态；电气连接器通过盖板自动关闭，以防止水和尘土进入；总风管连接器也自动关闭，防止压缩空气泄漏。

全自动车钩采用模块化设计，其结构由钩头、钩身和钩尾三部分组成。其中，钩头部件包含机械钩头、机械解钩装置、电气钩、电气操作装置、风管及风管连接器及车钩电气装置；钩身部分由钩杆和可压馈变形管组成；钩尾主要由垂向支撑、对中装置、带橡胶缓冲器的安装座以及过载保护装置等组成。钩头、钩身和钩尾三部分用连接环连接。

车辆连挂时依靠两车钩相邻钩头前端的凸锥、凹锥精确地对中，实现两车钩的紧密连接；同时，自动将两车之间的电气线路和空气管路接通。在解钩过程中，可由司机控制解钩电磁阀自动解钩，也可人工操作实现手动解钩。

1. 全自动车钩的结构

全自动车钩的钩头形式与半自动车钩基本相同，连挂方式和机械锁闭方式也相同，它们的不同之处是半自动车钩没有电路连接的自动控制装置；全自动车钩的电气连挂既可以自动控制，也可以手动操作，而半自动车钩电气连挂只能手动连接。330型全自动车钩缓冲装置结构图如图5-36所示。对于全自动车钩的机械部分可参考半自动车钩。下面主要介绍全自动车钩的电气控制部分。

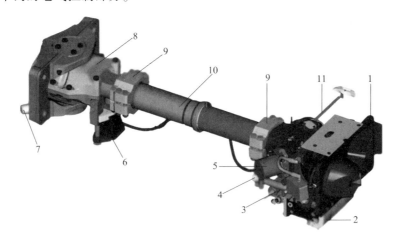

图5-36　330型全自动车钩缓冲装置结构图

1-机械钩头；2-电钩头；3-电钩驱动装置；4-风管接头；5-解钩气缸；6-垂向支撑装置；7-对中装置；8-橡胶缓冲器钩尾座；9-连接环；10-压溃管钩身；11-解钩手柄

2. 全自动车钩的电气控制部分

（1）电气钩。

电气钩（又叫电气连接器、电钩头）是通过电气的方式连接两节车的电路部分。电气钩可在列车连挂时自动启动，也可以手动操作。

电气钩主要由壳体、端盖、后盖、弹触式接触体、接线端、旋转轴、弹簧挂轴、弹簧、接地线组件、出线管、定位销、定位套等部件组成，如图5-37所示。

（2）电气钩驱动装置。

电气钩驱动装置如图5-38所示。它是通过气缸活塞运动，由压缩空气通过风管接头推进；采用一个由车钩锁中枢控制的二位五通阀来控制电气钩的移动。只有在进行了机械连接之后才可以将电气钩向前移动。在解钩期间，电气钩首先缩回，然后机械连接被分离。

a) 电气钩外形　　　　　　　　　　b) 电气触头数量(2×24+2)

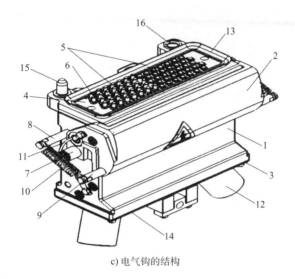

c) 电气钩的结构

图 5-37　电气钩

1-壳体；2-端盖；3-后盖；4-绝缘体；5-弹触式接触体（动、静）；6-接线端；7-旋转轴；8-弹簧挂轴Ⅰ；9-弹簧挂轴Ⅱ；10-弹簧；11-接地线组件；12-出线管；13-密封圈；14-密封垫；15-定位销；16-定位套

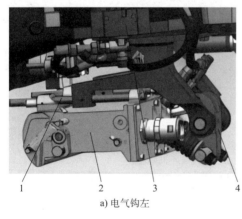
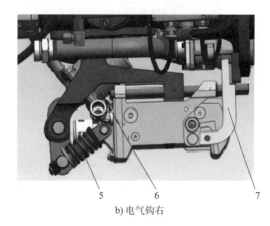

a) 电气钩左　　　　　　　　　　　b) 电气钩右

图 5-38　电气钩驱动装置

1-导向杆；2-电钩头；3-二位五通阀；4-操纵杆；5-压缩弹簧；6-气缸；7-封盖控制杆

电气钩在导向杆上沿一条直线做前后移动。操纵杆自动打开端盖或关闭端盖。弹簧元件确保两个电气钩外壳相互紧密挤压，且触头牢固连接。由于其止点位置，即使不施加气

动力，电气钩仍位于其当前位置。操纵杆机械连接工作气压缸和电气钩外壳。它们允许调整电气钩的凸出和手动操作电气钩。如果由于供气系统中断而无法供气，应当手动分离电动车钩后，再进行机械解钩。如果电气钩出现故障，则可以停用电气钩的自动控制装置，通过操作带红色手柄的球阀，排出气缸内的空气。电气钩保持在缩回的位置。此时车钩只能进行机械和气动连接。

（3）电气装置。

电气装置的作用是实现车钩的电气控制，并进行车钩的状态监控。全自动车钩有气控气动全自动车钩与电控气动全自动车钩两种。不同类型的车钩电气装置不同，气控气动全自动车钩的电气装置包括3个二位五通阀、球阀、双向节流阀、管路及接头等，如图5-39所示。电气钩的伸出与收回主要依靠3个二位五通阀进行控制。

电控气动全自动车钩的电气装置主要由中心枢轴处的行程开关（S_2）、位于钩舌上的行程开关（S_1）、电控二位五通阀、继电器、接线盒（X1）、电缆和紧固件等组成，如图5-40所示。电气钩的伸出与收回主要依靠2个行程开关及1个二位五通阀实行控制。

图5-39 气控气动全自动车钩的电气装置
（部分元件未标示）

1-电子钩头手动装置；2-球阀；3-二位五通阀；4-气缸

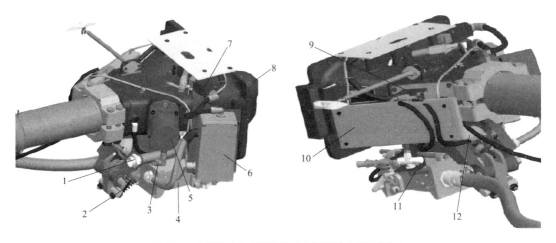

图5-40 电控气动全自动车钩的电气装置（不同角度）

1-主风管；2-电气车钩操作装置；3-解钩风管（UP）；4-电气钩（EKU）；5-解钩气缸（Z_2）；6-电气装置；7-行程开关（S_2）；8-车钩头；9-行程开关（S_1）；10-气动装置；11-球阀（A）；12-电气车钩操作装置气缸（Z_1）

（4）气路原理。

气路的控制是与机械控制同时完成的，是由风管接头自动完成连挂与解钩。连挂时，两个风管接头的阀门挺杆相互挤压，弹簧压缩，打开阀板，气路连通，同时两个管嘴相互紧密挤压密封。解钩时，管嘴挤压力消失，在弹簧的作用下关闭主风管阀门。

（5）电路原理。

全自动车钩电路控制有气控和电控两种类型。

①采用气控方式时，电气钩的伸出与收回依靠3个二位五通阀实行控制。当两车连挂时风管接头处单向阀B处于缩回状态，两车主风管连通，压缩空气以图5-41所示方式分别作用于二位五通阀H与二位五通阀J，并使2个阀体处于图示位置。此时，压缩空气作用于电气钩动作气缸E后部，电气钩伸出并保持伸出状态。

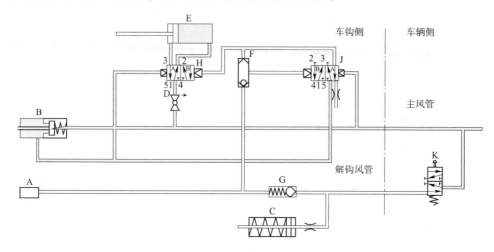

图5-41　气控气动全自动车钩连挂控制原理

A-解钩风管接头；B-配备压力阀的主风管接头；C-解钩气缸；D-球阀；E-电气钩动作气缸；F-双向节流阀；G-单向阀；H-驱动电气钩操纵装置的二位五通阀；J-控制解钩操作的二位五通阀；K-司机室按钮

司机操纵解钩按钮，解钩二位五通阀K处于图5-42所示位置，解钩风管中的压缩空气分为两路：一路通过气路作用于2个二位五通阀（H和J），使2个二位五通阀处于图示位置。此时，压缩空气作用于E缸前部，电气钩缩回；另一路作用于解钩气缸。

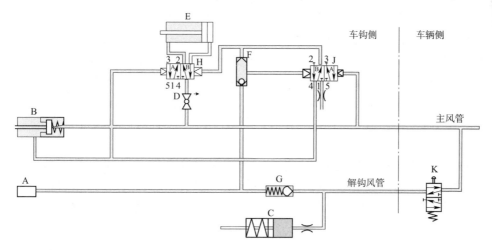

图5-42　气控气动全自动车钩解钩控制原理图

A-解钩风管接头；B-配备压力阀的主风管接头；C-解钩气缸；D-球阀；E-电气钩气缸；F-双向节流阀；G-单向阀；H-驱动电气钩操纵装置的二位五通阀；J-控制解钩操作的二位五通阀；K-司机室按钮

解钩后，二位五通阀 K 复位，解钩风管中无压缩空气，C 复位。J 在主风缸压缩空气作用下处于图 5-43 所示位置，排空 2 个二位五通阀相应的控制气路。H 保持解钩过程中的位置，电气钩保持缩回状态。

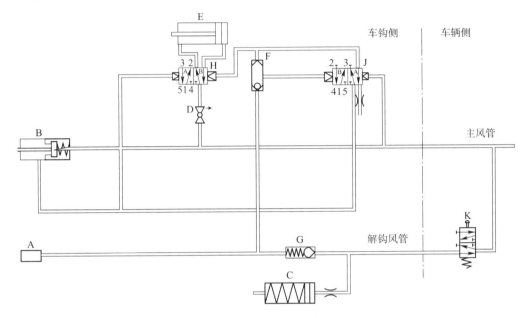

图 5-43 气控气动全自动车钩待挂控制原理图

A-解钩风管接头；B-配备压力阀的主风管接头；C-解钩气缸；D-球阀；E-电气钩气缸；F-双向节流阀；G-单向阀；H-驱动电气钩操纵装置的二位五通阀；J-控制解钩操作的二位五通阀；K-司机室按钮

② 采用电控方式时，电气钩的伸出与收回依靠 2 个行程开关及 1 个二位五通阀进行控制。电控气动全自动车钩电路、气路图如图 5-44 所示，电控气动全自动车钩控制电路原理图如图 5-45 所示。其中，中心枢轴上的行程开关（S_2）通过中心枢轴旋转触发。当中心枢轴达到预定范围时，操作位置开关，将车钩锁的位置信号发送到列车控制系统。位于钩舌的行程开关（S_1）通过对应车钩的钩舌进行操作，一旦对应车钩的钩舌锁定在钩板槽内且对应车钩锁旋转至其连挂位置，则行程开关将对应车钩的感测传送至车钩。

当车钩完成机械连挂时，触发钩头处 2 个行程开关（S_1、S_2）闭合，此时车钩连挂的二位五通阀 SV_1 的 B 端得电，阀动作，主风管压缩空气通过二位五通阀作用于电气钩气缸 Z_1 后部，电气钩伸出，当电气钩连挂好后，继电器 K_1 得电，解钩电磁阀 Y_1 失电，解钩风管气路断开。

司机操作解钩按钮，继电器 K_3 得电，此时车钩连挂的 SV_1 的 A 端得电，阀动作，主风管压缩空气通过二位五通阀作用于 Z_1 前部，电气钩缩回并保持。接着继电器 K_1 失电，使得解钩电磁阀 Y_1 得电，解钩气缸的压缩空气作用于解钩气缸 Z_2，此时机械钩解钩。

电气钩也可以手动控制，当供气系统中断而无法供气，应当手动分离电气钩后，再进行机械解钩。若电气钩出现故障，则可以停用电气车钩的自动控制装置，对车钩只进行机械解钩。

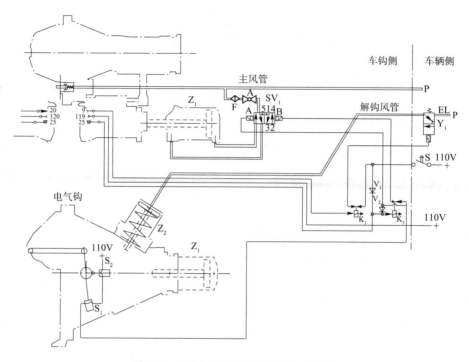

图 5-44 电控气动全自动车钩电路、气路图

A-带通风口的管塞；F-过滤器；Y_1-解钩电磁阀；S-解钩按钮；K_1、K_3-继电器；V_1、V_2-发光二极管；Z_1-电气钩气缸；Z_2-解钩气缸；S_1、S_2-行程开关；SV_1-二位五通阀

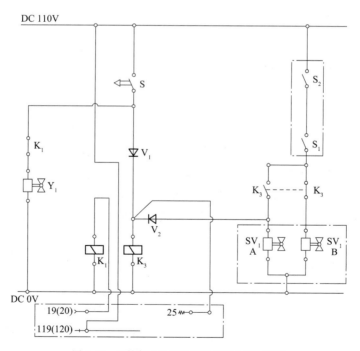

图 5-45 电控气动全自动车钩控制电路原理图

A-带通风口的管塞；Y_1-解钩电磁阀；S-解钩按钮；K_1、K_3-继电器；V_1、V_2-发光二极管；S_1、S_2-行程开关；SV_1-二位五通阀

课题三　缓冲装置

车钩缓冲器的主要作用是在列车运行和正常连挂时，缓和、吸收纵向冲击能量。国内城市轨道交通车辆使用的车钩缓冲器包括弹性体缓冲器、环形橡胶（EFG）缓冲器、弹性胶泥缓冲器、气液缓冲器。目前，使用弹性胶泥、EFG 缓冲器的城市轨道交通车辆较多。

一、缓冲器的主要性能参数

决定缓冲器特性的主要性能参数包括如下：

（1）行程：缓冲器受力后产生最大变形量。此时，弹性元件处于全压缩状态，如再加大外力，变形量也不再增加。行程单位为 mm。

（2）最大作用力：缓冲器产生最大变形量时所对应的作用外力，单位为 kN。

（3）容量：缓冲器在全压缩过程中，作用力所做功的总和。容量是衡量缓冲器能量大小的主要指标，容量单位为 kJ。如果容量太小，则当冲击力较大时就会使缓冲器全压缩导致车辆刚性冲击。

（4）能量吸收率：缓冲器在全压缩过程中，有一部分能量被阻尼所消耗，其所消耗部分的能量与缓冲器容量之比。能量吸收率越大，则表明缓冲器吸收冲击能量的能力越大，反冲作用就越小，否则，缓冲器必须往复工作几次方能将冲击能量消耗尽，这将导致车钩、车底架过早疲劳损伤，并且加剧列车纵向冲动。一般要求能量吸收率不低于 75%。

二、缓冲器的结构及作用原理

（一）叠层橡胶金属片缓冲器

弹性体缓冲器中的弹性体一般是橡胶片或高分子材料。叠层橡胶金属片缓冲器是弹性体缓冲器的一种，如图 5-46 所示。其作用原理是当车辆受到压缩载荷时，缓冲器体和牵引杆受压，此时力的传递方向：牵引杆压缩后从板→橡胶金属片→前从板→缓冲器的前端。橡胶金属片受到压缩，起到缓冲作用。在牵引载荷工况下，缓冲器体和牵引杆受拉，此时力的传递方向：牵引杆上的滑套压缩前从板→橡胶金属片→后从板→缓冲器体后盖，同样起到缓冲作用。

（二）EFG3 型缓冲器

EFG（环形橡胶）3 型缓冲器由橡胶垫装置和轴承座构成，如图 5-47 所示。橡胶垫装置由上壳、下壳、橡胶垫和牵引杆等组成。其作用原理是橡胶垫被固定在车钩拉杆、上壳和下壳围成的空间内，车钩所承受的拉伸载荷、压缩载荷、垂向载荷及扭转载荷均通过橡胶垫的剪切变形吸收能量。正常工作状态下，橡胶垫的变形行程（压缩55mm）受止动块的限制，在出现巨大撞击时，轴颈和上壳体之间的紧固螺钉将断开，车钩通过车辆底架下轴承座得到保护。

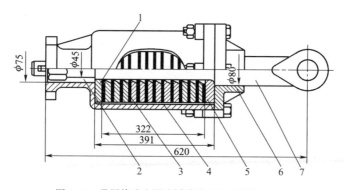

图 5-46 叠层橡胶金属片缓冲器（尺寸单位：mm）
1-前从板；2-滑套；3-橡胶金属片；4-缓冲器体；5-后从板；6-缓冲器后盖；7-牵引杆

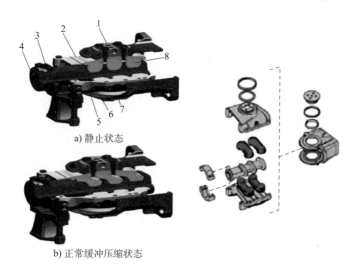

图 5-47 EFG3 型缓冲器
1、7-轴颈；2-上壳；3、6-止动块；4-牵引杆；5-下壳；8-橡胶垫

（三）弹性胶泥缓冲器

弹性胶泥缓冲器的缓冲介质是弹性胶泥材料。弹性胶泥材料是一种高黏度、可压缩、可流动的未经硫化的有机硅化合物，在 -80~250℃ 范围内具有较高的稳定性，并且无臭、无毒，对环境无污染，对人体无害。弹性胶泥材料有固态、液态两种状态，是车钩缓冲器的缓冲介质材料。在没有恢复弹簧作用的条件下，利用其高弹性特点，可以实现缓冲器的复原回程；利用其压缩性可实现缓冲器的压缩行程；利用其良好的流动性，可以使缓冲器具有大容量、低阻抗。弹性胶泥材料的流动黏度大小可根据实际使用需要进行调整，可以使其运动黏度比普通液压油大几十倍甚至上百倍。通过安装吊挂系统的拉压转换，在拉、压两个方向均能吸收 24kJ 的能量。相对于紧凑式缓冲器常用的橡胶吸能元件，弹性胶泥缓冲器的寿命更长，能量吸收特性和舒适度更高，所以，城市轨道交通车辆使用弹性胶泥缓冲器的较多。

弹性胶泥缓冲器主要由牵引杆、弹性体弹簧、顶板、内半筒总成、弹性胶泥芯子、壳体、拉环等组成，如图 5-48 所示。其中，弹性胶泥芯子是其接收能量的元件。弹性胶泥缓冲器的头部与车钩可以采用法兰连接或用成对连接环连接，尾部需要安装橡胶球关节调节因线路曲线造成的车钩之间的高度差。

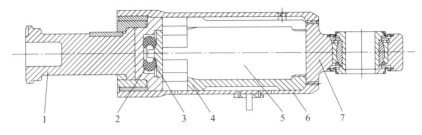

图 5-48　弹性胶泥缓冲器
1-牵引杆；2-弹性体弹簧；3-顶板；4-内半筒总成；5-弹性胶泥芯子；6-壳体；7-拉环

弹性胶泥缓冲器的工作原理是将弹性胶泥材料装入缓冲器体内，根据需要施加一定的预压力，当缓冲器活塞杆受到一定的压力时，弹性胶泥受压缩产生阻抗力，并利用活塞的环形间隙（节流孔）的节流作用和弹性胶泥的压缩变形吸收冲击能量。由于弹性胶泥材料的特性，当弹性胶泥的预压力和活塞的运动速度越大时，阻抗力也就越大，这有利于在冲击力较大时提高缓冲器的容量，即冲击力越大，缓冲器的容量就越大；冲击力越小，缓冲器的容量就越小。

在施加在活塞杆上的外力撤销后，弹性胶泥材料的体积膨胀，将活塞推回原位。在这个过程中，弹性胶泥材料以较慢的速度通过活塞的环形间隙（节流孔）流回原位，实现缓冲器的回程动作。

(四) 气液缓冲器

气液缓冲器由柱塞、缸体、浮动活塞、单向锥阀、节流阻尼环、节流阻尼棒等部分组成，如图 5-49 所示。气液缓冲器内部形成两个油腔和一个气腔。浮动活塞将柱塞内腔分隔出油腔和气腔两个腔室。柱塞底座与缸体之间的间隔为另一腔室。油腔内充有液压油，气腔内充有氮气。

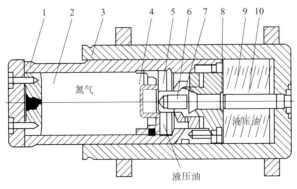

图 5-49　气液缓冲器
1-柱塞；2-气腔；3-缸体；4-浮动活塞；5、9-油腔；6-单向锥阀；7-锥阀节流孔；8-节流阻尼环；10-节流阻尼棒

气液缓冲器的作用原理：在油腔 1 和油腔 2 中注满了液压油，在气腔中充有一定初始压强的氮气。液压油与氮气之间通过浮动活塞隔离。当相邻车辆发生碰撞时，柱塞被推入油腔 1 中的液压油通过节流阻尼环与节流阻尼棒形成环缝及单向锥阀与柱塞端部形成的锥阀节流孔流到油腔 2 中，使得油腔 2 的油量增大，从而使浮动活塞向左移动，气腔中的氮气被压缩。在冲击过程中，绝大部分动能转变为热能，并由缸体逸散到大气中，只有少量能量转化为油液的液压能，因而气液缓冲器的能量吸收率比较大。当车辆间的冲击减缓或消失时，被压缩的氮气通过活塞给油腔 2 的液压油施以压力，并使液压油通过柱塞端部的单向阀流回到油腔 1 中，柱塞又回到原位。其中，单向锥阀可相对柱塞端部轴向移动，但只在缓冲器被压缩加载时才打开。当缓冲器卸载时，单向锥阀在油腔 2 的液压油作用下压紧在柱塞端部的阀座上，锥阀节流孔被封闭，因此油腔 2 的液压油只能通过柱塞端部的单向阀流回到油腔 1，完成缓冲器的卸载。

（五）可压溃变形管

330 型密接式车钩缓冲装置的压溃装置采用膨胀式压溃管。压溃管具有较大的能量吸收能力，当列车在运行或连挂过程中发生碰撞，车钩缓冲装置受到的纵向压载荷大于设定值时，压溃管发生作用产生塑性变形，最大限度地吸收冲击能量，以达到保证车上人身安全和保护车辆设备的目的。压溃装置上部设置了一个触发判断的指示销，当压溃管触发时，指示销被剪断，由此来判断压溃管触发。图 5-50 为压溃装置结构示意图，图 5-51 为压溃管的正常状态和触发状态示意图。

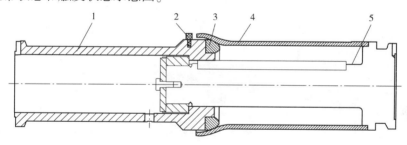

图 5-50　压溃装置结构示意图
1-加压管；2-触发指示销；3-加压锥；4-压溃管（膨胀管）；5-导向杆

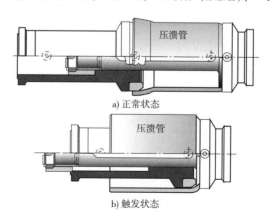

图 5-51　压溃管的正常状态和触发状态示意图

在正常使用过程中,当车钩缓冲装置在牵引工况时,牵引载荷会通过压溃装置内部的刚性连接来传递,变形元件不受到影响;当车钩缓冲装置在压缩工况时,车钩缓冲装置压载荷远低于压溃装置设定力值,变形元件不发生动作,压缩能量由弹性胶泥缓冲器来吸收。

课题四　贯通道及渡板

一、概述

贯通道装置也就是风挡装置,位于两节车厢的连接处,是两节车厢通道连接的部分。贯通道装置具有良好的防雨、防风、防尘、隔音、隔热等功能,为相邻两节车厢之间的乘客提供站立、通过的空间;贯通道装置作为整列车内的可变形区域,为列车通过曲线时提供可恢复的变形能力。贯通道装置分为整体式和分体式两种。城市轨道交通车辆使用分体式贯通道装置的较多,分体式贯通道的一半装在每辆车的端部,在该装置的下部还设有分开式渡板,渡板连接处有车钩支撑,其内部高为1900mm,宽1500mm。贯通道实物图如图5-52所示。

知识拓展
A、B、C、D四种半永久钩缓装置的区别及主要参数

图5-52　贯通道实物图

二、贯通道的结构

贯通道主要由折棚总成、带锁舌的安装框总成、侧护板总成、踏渡板总成、顶板总成、滑动支架等部分组成。贯通道组装总成如图5-53所示,贯通道机械组成如图5-54所示。

1. 折棚总成

折棚总成由两层构成,外部采用型材与棚布密封夹装组成,内部采用棚布与型材铆接方式,与端墙安装框架通过压板总成连接锁紧,如图5-55所示。折棚由向内开放的灵活褶皱材料组成。棚布由特殊材料制成,连接于铝型框两边。棚布两端连接于箍位框上。每个箍位框都有两个焊接的孔钩用于固定限位绳。

折棚由多折环状篷布缝制而成,每折环的下部设有2个排水孔。折棚体选用特制的阻燃、高强度、耐老化人造革制作,在-45~+100℃范围内能够正常使用,抗拉强度≥

3000N/cm^2。棚布采用双层夹心结构,大大提高了风挡的隔音、隔热性能。折棚体各折棚布缝合边用铝合金型材镶嵌。折棚体的一端连接在车体端部,另一端与连接座连接固定。

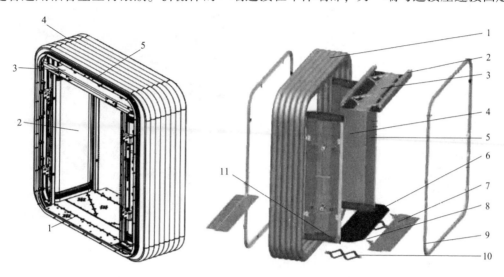

图 5-53　贯通道组装总成
1-踏渡板总成；2-侧护板总成；3-顶板总成；4-折棚总成；5-带锁舌的安装框总成

图 5-54　贯通道机械组成
1-折棚总成；2-顶板安装座；3-顶护板组成；4-侧护板组成；5-上护板安装座组成；6-渡板组成；7-踏板组成；8-踏板支承；9-安装框组成；10-渡板连杆组成；11-下护板安装座组成

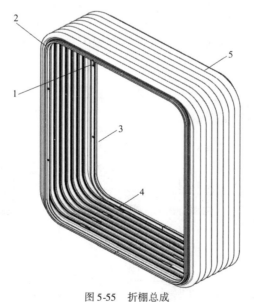

图 5-55　折棚总成
1-序列号；2、3-箍位框；4-交叉型材；5-折棚

2. 带锁舌的安装框总成

安装框(螺钉框)由焊接铝型材组成,通过螺钉固定在车辆端部,用于连接折棚组成。安装框的内框用于安装橡胶型材,折棚(安装时)箍位框置于安装框的橡胶型材上,由锁舌固定。带锁舌的安装框如图 5-56 所示。

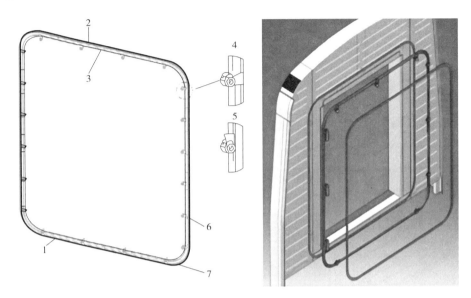

图 5-56 带锁舌的安装框

1-下支承板；2-橡胶型材；3-上支承板；4-锁舌（关闭位置）；5-锁舌（打开位置）；6-锁舌（这里显示：关闭位置）；7-带锁舌的安装框

3. 侧护板总成

贯通道的侧护板总成由连杆机构、不锈钢板、铝合金型材、进口装饰贴、上下挡尘橡胶板、端墙固定座等组成，如图 5-57 所示。侧护板采用三板块滑动结构，由后部组合连杆结构将三板块形成一整体结构，安装及拆卸简单方便，无须使用专业工具，经久耐用，结构合理，整体美观。

图 5-57 贯通道的侧护板总成

4. 踏渡板总成

渡板由不锈钢防滑板、不锈钢磨砂板、连杆结构、踏板支承座、折页铰链等构成。支承座与端墙固定，踏板一端与车体地板面螺钉连接。渡板装置放在两个踏板上面，与渡板连杆安装在一起，连杆机构分别用螺钉固定在两车端，渡板置于其上，连杆机构上设有渡板对中装置，在车辆运行时渡板不会偏移。渡板为花纹不锈钢板，踏板为不锈钢板，各相对滑动面间设有磨耗条。踏渡板总成如图 5-58 所示。渡板与踏板装置能够保证追随与适应连挂车辆运行过程中的各种复杂运动，具有足够的强度与刚度，能够确保乘客安全通过，并为站立的乘客提供安全的空间，在超载（9 人/m^2）的压力负载荷下，表面无突起物及障碍物。

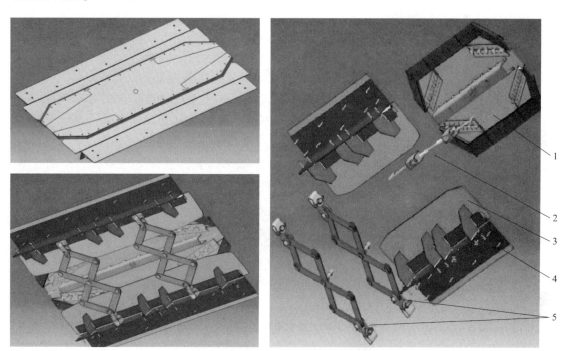

图 5-58　踏渡板总成
1-不锈钢防滑板；2-折页铰链；3-不锈钢磨砂板；4-踏板支承座；5-连杆结构

5. 顶板总成

顶板总成由连杆机构、铝合金型材、折页铰链、定位座、耐磨条等构成，如图 5-59 所示。定位座直接与车体端墙固定安装。每个贯通道顶板由两个边护板和一个中间护板组成，顶板内侧设有连杆机构，使车辆运行时中间护板始终保持在中间位置，不会偏移，顶板总成通过边框用螺钉固定在车体端墙上。

6. 滑动支架

滑动支架采用钢板焊接而成，落在车钩的贯通道支座上，具有支撑贯通道的功能。滑动支架的上部与支撑金属板相连，如图 5-60 所示。

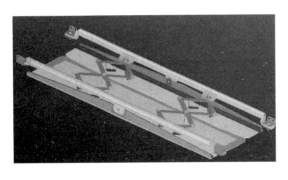

图 5-59 顶板总成

图 5-60 滑动支架

案例分析

根据以下案例分析贯通道的作用，乘车时，站在贯通道是否安全？

20××年9月27日下午，上海地铁10号线由于信号系统故障，采用电话闭塞法行车，在豫园与老西门下行区间发生两列车追尾事故。后车司机发现停留在线路上的前车后，采取紧急制动，但由于惯性仍以35km/h的速度与前车发生追尾碰撞，造成了271名乘客受伤送诊，列车严重损坏。特别是列车的贯通道位置，损伤更为严重，如图5-61所示。

图 5-61 事故车贯通道损坏严重

项目五实训任务工单与阶段测试见本教材配套工作手册。

项目六

制动系统

学习导入

制动系统是影响城市轨道交通列车运行速度和运行品质的关键系统。一辆重几百吨高速运行的列车是怎样安全、平稳、精准停车的呢？特别是城市轨道交通列车停车时要求站台门与车门对得非常准确，其背后离不开列车制动系统。列车制动系统主要由电子制动控制单元、气制动控制单元、基础制动装置和其他附件组成。电子制动控制单元是列车制动系统的大脑，其高可靠性对于安全、平稳、精准停车至关重要。列车中的电子制动控制单元接收到制动指令后，根据各车厢实际载客质量，计算出每节车厢所需制动力，把制动力分配到每一节车厢后，列车牵引系统施加与牵引力相反的电制动力，电子制动控制系统与牵引系统联动，利用空气压力推动机械制动，通过电、压力空气、机械三者之间协同工作，产生强大的制动力，从而实现列车停车。

知识目标

1. 理解城市轨道交通车辆制动系统的基本概念、基本要求、功能、分类；
2. 掌握城市轨道交通车辆供气系统的基本结构和原理；
3. 掌握城市轨道交通车辆基础制动装置的基本结构；
4. 掌握 EP2002 型制动系统的组成和作用原理。

能力目标

1. 能识别城市轨道交通车辆制动系统的设备；
2. 能在城市轨道交通列车上找到供风系统的气源和回路；
3. 能识别不同类型的基础制动装置。

建议学时

10 学时。

延展阅读 6
中国标准地铁列车

课题一 车辆制动系统的基本概念、模式、要求、功能

一、基本概念

(一) 列车制动系统

城市轨道交通车辆制动系统是由动力制动系统（电制动）、空气制动系统、指令和通信网络系统三部分组成的。例如，应用于金华地铁金华—义乌线由中车集团研制的 EPCD-3 型制动系统的组成如图 6-1 所示。

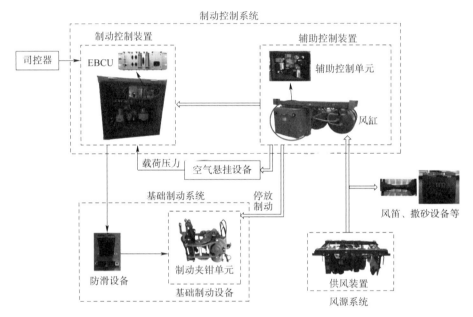

图 6-1　EPCD-3 型制动系统的组成

1. 动力制动系统

动力制动系统一般与牵引系统连在一起形成主电路，它包括再生反馈电路和制动电阻器，将动力制动产生的电能反馈给供电接触网或消耗在制动电阻器上。

2. 空气制动系统

空气制动系统由供气部分、控制部分和执行部分等组成。供气部分有空气压缩机组、空气干燥器和风缸等；控制部分有电-空转换阀（EP）、紧急阀、称重阀和中继阀等；执行部分有闸瓦制动装置和盘形制动装置等。

3. 指令和通信网络系统

指令和通信网络系统既是传送司机指令的通道，又是制动系统内部数据交换及制动系统与列车控制系统进行数据通信的总线。

（二）制动作用和缓解作用

1. 制动

制动是指人为施加的外力，使运动的物体减速或阻止其加速，以及保持静止的物体静止不变的作用。从能量变化的角度理解，制动过程是一个能量转移的过程，是将列车运行所具有的动能人为控制地转变成其他形式能量的过程。

对于运动着的列车，要想使其减速或停车，就要根据实际需要施加于列车一定大小的与其运动方向相反的外力，以使其实现减速或停车作用，即施行制动作用。

2. 缓解

对已经施行制动的物体，解除或减弱其制动作用，均称为"缓解"。

列车制动停车后，起动加速前或运行途中限速制动后加速前均要解除制动作用，即施行缓解作用。

（三）制动装置

为使列车能施行制动和缓解而安装于列车上的由一整套零（部）件组成的装置称为制动装置，也称为制动机。

（四）制动力

就城市轨道交通机车车辆而言，制动力是制动时由制动装置产生作用后而引起的钢轨施加于车轮的与列车运行方向相反的力。

（五）制动距离

制动距离是指从司机施行制动的瞬间起（将制动手柄移至制动位），到列车速度降为零，列车所行驶的距离。它是综合反映列车制动装置的性能和实际制动效果的主要技术指标。

一般城市轨道交通车辆的制动距离要求在 200m 以内停车。广州地铁集团有限公司规定当初速度为 80km/h、60km/h、40km/h 时紧急制动距离分别为 200m、118m、56m。

二、城市轨道交通车辆的制动模式

城市轨道交通车辆根据运行的要求，制动系统采用以下几种制动模式。

（一）常用制动

常用制动是在正常运行下为调节或控制列车速度，包括进站停车所实施的制动。其特点是作用比较缓和，制动力可以连续调节，制动过程中能够根据车辆载荷自动调整制动力，当常用制动力最大时即常用全制动。

（二）快速制动

快速制动是为了使列车尽快停车而实施的制动，其制动力高于常用全制动（上海地铁列车、广州地铁列车快速制动力高于常用全制动力 22%）。快速制动在紧急情况下、制动系统各部分作用均正常时所采取的一种制动方式，其特点与常用制动相同，制动过程可以施行缓解。

快速制动受冲击率极限的限制，也可以撤销，主控制器手柄回"0"位，可缓解，具有防滑保护和载荷修正功能。

(三) 紧急制动

紧急制动是在列车遇到紧急情况或发生其他意外情况时，为使列车尽快停车而实施的制动。其特点是作用比较迅速，而且将列车制动能力全部使用，通过故障导向安全的设计原则为"失电制动，得电缓解"的紧急空气制动系统。其制动力与快速制动相同。紧急制动时考虑了脱弓、断钩、断电等故障情况，只采用空气制动，而且停车前不可缓解，在尽可能减小冲动的情况下不对冲动进行具体限制。但施行了紧急制动就必须停车，不可以撤销。城市轨道交通列车紧急制动是单独设置的按钮。

(四) 保压制动

对于城市轨道交通列车来说，把停车前的一段空气制动过程称为保压制动（保持制动）。保压制动是为了防止车辆在停车前的冲动，使车辆平稳停车，通过电子制动控制单元内部设定的执行程序来控制，包括两个阶段。

第一阶段：当列车制动到速度 8km/h，驱动控制单元触发保压制动信号，同时输出给电子制动控制单元，这时，由驱动控制单元控制的电制动逐步退出，而由电子制动控制单元控制的气制动来替代。

第二阶段：接近停车时（列车速度 0.5km/h），一个小于制动指令（最大制动指令的 70%）的保压制动由电子制动控制单元开始自动实施，即瞬时地将制动缸压力降低。如果由于故障，电子制动控制单元未接收到保压制动触发信号，电子制动控制单元内部程序将在 8km/h 的速度时自行触发。

(五) 弹簧停放制动

为防止车辆在线路停放过程中，发生溜逸，城市轨道交通车辆设置停放制动装置。停放制动是列车停车后，为使列车维持静止状态所采取的一种制动方式。

停放制动通常是将弹簧停放制动器的弹簧压力通过闸瓦（闸片）作用于车轮踏面（制动盘）来形成制动力。库内停车时可以解决制动缸压力因管路漏泄、无压力空气补充而逐步下降到零而使车辆失去制动力的停放问题。在正常情况下，弹簧力的大小不随时间而变化，由此获得的制动力能满足列车较长时间断电停放的要求。弹簧停放制动的缓解风缸充气时，停放制动缓解；缓解风缸排气时，停放制动施加；同时，还附加有手动缓解（拉动手动缓解拉阀）的功能。

三、城市轨道交通车辆制动系统的基本要求和功能要求

参考《城市轨道交通车辆电机械制动系统通用技术规范》（T/CI 122—2022）的规定，城市轨道交通车辆制动系统的基本要求和功能要求如下。

(一) 基本要求

（1）制动系统应具有保证运行的列车减速或停车的能力，应满足列车在规定条件下制动距离的要求。

（2）制动系统应具有保证静止列车不溜逸的能力。

（3）制动系统应充分利用车轮与轨道之间的黏着条件，充分发挥制动系统的制动能力。

（4）电机械制动系统应满足 AW_3 载重工况车辆按线路运营条件一个折返运行的热容量要求。

（5）制动系统应保证与车辆及相关系统之间接口、功能匹配，并避免相互干扰，整个制动系统设计应具有完整性，并应以故障导向安全为设计原则。

（6）单个车辆采用动力转向架和非动力转向架配置，或者牵引系统以转向架为单元进行牵引控制的列车，制动系统宜采用架控式制动系统。

（7）制动系统应采用模块化设计，并具有较高的互换性，方便维修。

（8）制动控制系统应采用计算机控制，保证制动力连续调节和控制。

（9）制动系统应具有常用制动、紧急制动、停放制动等功能。

（10）制动系统的常用制动、紧急制动、防滑控制等安全功能，应按照现行《轨道交通 可靠性、可用性、可维修性和安全性规范及示例》（GB/T 21562）的要求进行设计。

（11）制动系统不应产生对人体有毒的物质。

（12）制动系统采用的橡胶密封件应满足 6 年或车辆运行 75 万 km 的使用要求，以先到为准。

（13）制动系统应能达到 6 年或车辆运行 75 万 km 时进行拆解检修的使用要求，以先到为准。

（二）功能要求

（1）制动系统应根据制动指令直接对制动缸输出进行控制，实现制动和缓解功能。

（2）制动系统具有根据车辆载荷变化自动调整制动力大小的能力。

（3）制动系统应具有防滑控制功能，以充分利用黏着条件。

（4）电机械复合制动时，应优先发挥电制动防滑控制的能力。

（5）常用制动应具有冲动限制功能，以满足乘客舒适性的要求。紧急制动不受冲动限制。

（6）制动系统应具有实时诊断及故障记录功能，易于用户的调试、诊断和维护。

（7）基础制动采用踏面或盘形制动形式。

（8）停放制动力应通过机械方式保持，可通过得电的方式进行缓解。

课题二　车辆制动机的种类

一、按城市轨道交通列车动能转移方式分类

制动按照城市轨道交通列车动能转移方式不同可以分为摩擦制动和动力制动两种。

（一）摩擦制动

通过摩擦副的摩擦将列车的运动动能转变为热能，消散于大气，从而产生制动作用。城市轨道交通车辆常用的摩擦制动方式主要有闸瓦制动、盘形制动和磁轨制动三种。

1. 闸瓦制动

闸瓦制动，又称踏面制动，是最常用的一种制动方式，如图 6-2 所示。制动时，闸瓦压紧车轮，轮、瓦之间发生摩擦，将列车的运动动能通过轮、瓦摩擦转变为热能，消散于大气中。

a) 不带停放制动　　　　　　　　　　　b) 带停放制动

图 6-2　城市轨道交通车辆上采用的单元风缸式闸瓦制动

2. 盘形制动

盘形制动装置示意图如图 6-3 所示。盘形制动是在车轴上或在车轮辐板侧面安装制动盘，用制动夹钳使用合成材料制成的两个闸片紧压制动盘侧面，通过摩擦产生制动力，将列车动能转化为热能，消散于大气从而实现制动。制动盘安装在车轴上称为轴盘式，制动盘安装在车轮侧面称为轮盘式。非动力转向架一般采用轴盘式，动力转向架由于轴身上装有齿轮箱，安装制动盘困难，所以采用轮盘式。

a) 轴盘式整体制动盘　　　　　　　　b) 轮盘式制动盘在车轮上安装情况

c) 轮盘式单元制动装置　　　　　　　d) 制动盘在轮对上安装实物图

图 6-3　盘形制动装置示意图

1-车轮；2-车轴；3-制动盘（轴盘）；4-制动盘（轮盘）

3. 磁轨制动

国产化磁轨制动器主要由励磁线圈、中部极靴、端部极靴、隔磁板、固定座、止挡和悬挂装置组成，如图 6-4 所示。例如，北京地铁首都机场线地铁车辆磁轨制动器为铰接式结构，即极靴为分体式。

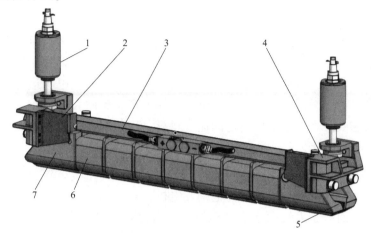

图 6-4　国产化磁轨制动器结构
1-悬挂装置；2-止挡；3-励磁线圈；4-固定座；5-隔磁板；6-中部极靴；7-端部极靴

磁轨制动的基本工作过程（图 6-5）：磁轨制动器有制动和缓解 2 种工况。在日常运行过程中，磁轨制动器处于静止的未制动状态，即图 6-5a）所示的"悬空"状态。此时，由于未对线圈通电（励磁），磁轨制动器不工作，即不产生向轨道的吸力，从而磁轨制动器会一直保持原始状态——缓解状态。当磁轨制动器接收到制动指令时，蓄电池会对其供电，线圈导通。此时磁轨制动器建立初始磁场［图 6-5b）］，使其产生向轨道的吸力（吸力与轨道和磁轨制动器间隙呈负相关），该吸力克服悬挂弹簧的拉力将磁轨制动器吸附到轨道上。当磁轨制动器与轨道完全吸合［图 6-5c）］时，两者间的相互作用力达到最大，即制动状态。在制动状态时，磁轨制动器与轨道之间的摩擦力为磁轨制动器的制动力。当磁轨制动器接收到缓解指令断电时，磁场强度快速减弱，直到电磁吸力无法克服弹簧力时，磁轨制动器被抬起，回到缓解状态。

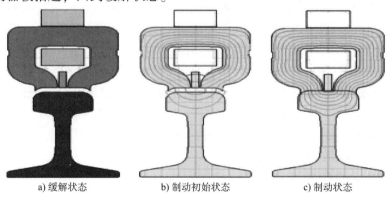

a) 缓解状态　　　　b) 制动初始状态　　　　c) 制动状态

图 6-5　磁轨制动的工作过程

(二) 动力制动

动力制动也称电制动，在列车制动时，将牵引电动机变为发电机，使动能转化为电能，对这些电能不同的处理方式形成了不同方式的动力制动。城市轨道交通车辆上采用的动力制动的形式主要有再生制动和电阻制动，都是非接触式制动方式。

1. 再生制动

再生制动是利用电动机的可逆性原理。电动车组在牵引工况运行时，牵引电动机做电动机运行，将电网的电能转变为机械能，轴上输出牵引力矩以驱动列车运行；电动车组在电制动时，列车的惯性力带动牵引电动机，此时牵引电动机做发电机运行，使列车动能转变为电能，再使电能反馈回电网，使牵引电动机轴上产生反向力矩并作用于轮对，形成制动力，使列车减速或在下坡道上以一定的速度运行。这种制动称为再生制动。

2. 电阻制动

电力机车、电传动的内燃机车、带动力驱动的动车组和城市轨道交通车辆（动车）等，在制动时，使自励牵引电动机变为他励发电机，将发出的电能消耗于电阻器上，采用强迫通风，使热量消散于大气而产生制动作用。高速列车制动力大，低速列车效率降低，所以与空气制动机同时采用。电阻制动一般能提供较稳定的制动力，但车辆底架下需要安装体积较大的电阻箱，增加了车辆的自重。

二、按制动源动力分类

（一）空气制动

自动空气制动机是以压缩空气为动力来源，用空气压力的变化来操纵的制动机。我国的机车车辆均采用这种制动机。自动空气制动机的特点是制动管减压制动，增压缓解。因此，当列车分离时，制动机可发生制动作用，实现自动停车。由于这种制动机构造和作用都比较完善，目前我国铁路车辆上广泛采用这种自动空气制动机，如货车 120 型制动机和客车用 104 型制动机、F8 型制动机等。

（二）电空制动

电空制动机是以压缩空气为动力来源，用电操纵的制动机。一般是在空气制动机的基础上加装电磁阀等电气控制部件，用电来操纵制动机的作用。它可以提高列车前后部车辆制动和缓解作用的一致性，减小车辆间的冲击，使制动距离显著缩短。所以许多高速列车都采用这种制动机。为防止电控系统发生故障使列车失去制动控制，现今的电空制动机仍保留着压缩空气操纵装置，以备在电控系统发生故障时，能自动地转为压缩空气操纵。例如，城市轨道交通车辆上使用的车控式电空制动机包括进口 KBGM（德国）、KBWB（法国）、HRDA（日本）、ERV（美国）制动系统，国产 EPCD-3 制动系统。架控式电空制动机包括进口 EP2002（德国）、EPAC2（法国）、IERV（美国）制动系统，国产 EP09 制动系统、EPB01 制动系统、JK02 制动系统等。

（三）轨道涡流制动

轨道涡流制动与磁轨制动很相似，也是把电磁铁悬挂在转向架构架侧梁下面同侧的两个车轮之间。不同的是，轨道涡流制动的电磁铁在制动时只放到离轨面 7～10mm 处而不会与钢轨发生接触。轨道涡流制动实例与原理图如图 6-6 所示。轨道涡流制动是利用电磁铁和钢轨的相对运动使钢轨感应出涡流，产生电磁吸力作为制动力，并把列车的动能转换为热能消散于大气。作为非黏着制动方式的涡流轨道制动具有对钢轨无磨耗、高速时制动力大、制动力可控制、可在常用制动时使用、结冰时没有任何失效的危险等优点。因此，在高速列车上涡流轨道制动方式比磁轨制动方式应用更广泛。例如，德国 300km/h 的 ICE_2 型高速动车组的拖车每台转向架上，就采用了两组涡流轨道制动器及两组轴盘式铸钢盘形制动装置；上海 TR08 磁浮列车的制动控制系统采用的是轨道直线涡流制动。

 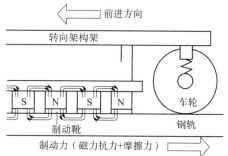

图 6-6　轨道涡流制动实例和原理图

（四）旋转涡流制动

旋转涡流制动是利用电磁感应产生制动力的。它是将制动圆盘作为可旋转的导体安装在车轴上，电磁铁固定在转向架上，并应防止其转动。旋转涡流制动实例与原理图，如图 6-7 所示。制动时金属盘在电磁铁形成的磁场中旋转，金属盘的表面被感应出涡流，产生电磁吸力，并消散于大气中，从而产生制动作用。

 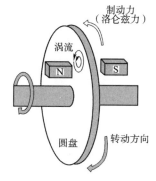

图 6-7　旋转涡流制动实例和原理图

（五）电-液压制动

电-液压制动系统由计算机控制单元、液压制动单元、储能器、液压制动夹钳等组成，如图 6-8 所示。电-液压制动系统应用在我国低地板的轻轨列车上，一般采用电制动 + 液压制动+磁轨制动的混合制动。

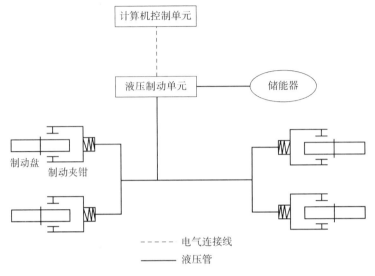

图 6-8　电-液压制动系统的组成

计算机控制单元依据需求控制液压制动单元，产生的液压压力能够抵消制动夹钳的弹簧力，从而实现制动缓解。

液压制动单元的主要部件包括直流电动机、油泵、过滤器、单向阀、压力传感器、压力开关、压力比例阀、安全阀、泄压阀等。青岛城阳轻轨列车的电-液压制动工作原理如图 6-9 所示。液压制动单元具有压力产生、压力控制和调节两个功能。压力产生模块的主要部件包括直流电动机、油泵、安全阀、单向阀、过滤器、泄压阀等。压力控制模块的主要部件包括压力比例阀、过滤器2、3/2 路阀、2/2 路阀、压力开关、辅助制动阀等。液压制动单元中的压力比例阀依据计算机控制单元的目标值进行液压压力的控制和调节。两个压力测试点（P1、P2）用于测试液压缸和制动缸中的压力，协助系统故障的判断与分析。

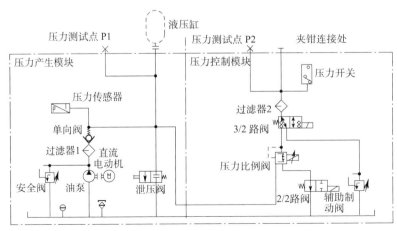

图 6-9　青岛城阳轻轨列车的电-液压制动工作原理

液压制动夹钳分为主动液压制动夹钳和被动液压制动夹钳两种。主动液压制动夹钳用两对活塞安装在盘的相对位置上。被动液压制动夹钳采用浮动-鞍形结构，如图 6-10 所示。被动液压制动器组件通过加压缓解弹簧力实施制动缓解，减压释放弹簧力实施制动施加。另外，它还具有手动缓解功能及闸片间隙调整功能。

（六）风阻制动

风阻制动，又叫翼板制动，是一种从车体上伸出风阻制动板来增加空气阻力的制动方式，如图 6-11 所示。我国 CRH380AM-0204 在配有传统的制动系统外增加了风阻制动板作为辅助制动装置，安装于列车顶部。在列车正常运行时，风阻制动板收拢于车体内；在列车制动时，风阻制动板打开，垂直于车体顶部。列车制动时，风阻制动板可增加较大的空气阻力，风阻制动理想状态下与空气制动和电气制动共同作用可使现有列车的制动距离缩短至原来的 1/4~1/3，并制动成功，即使用风阻制动板制动后，制动力可以达到现有制动方式的 3~4 倍。经过试验，当列车速度为 200km/h 时，采用风阻制动可使列车减速度提高 $0.17m/s^2$；当列车速度为 250km/h 时，采用风阻制动可使列车减速度提高 $0.28m/s^2$。目前，风阻制动板有矩形、贝壳形和翅形三种形状。

图 6-10 被动液压制动夹钳

图 6-11 风阻制动

知识扩展

电机械制动技术是一种通过电动机驱动机械传动机构输出直线运动，实现制动摩擦副夹紧动作，输出可控制动力的新型摩擦制动技术。中车集团研制的电机械制动系统如图 6-12 所示。电动机驱动机械传动机构如图 6-13 所示。

电机械制动系统的工作原理：电动机控制器得到制动指令后，控制电动机旋转，电动机通过运动转换机构将旋转运动转换为输出轴的直线运动，输出轴最终作用于夹紧单元，从而实现夹紧制动；同时，系统内部的传感器可以将制动状态实时反馈给控制器，实现夹钳输出力和缓解间隙的精确闭环控制，如图 6-14 所示。

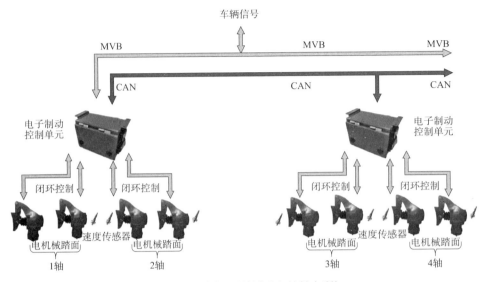

图 6-12 中车集团研制的电机械制动系统

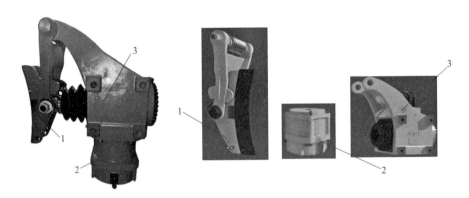

图 6-13 电动机驱动机械传动机构
1-闸瓦机构；2-电动机；3-传动机构

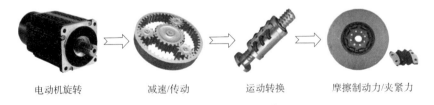

图 6-14 电机械制动系统的工作原理

电机械制动系统用电能作为动力源，取代了传统的压缩空气，实现了制动系统的全电气化，是绿色化、智能化的制动系统。搭载电机械制动系统的地铁列车将在轻量化、制动性能、能耗、全生命周期成本（LCC）等方面具有显著优势，是城市轨道交通列车制动系统的发展方向，必将推动制动领域的创新发展。这套具有代际特征的新型制动系统经徐州地铁 3 号线运用考核，于 2022 年 6 月通过行业专家的评审验收，并已进行装车运用。

课题三 供风系统

供风系统是向整个列车提供压缩空气的风源。它不仅针对空气制动系统,而且为其他用风部件(如风动塞拉门、风喇叭、受电弓风动控制、车钩操作风动控制设备、空气弹簧及刮雨器等)提供风源。一般供风系统主要是由空气压缩机组、二次冷却器、空气干燥器、风缸、压力传感器、压力控制器、安全阀等空气管路辅助元件组成的。下文主要介绍空气压缩机和空气干燥器。

一、空气压缩机

城市轨道交通车辆采用的空气压缩机要求具有噪声低、振动小、结构紧凑、维护方便、环境实用性强的特点。目前,城市轨道交通车辆中采用的空气压缩机主要有活塞式空气压缩机和螺杆式空气压缩机两种。

(一) 活塞式空气压缩机

1. 构造组成

活塞式空气压缩机由固定机构、运动机构、进/排气机构、中间冷却装置和润滑装置等部分组成。其中,固定机构包括机体、气缸、气缸盖;运动机构包括曲轴、连杆、活塞;进/排气机构包括空气过滤器、气阀;中间冷却装置包括中间冷却器(简称中冷器)、冷却风扇;润滑装置包括润滑油泵、润滑油路等。活塞式空气压缩机的外形结构和内部结构如图6-15、图6-16所示。

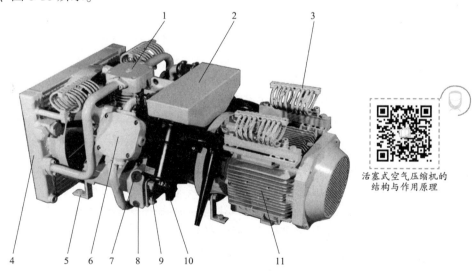

图6-15 活塞式空气压缩机的外形结构

1-高压缸;2-空气入口;3-钢丝绳隔振器(固定在车辆上);4-中间冷却器和二次冷却器;5-支撑脚;6-低压缸;7-注油孔;8-出油孔;9-油位指示器;10-空气过滤器;11-交流电动机

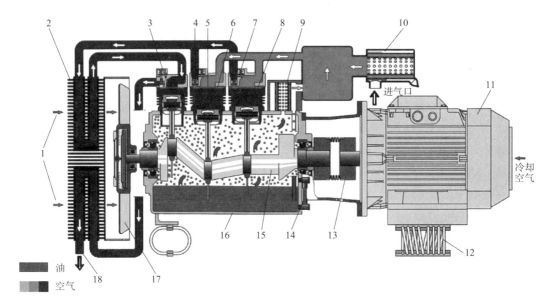

图 6-16 活塞式空气压缩机的内部结构

1-冷却空气；2-复合式中间/二次冷却器；3-高压缸；4-压力阀；5-吸入阀；6、8-低压缸；7-安全阀；9-集油器；10-空气过滤器；11-交流电动机；12-弹性固定件；13-金属波纹管连接器；14-油位指示器；15-曲轴；16-曲柄箱；17-装有黏液耦合器的风扇；18-压缩空气出口

2. 工作原理

活塞式空气压缩机的工作原理：电动机通过联轴节驱动空气压缩机曲轴转动，曲柄连杆机构带动高、低压缸活塞同时在气缸内做上下往复运动。由于曲轴中部的 3 个轴颈在轴向平面内互成 120°，两个低压缸活塞和一个高压缸活塞分别相隔 120°转角。当低压缸活塞下行时，活塞顶面与缸盖之间形成真空，经空气过滤器的大气推开进气阀片（进气阀片弹簧被压缩）进入低压缸，此时排气阀在弹簧和中冷器内空气压力的作用下关闭。当低压缸活塞上行时，气缸内的空气被压缩，其压力大于排气阀片上方压力与排气阀弹簧的弹力之和时，压缩排气阀弹簧而推开排气阀片，具有一定压力的空气排出缸外，而进气阀片在气缸内压力及其弹簧的作用下关闭。两个低压缸送出的低压空气，都经气缸盖的同一通道进入中冷器。经中冷器冷却后，再进入高压缸，进行第二次压缩，压缩后的空气经排气口、主风管路送入主风缸中储存。高压缸活塞的进、排气作用与低压缸活塞的进、排气作用相同。

在运用中，主风缸压力保持在一定的范围，如 750~900kPa。它是通过空气压缩机压力控制器（调压器）自动控制空气压缩机的启动或停止来实现的。当主风缸压力逐渐增高，达到规定压力上限时，压力控制器切断空气压缩机驱动电动机的电源，使空气压缩机停止工作；而随着设备的用风和管路的泄漏等，使主风缸压力逐渐降低，达到规定压力下限时，压力控制器接通空气压缩机驱动电动机的电源，使空气压缩机开始工作，主风缸压力又回升。这样主风缸压力一直被控制在规定的范围之内。

（二）螺杆式空气压缩机

下文以 TSAG-0.9ARII 型螺杆式空气压缩机为例进行介绍。

1. 用途

TSAG-0.9ARII 型螺杆式空气压缩机组是专为地铁列车或轻轨列车设计的电动空气压缩设备，其主要用途是为地铁或轻轨车辆制动系统提供洁净的压缩空气。

2. 结构

TSAG-0.9ARII 型螺杆式空气压缩机组主要由驱动装置、空气压缩机体、风冷却装置、空气净化装置和吊架五大部件构成，它们用螺栓连接在一起组成一个紧凑单元。

TASG-0.9ARII 型螺杆式空气压缩机结构组成如图 6-17 所示。

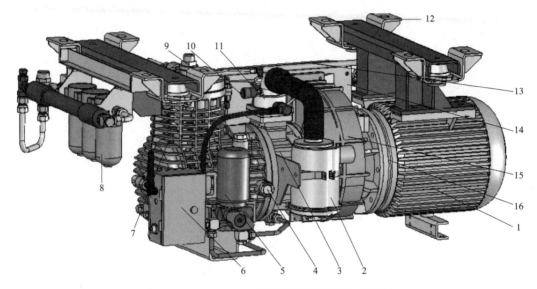

图 6-17　TSAG-0.9ARII 型螺杆式空气压缩机结构组成

1-电动机；2-空气过滤器；3-冷却系统；4-视油镜；5-油过滤器；6-电控箱；7-油气桶；8-气水分离器；9-压力维持阀；10-真空指示器；11-进气阀；12-吊架；13-冷却器；14-扩压器；15-蜗壳；16-中托架

3. 功能

（1）驱动装置：法兰式三相交流电动机。

（2）空气压缩机体：空气压缩机头装入空气压缩机的油气筒中，油气筒内还装有油分离系统。这个主要组件还装有用于过滤、控制和监控润滑油的各元件。

（3）中托架和蜗壳：组成了一个刚性很好的结构，这一结构使组件具有自支承作用。蜗壳中容纳了离心式风扇，风扇安装在电动机和空气压缩机螺杆组之间的联轴节上。扩压器连接蜗壳与冷却器，冷却器起冷却压缩空气和润滑油的双重作用。这个复合的部件借助离心式风扇供给的冷却空气来交换压缩作用所产生的热量。

（4）吊架：驱动装置、空气压缩机机体及冷却装置三大部件是采用弹性减振垫平稳地吊挂在钢制吊架上，吊架上方有 8 个安装孔用于与车辆固定。

4. 工作原理

螺杆式空气压缩机工作原理图如图 6-18 所示。螺杆式空气压缩机的主机是双回转轴容积式压缩机，转子为一对互相啮合的螺杆，螺杆具有非对称啮合型面。主动转子为阳螺杆,从动转子为阴螺杆。常用的主副螺杆齿数比根据压缩机容量而有所不同,为4:5、4:6、5:6。两个互相啮合的转子在一个只留有进气口的铸铁壳体里面旋转,螺杆的啮合和螺杆与壳体之间的间隙通过精密加工严格控制,并在工作时向螺杆内喷压缩机油,使间隙被密封,并将两转子的啮合面隔离防止机械接触摩擦。另外,不断喷入的机油与压缩空气混合,带走压缩过程所产生的热量,维持螺杆副长期可靠地运转。当螺杆副啮合旋转时,它从进气口吸气,经过压缩从排气口排出,得到具有一定压力的压缩空气。

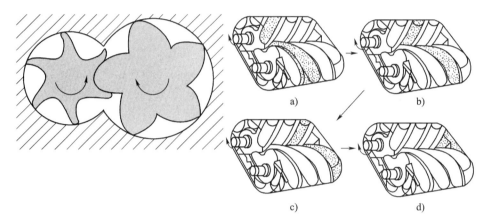

图6-18 螺杆式空气压缩机工作原理图

螺杆副是一对齿数比为4:6并以特定螺旋角互相啮合的螺杆。其中,阳螺杆(通常作驱动螺杆)为凸形不对称齿,而阴螺杆(常用作从动螺杆)为瘦齿形弯曲齿。两螺杆的齿断面形线是专门设计并经过精密磨削加工的,在啮合过程中两齿间始终保持"0"间隙密贴,形成空气的挤压空腔。

5. 工作过程

螺杆式空气压缩机的工作过程分为吸气、压缩和排气三个阶段。螺杆式空气压缩机系统流程图如图6-19所示。

(1) 吸气过程。

螺杆安装在壳体内,在自然状态下就有一部分螺杆的沟槽与壳体上的进气口相通。也就是说,在任何时候,无论螺杆式空气压缩机的螺杆旋转到什么位置,总有空气通过进气口充满与进气口相通的沟槽。这是压缩机的吸气过程。

主副转子在吸气终了时,已经充盈空气的螺杆沟槽的齿顶与机壳腔壁贴合,此时,在齿沟内的空气被隔离,不再与外界相通并失去相对流动的自由,即被"封闭"。当吸气过程结束后,两个螺杆在吸气口的反面开始进入啮合,并使得封闭在螺杆齿沟里的空气的体积逐渐减小,压力上升,压缩随之开始。

(2) 压缩过程。

随着螺杆式空气压缩机两转子的继续转动,封闭有空气的螺杆沟槽与相对的螺杆齿的啮合从吸气端不断地向排气端发展,啮合的齿占据了原来已经充气的沟槽的空间,将在这个沟槽里的空气挤压，体积渐渐变小，而压力则随着体积变小而逐渐升高。空气是被裹带着一边转动，一边被继续压缩的，从吸气过程结束，一直延续到排气口打开之前。当前一个螺杆齿端面转过被它遮挡的机壳端面上的排气口时，在齿沟内的空气即与排气腔的空气相连通，受挤压的空气开始进入排气腔，至此在压缩机内的压缩过程结束。这个体积减小、压力渐升的过程即压缩机的压缩过程

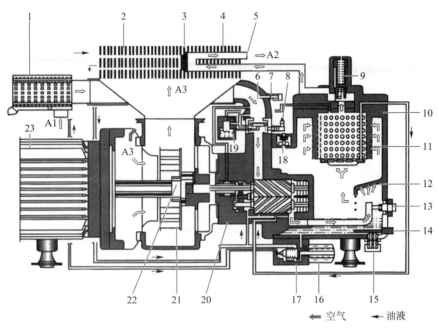

图 6-19 螺杆式空气压缩机系统流程图

1-空气过滤器；2-后冷却器；3-冷却器；4-油冷却器；5-空气供给口；6-吸气阀；7-真空指示器；8-压力开关；9-压力维持阀；10-油气筒；11-油细分离器；12-隔板；13-温度开关；14-电加热器；15-放油阀；16-油过滤器；17-温控阀；18-安全阀；19-卸荷阀；20-机头；21-离心式风扇；22-联轴节；23-电动机；A1-空气压缩机空气入口；A2-空气压缩机空气出口；A3-冷却空气

(3) 排气过程。

压缩过程结束，封闭有压缩空气的螺杆沟槽的端部边缘与螺杆壳体端壁上的排气口边缘相通时，受到挤压的压缩空气被迅速从排气口排出，进入螺杆式空气压缩机的排气腔。随着螺杆副的继续转动，螺杆啮合继续向排气端的方向推移，逐渐将在这个沟槽里的压缩空气全部挤出。这个过程即压缩机的排气过程。在排气过程中，由于排气腔并不直接连着压缩空气用户，在它的排气腔出口设置的最小压力维持阀，限制自由空气外流，会使压缩空气的压力继续上升或者受到制约。

螺杆式空气压缩机壳体进气口开口的大小及边缘曲线的形状与螺杆的齿数及螺旋角的角度相关。而压缩机后端壁上的排气口开口形状（呈现为蝶形）及尺寸也是由压缩机的压缩特性及螺杆的端面齿形所决定的。

这里介绍的螺杆式空气压缩机的工作过程是以螺杆的一个沟槽为实例展开的，并且把它的工作过程分成为吸气、压缩和排气三个阶段，界限清晰地、一个阶段接一个阶段地实行。实际上，压缩机螺杆的工作转速很快，而且主动螺杆和从动螺杆的每个沟槽，

在运转过程中承担着相同的任务,将它的空腔在进气侧打开吸进空气,然后再将其带到排气侧压缩后排出。这种高速的、周而复始的工作,尽管有先有后,但实际上是重叠发生的。这形成了螺杆式空气压缩机工作的连续性和供气的平稳性,形成了它的低振动和高效率。

螺杆式空气压缩机的工作循环,是在啮合的螺杆齿和齿沟间,一个接一个周而复始进行的。它的压缩过程只是当齿沟里的空气被挤进排气腔的过程中才完成的,所以没有像活塞压缩机那样的振动和排气阀启闭形成的冲击噪声。

二、空气干燥器

空气压缩机输出的压缩空气含有较高的水分、油分和机械杂质等,必须经过空气干燥器将其中的水分、油分和机械杂质除去,才能达到车辆上用风设备对压缩空气的要求。液态的水、油微粒及机械杂质在过滤器(油水分离器)中基本被除去,压缩空气的相对湿度降低(通常相对湿度35%以下)是避免用风过程中出现冷凝水危害的主要方式,它依靠空气干燥器来完成。

空气干燥器一般都是塔式的,可分为单塔式空气干燥器和双塔式空气干燥器两种。

双塔式(又称双筒式)空气干燥器的除湿原理与单塔式空气干燥器完全相同,只是它设有2个轮流除湿的干燥塔,可以连续向外输出干燥的压缩空气。

下面以双塔式空气干燥器为例加以说明。

(一)构造组成

双塔式空气干燥器由干燥筒、干燥器座、双活塞阀和电磁阀四部分组成,如图6-20所示,其内部结构如图6-21所示。两个干燥筒a、b除了装有干燥空气用的吸附剂之外,在其下部均装有油水分离器。干燥器座上设置有再生节流孔、两个单向阀、一个旁通阀和一个预控制阀。电磁阀和电子循环计时器相配合,控制干燥器的干燥和再生循环。另外,每个干燥筒还有一个压力指示器,干燥筒的工作状态;压力指示器指针显示压力为干燥工况;相反,指针复位则显示压力为再生工况。进气口 P_1 可选择为前面或右侧,出气口 P_2 可选择为左侧或右侧。

(二)作用原理

1. 工作原理

双塔式空气干燥器工作为干燥与再生两个工况同时进行,压力空气在一个干燥筒中流过并干燥时,另外一个干燥筒中的吸附剂即再生。从空气压缩机输出的压力空气首先经过装有"拉希格"圈的油水分离器,除去空气中的液态油、水、尘埃等。然后,压力空气再流过干燥筒中的吸附剂,吸附剂吸附压力空气中的水分。一部分干燥过的压力空气(13%~18%)被分流出来,经过再生节流膨胀后,进入另一个干燥筒对已吸水饱和的吸附剂进行脱水再生,再生工作后的压力空气经过油水分离器时,再把积聚在"拉希格"圈上的油、水及机械杂质等从排泄通路排出。

图 6-20 双塔式空气干燥器

1-电磁阀排气口；2-电磁阀（循环计时器）；3-电磁阀排气口；4-电气连接孔；5-排气口；6-出气口；7-干燥筒盖；8-中心螺母；9-干燥筒；10-再生孔塞；11-压力指示器；12-出气口；13-干燥器座；14-底座安装孔；15-进气口（可选）；16-排泄口带消音罩

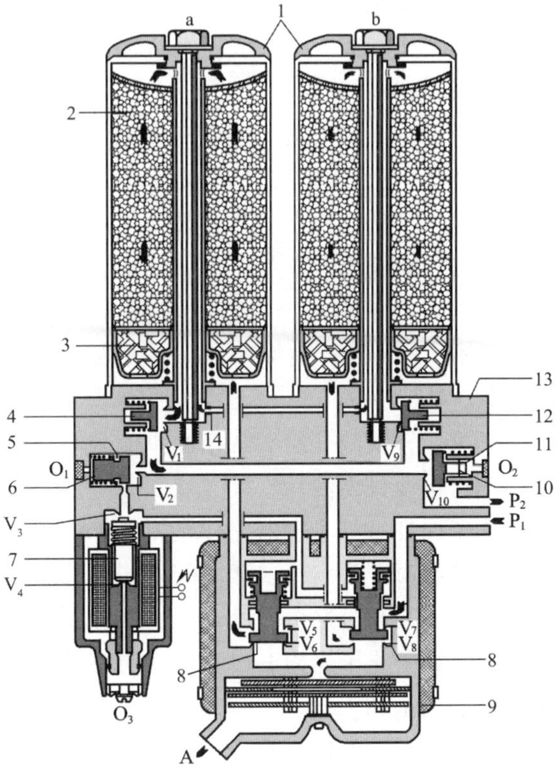

图 6-21 双塔式空气干燥器的内部结构
（干燥筒 a 为干燥工况，干燥筒 b 为再生工况）

1-干燥筒（a、b）；2-吸附剂；3-油水分离器；4、12-单向阀；5、10-克诺尔 K 形环；6-预控制阀；7-电磁阀；8-双活塞阀；9-隔热材；11-旁通阀；13-干燥器座；14-再生节流孔；A-排泄口；$O_1 \sim O_3$-排气口；P_1-进气口；P_2-出气口；$V_1 \sim V_{10}$-阀座

2. 作用过程

干燥筒 a 处于吸附工况，干燥筒 b 处于再生工况。相当于处在图 6-22 所示工作循环的前 $T/2$。循环控制器控制电磁阀，当电磁阀得电时，开启阀 V_3；从干燥后的压力空气中部分分流出来的用于控制的压力空气，通过打开的阀 V_2 和阀 V_3 后，到达双活塞阀。预控制阀用来防止双活塞阀动作时处于中间位置；阀 V_2 则是在双活塞阀需要的"移动压力"达到时才打开。这个"移动压力"推动双活塞阀的两个活塞克服各自的弹簧力，使右活塞移到顶部，而左活塞则移到底部，因此导致阀 V_5 及阀 V_8 的开启。其工作流程如下：

空气压缩机输出压力空气→进气口 P_1→阀 V_5→干燥筒 a 中油水分离器、吸附剂→干燥筒 a 中心管由此分两路：一路到单向阀 V_1→旁通阀 V_{10}→出气口 P_2→总风缸；另一路到再生节流孔→干燥筒 b

■ 再生工况 □ 吸附工况

图 6-22 一个工作循环示意图
a、b-干燥筒；T-工作循环

中吸附剂、油水分离器→阀 V_8→消声器→排泄口 A→大气。

这样，干燥筒 a 对空气压缩机输出压力空气进行油水分离和干燥，干燥筒 b 则对吸附剂再生及排出油污。

当干燥筒 a 中吸附剂达到饱和极限后，两个干燥筒转换工作状态，此时为图 6-22 所示的后 $T/2$ 时间，即电磁阀失电，阀 V_3 关闭而阀 V_4 开启。连通双活塞阀，控制压力空气排至大气，双活塞阀在各自弹簧力作用下复位，结果阀 V_6 及 V_7 开启。其工作流程如下：

空气压缩机输出压力空气→进气口 P_1→阀 V_7→干燥筒 b 中油水分离器、吸附剂→干燥筒 b 中心管再分两路：一路到单向阀 V_9→旁通阀 V_{10}→出气口 P_2→总风缸；另一路到再生节流孔 14→干燥筒 a 中心管→干燥筒 a 中吸附剂、油水分离器→阀 V_6→消声器→排泄口 A→大气。

结果，干燥筒 b 对空气压缩机输出的压力空气进行油水分离和干燥，而干燥筒 a 则对吸附剂再生及排出油污。

为了保证空气干燥器工作的准确性，空气干燥器内部要求达到一定的"移动压力"时，预控制阀才开启，双活塞阀才能够移动到位。旁通阀保证"移动压力"迅速建立，当压缩空气压力超过这个"移动压力"之后，才能打开旁通阀，使压力空气流向总风缸。这种设置也可防止干燥筒 b 出现干燥时间的延长（不能迅速转换工作状态），而使其中的吸附剂产生过饱和。

两个单向阀的作用是防止当空气压缩机不工作时压力空气逆流。

(三) 循环控制

循环控制器在空气压缩机启动的同时，也开始工作，它根据规定的程序控制电磁阀的开关时间；从而控制双干燥筒工作循环，每 2min 转换一次工作状态。

当空气压缩机停止工作或空转时，循环控制器记忆下实际的循环状态；当空气压缩机重新启动后，循环控制器从原有的状态上执行控制，这样就可以保证吸附剂充分地再生，并保证吸附剂不会因工作循环的重新设置而产生过饱和。

如果循环控制器或电磁阀出现故障，空气压缩机输出的压力空气仍可以通过干燥器中的一个干燥筒干燥，保证压力空气的供给。

课题四 基础制动装置

空气制动系统中的制动执行装置，通常被称为基础制动装置。所有空气制动力均是通过基础制动装置产生的。根据制动方式的不同，基础制动装置主要有闸瓦制动装置和盘形基础制动装置两种形式。城市轨道交通车辆闸瓦制动装置普遍采用单元制动器；盘形基础制动装置为盘形制动单元。基础制动装置的用途是把作用在制动缸活塞上的压缩空气的推力，扩大适当倍数后，再平均传到闸瓦或闸片上，使闸瓦压紧车轮踏面或使闸片压紧制动盘，从而达到制动的目的。

一、闸瓦及踏面制动单元

(一) 闸瓦

城市轨道交通车辆上使用的闸瓦可分为铸铁闸瓦、合成闸瓦和粉末冶金闸瓦三种。

1. 铸铁闸瓦

铸铁闸瓦可分为中磷铸铁闸瓦和高磷铸铁闸瓦两种。其中,中磷铸铁闸瓦的含磷量为 0.7%~1.0%,高磷铸铁闸瓦的含磷量为 10% 以上。

2. 合成闸瓦

合成闸瓦是由树脂(包括活性树脂)或橡胶、石棉、石墨、铁粉、硫酸钡等材料,以一定的比例混合后热压而成的,如图 6-23 所示。

3. 粉末冶金闸瓦

目前城市轨道交通车辆中大多采用合成闸瓦,但合成闸瓦的导热性较差,因此也有采用导热性能良好,且具有较好的摩擦性能的粉末冶金闸瓦。粉末冶金闸瓦如图 6-24 所示。

图 6-23　合成闸瓦

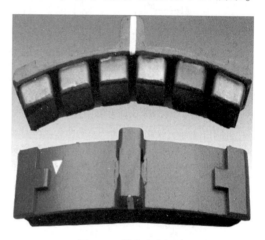

图 6-24　粉末冶金闸瓦

(二) PC7Y 型及 PC7YF 型踏面单元制动器

德国克诺尔公司生产的踏面制动单元有两种形式:一种是不带弹簧停放制动器的 PC7Y 型踏面单元制动器,另一种是带弹簧停放制动器的 PC7YF 型踏面单元制动器。

1. 组成

(1) PC7Y 型踏面单元制动器不带弹簧停放制动器,主要由制动缸体、传动杠杆、缓解弹簧、制动缸活塞、扭簧、闸瓦、闸瓦间隙调整器、闸瓦托、闸瓦托吊、闸瓦托复位弹簧和手支杠杆及其安装枢轴等组成,如图 6-25 所示。

(2) PC7YF 型踏面单元制动器,是在 PC7Y 型的基础上增加了一个用于停车制动的弹簧制动器,它主要由停车缓解风缸、缓解活塞、缓解活塞杆、螺纹套筒、停放制动弹簧、缓解拉簧、停放制动杠杆等组成,如图 6-26 所示。

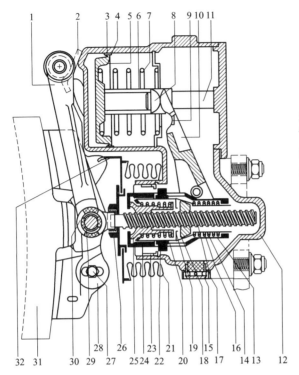 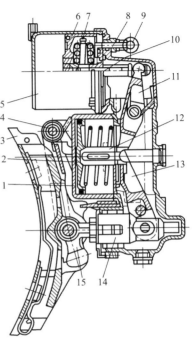

图 6-25　PC7Y 型踏面单元制动器（不带弹簧停车制动器）
（部分元件未标示）

1-吊杆；2-扭簧；3-活塞涨圈；4-滑动环；5-活塞；6-活塞杆；7-缓解弹簧；8-止推片；9-凸头；10-杠杆；11-导向杆；12-制动缸体；13-闸调器外壳；14-压紧弹簧；15-滤尘器；16-离合器套；17-主轴；18-调整螺母；19、20-轴承；21-波纹管；22-引导螺母；23-止环；24-调整弹簧；25-止推螺母；26-回程螺母；27-摩擦联轴节；28-闸瓦托；29-销；30-主轴鼻子；31-闸瓦；32-波纹管安装座

图 6-26　PC7YF 型踏面单元制动器
（带弹簧停车制动器）

1-制动缸；2-制动活塞；3-闸瓦托；4-吊销；5-缓解风缸；6-缓解活塞；7-停放制动弹簧；8-螺纹套筒；9-缓解拉簧；10-缓解活塞杆；11-停放制动杠杆；12-制动缸活塞杆；13-制动杠杆；14-闸瓦间隙调整器；15-闸瓦托吊

2. 工作原理

（1）当列车制动时，制动缸充气，在压力空气的作用下，制动缸活塞压缩缓解弹簧右移，活塞杆推动制动杠杆，而制动杠杆的另一端则带动闸瓦间隙调整器向车轮方向推动闸瓦托及闸瓦，使闸瓦紧贴车轮踏面。

（2）当列车处于缓解状态时，制动缸排气，这时闸瓦及闸瓦托上所受到的推力被撤除，在制动缸缓解弹簧及闸瓦托吊杆上端头的扭簧的反弹力作用下，闸瓦及活塞等机构复位。

（三）PEC7 型和 PEC7F 型单元制动机

1. 结构

PEC7 型单元制动机（不带弹簧停放制动器）如图 6-27 所示。PEC7F 型单元制动机（带弹簧停放制动器）如图 6-28 所示。PEC7 型单元制动机基础部件如图 6-29 所示。PEC7

型单元制动缸结构如图 6-30 所示。

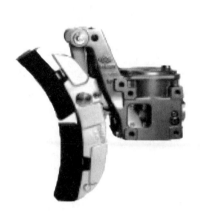

图 6-27 PEC7 型单元制动机
（不带弹簧停放制动器）

图 6-28 PEC7F 型单元制动机
（带弹簧停放制动器）

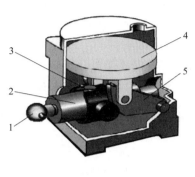

图 6-29 PEC7 型单元制动机基础部件
1-球形轴头；2-间隙调整装置；3-万向节；4-活塞；5-凸轮盘

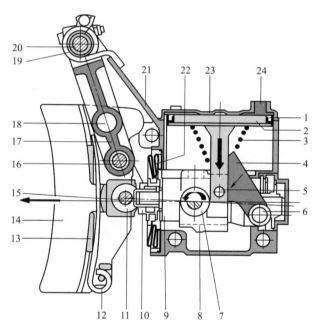

图 6-30 PEC7 型单元制动缸结构
1-活塞密封环；2-活塞；3-活塞回程弹簧；4-凸轮盘；5-活塞销；6-轴承销；7-凸轮滚子；8-推力环；9-调整机构；10-复位六角头；11-球形杆头；12-制动闸瓦楔座；13-闸瓦托；14-制动闸瓦；15-连接销；16-力矩销；17-吊耳；18-摩擦构件；19-扭转弹簧；20-吊耳销；21-机箱；22-波纹管；23-气缸盖；24-供风接口

2. 工作原理

（1）制动施加。

压缩空气通过气孔进入制动缸，活塞压缩活塞回程弹簧，通过活塞杆使凸轮盘逆时针转动。凸轮盘沿着凸轮滚子转动并将整个调节机构、主轴和闸瓦托一起向前推，当闸瓦与轮对接触时，制动力就产生了。调节机构由球形杆头和推力环固定，这样可使力平均分布到两个凸轮滚子上，并防止在调节机构的主轴上形成弯矩。

（2）制动缓解。

制动缸排气，复位弹簧推动活塞上移，通过活塞销使凸轮盘顺时针方向转动，调节机构在其内部弹簧的作用下回移（右移），吊耳在扭簧作用下逆时针转动，闸瓦回移离开车轮踏面，制动缓解。闸瓦托由一个装有弹簧的壳形联轴节和摩擦构件固定在吊耳上与轮对平行的位置。这样设置可防止在缓解制动时，闸瓦只在一端摩擦引起列车倾斜。

二、盘形基础制动装置

盘形基础制动装置具有结构紧凑、制动效率高、能有效地缩短制动距离、减轻踏面磨耗及检修工作量小等优点，在新型城市轨道交通列车上得到了广泛应用。盘形基础制动装置主要由制动盘、合成闸片、盘形制动单元等部件组成。

（一）制动盘

按照安装方式的不同分类，制动盘可分为轴盘式制动盘和轮盘式制动盘两种。轴盘式制动盘压装在车轴内侧，如图 6-31 所示。轮盘式制动盘根据车辆的空间安装在车轮的两侧或一侧，如图 6-32 所示。动车和机车的轮对上因车轴上装有牵引电动机和齿轮箱，制动盘一般只能安装在车轮上。

图 6-31　轴盘式制动盘　　　图 6-32　轮盘式制动盘

按摩擦面的配置不同分类，制动盘可分为单摩擦面制动盘和双摩擦面制动盘两种。

按盘本身的结构分类，制动盘可分为整体式制动盘和由两个半圆盘用螺栓组装而成的制动盘。

按材质不同分为铸铁、铸钢、铸铁-铸钢组合、锻钢、C/C 纤维复合材料、铝合金基复合材料等制动盘。一般动车组列车采用钢质制动盘。

（二）合成闸片

合成闸片采用复合材料，一个制动夹钳上安装 4 小片制动闸片，两片制动闸片组成一块安装在一侧，闸片呈扇形，一块组合的闸片上设计 3 条或 5 条放射槽，用于闸片散热及排出闸片磨耗后的微小尘粒。合成闸片的两种形状如图 6-33 所示。闸片厚度为 35mm，重 3.6kg，可磨耗厚度为30mm，在距离闸片钢背5mm处设有磨耗到限标志，以方便日常磨耗检查。

图6-33 合成闸片的两种形状

（三）盘形制动单元

下文以WZK型盘形制动单元为例加以说明。

WZK型盘形制动单元是德国克诺尔公司生产，为气动控制，与安装在轮对上的制动盘共同作为摩擦制动副使用。WZK型盘形制动单元为紧凑型基础制动装置，体积小，适用于安装空间较小的转向架。制动夹钳与转向架通过4个螺栓安装固定，不需要安装盘或支架。WZK型盘形制动单元分为不带停放制动器的盘形制动单元和带停放制动器的盘形制动单元两种。

（1）WZK型不带停放制动器的盘形制动单元的基本结构如图6-34所示。WZK型不带停放制动器的盘形制动单元用于执行列车常用制动、快速制动和紧急制动的气制动功能。它主要由气缸及腔体、间隙调整器、制动杆和制动闸片及其支架组成。

（2）WZK型带停放制动器的盘形制动单元与不带停放制动器的基本结构如图6-35所示。WZK型带停放制动器的盘形制动单元在原来的结构基础上增加了停放制动缸与手动缓解齿轮，常用制动的施加过程与WZK型不带停放制动器的盘形制动单元一致，停放制动执行充气缓解、排气施加原则，手动缓解齿轮，可以在停放制动故障或需要在车底缓解停放制动情况下手动缓解。

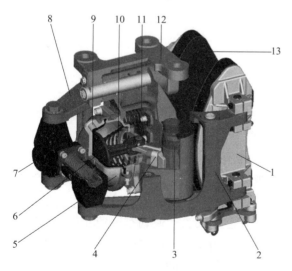

图6-34 WZK型不带停放制动器的盘形制动单元的基本结构
1-闸片支架；2、8-钳形杆；3-偏心轴；4-控制杆；5-气缸；6-活塞；7-间隙调整器；9-气管接口；10-缓解弹簧；11-调节弹簧；12-支架；13-闸片

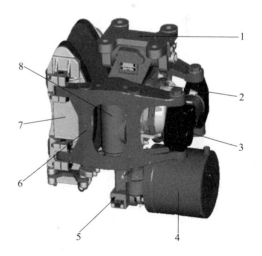

图6-35 WZK型带停放制动器的盘形制动单元的基本结构
1-支架；2-气缸；3-间隙调整器；4-停放制动缸；5-手动缓解齿轮；6-钳形杆；7-闸片支架；8-外壳

课题五 动力制动系统

一、动力制动

动力制动又叫电制动，它是车辆在常用制动下的优先选择，仅带驱动系统的动车具有动力制动。动力制动又有再生制动和电阻制动两种形式。动力制动具有独立的滑行保护和载荷校正功能。为此，每节动车装备包括：1 个三相调频调压逆变器，1 个牵引控制单元，1 个制动电阻，4 个自冷式三相交流电动机 M_1、M_2、M_3、M_4（每轴一个，相互并联）。

（一）再生制动

当发生常用制动时，电动机 M 变成发电机状态运行，将车辆运行的动能转变成电能，经牵引逆变器中组成的桥式整流电路整流成直流电反馈于接触网，供列车所在接触网供电区段上的其他车辆牵引用和供给本车的其他系统（如辅助系统等），此即再生制动。再生制动的基本原理图如图 6-36 所示。

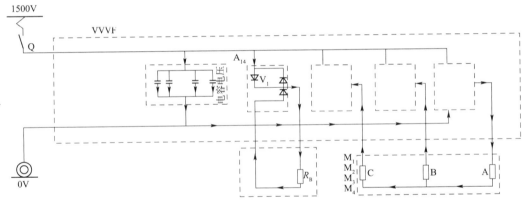

图 6-36 再生制动的基本原理图
VVVF-牵引逆变器；A_{14}-斩波器模块；R_B-制动电阻

再生制动取决于接触网的接收能力，即取决于网压高低和负载利用能力。以上海轨道交通 2 号线为例，接触网额定电压为 1500V，车辆最大运行速度为 80km/h，实际运行过程中制动初速度约为 70km/h。当列车进站前开始制动时，列车停止从接触网受电，电动机改为发电机工况，将列车运行的动能转换为电能，产生制动力，使列车减速。设接触网额定电压为 U，当满足以下两个条件时列车可以实行再生制动并向接触网反馈电能：①接触网电压在 $1 \sim 1.2U$（理论值，对应于上海轨道交通 2 号线为 1500~1800V）范围内；②再生电能必须由一定距离内的其他列车吸收。城市轨道交通车辆制动原理示意图如图 6-37 所示。当车辆 2 距离车辆 1 足够近且接触网电压在 1500~1800V 范围内时，车辆 2 可以吸收车辆 1 所产生的反馈电能，从而使车辆 1 产生再生制动。当接触网电压过压、欠压或一定距离内无其他车辆吸收反馈能量时，通过车辆牵引控制单元切断向接触网反馈的电能，再生制动不能实现，此时列车会自动切断反馈电路，实施电阻制动。当车辆运行速度小于 8km/h 时，利用压缩空气作为动力源，对车辆实施机械制动，直至列车停止。当接触网为 25kV 的单相交流电时，再生制动的工作原理为：当进行电制动时，电动机转变成发电机，发电机发出的三相交流电由 MCM 转换为单相交流电，再由主变压器变压后经受电弓回馈到电网，由正在牵引运行的其他电动车组接收和利用。

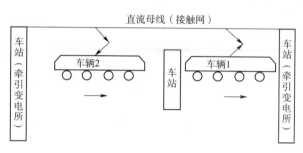

图 6-37　城市轨道交通车辆制动原理示意图

（二）电阻制动

如果在动力制动的情况下，能量不能被电网完全吸收，多余的能量必须转换为热能消耗在制动电阻上，否则电网电压将抬高到不能承受的水平。制动斩波器的存在确保大部分的能量能反馈回电网的同时，又保护了电网上的其他设备。

如果制动列车所在的接触网供电区段内无其他列车吸收该制动能量，牵引逆变器则将能量反馈在线路电容上，使电容电压迅速上升，当电容电压达到最大设定值 1800V 时，驱动控制单元启动能耗斩波器模块 A_{14} 上的门极可关断晶闸管 V_1，门极可关断晶闸管打开制动电阻 R_B，制动电阻 R_B 与电容并联，将电动机上的制动能量转变成电阻的热能消耗掉，即电阻制动（又称能耗制动），电阻制动能单独满足常用制动的要求。电阻制动原理图如图 6-38 所示。目前城市轨道交通列车上使用的电阻制动斩波器是绝缘栅双极型晶体管（insulated gate bipolar transistor，IGBT），不再使用晶闸管。

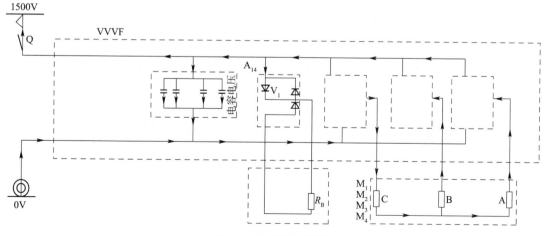

图 6-38　电阻制动原理图

电阻制动是承担电动机电流中不能再生的那部分制动电流。再生制动电流加电阻制动电流等于制动控制要求的总电流，此电流受电动机电压的限制。再生制动与电阻制动之间的转换由驱动控制单元控制，能保证它们连续交替使用，转换平滑，变化率不能为人所感受到。当列车处于高速时，动车采用再生制动，将列车动能转换成电能；当再生制动无法再回收时（如当网压上升到 1800V 时），再生制动能够平滑地过渡到电阻制动。

二、列车再生制动能量吸收与利用

（一）电阻耗能型

电阻耗能型再生制动能量吸收装置主要采用多相 IGBT 斩波器和吸收电阻配合的恒压吸收方式，根据再生制动时直流母线电压的变化状态调节斩波器的导通比，从而改变吸收功率，将直流电压恒定在某一设定值的范围内，并将制动能量消耗在吸收电阻上。电阻耗能型再生制动能量吸收装置由 IGBT 斩波器、吸收电阻 R_D、续流二极管 D、滤波装置（滤波电容 C 和滤波电抗器 L）、直流快速断路器、电动隔离开关等组成。电阻耗能型再生制动能量吸收装置接线示意图如图 6-39 所示。

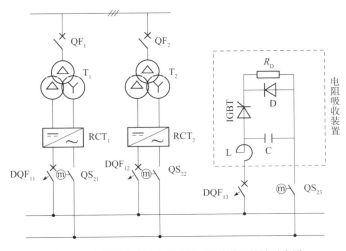

图 6-39　电阻耗能型再生制动能量吸收装置接线示意图

（二）电容储能型

电容储能型再生制动能量吸收装置主要采用 IGBT 斩波器将列车的再生制动能量吸收到大容量电容器组中，当供电区间内有列车处于启动、加速阶段需要取流时，再将电容器组所储存的电能释放出去并进行再利用。该装置由储能电容器组、IGBT 斩波器、直流快速断路器、电动隔离开关、传感器和计算机控制单元等组成。电容储能型再生制动能量吸收装置接线示意图如图 6-40 所示。

由于电容储能型再生制动能量吸收装置是一个大容性设备，有储能（储存车辆再生电能）和稳压（稳定牵引网压）两种工作模式，这两种工作模式可以自动切换。

1. 储能模式

当电容储能型再生制动能量吸收装置工作在储能模式，车辆制动且再生能量不能被其他车辆吸收时，电容组充电，吸收车辆再生电能，将列车制动能量存储在储能装置中，可以减少车辆使用空气制动频率；在牵引变电所附近车辆需要通过牵引网取电时，释放存储的电能，为车辆提供牵引用电，从而可以减小牵引变电所输出功率，减小牵引供电用电量，达到节约电能和减少能源消耗的目的。

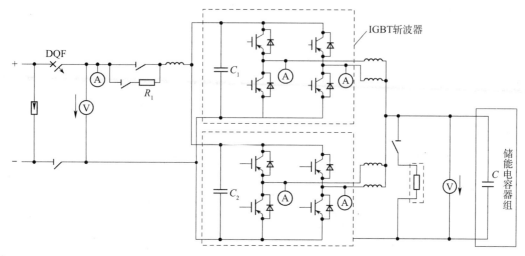

图 6-40　电容储能型再生制动能量吸收装置接线示意图

当电容储能型再生制动能量吸收装置工作在储能模式时，储能量在大部分时间都处于低水平，以备随时吸收车辆的制动能量。

2. 稳压模式

当电容储能型再生制动能量吸收装置工作在稳压模式时，可以通过车辆的再生制动能量快速充电，在没有车辆制动的情况下，也可以通过牵引变电所中的直流供电设备慢速充电；在牵引网电压较低时，释放储存电能，以稳定牵引网电压，从而起到提高牵引供电质量的作用，避免网压过低造成车辆欠压保护动作，影响正常行车。

当电容储能型再生制动能量吸收装置工作在稳压模式时，储能量在大部分时间都处于高水平，只有当检测到牵引网电压低于规定的下限时，才向牵引网释放储存的电能。

（三）飞轮储能型

飞轮储能型再生制动能量吸收装置通过对牵引变电所直流空载电压、母线电压的跟踪判断，确定是否有列车在再生制动，且再生电能不能完全被本车辅助设备和相邻车辆吸收。当判断牵引变电所附近列车有再生电能需要吸收时，飞轮加速转动，储存能量；当判断牵引变电所附近有列车启动牵引用电时，飞轮转速降低，作为发电设备向牵引网反馈电能。该装置除具有电能吸收功能外，还具有稳压功能，即通过检测运行状态，在牵引网电压较高时吸收电能，在牵引网电压较低时释放电能，稳定电压。

该装置由储能飞轮电动机、IGBT 斩波器、直流快速断路器、电动隔离开关、传感器和计算机控制单元等组成，直接连接在牵引变电所正负母线或牵引网和回流轨间。飞轮储能型再生制动能量吸收装置接线示意图如图 6-41 所示。

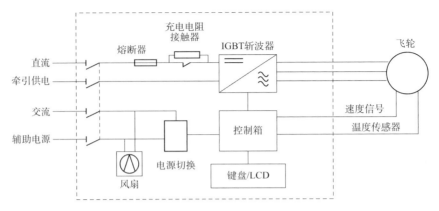

图 6-41　飞轮储能型再生制动能量吸收装置接线示意图

(四) 逆变回馈型

逆变回馈型再生制动能量吸收装置主要采用电力电子器件构成大功率晶闸管三相逆变器，该装置由晶闸管逆变器 RCT_3、逆变变压器 T_3、平衡电抗器 L、交流断路器 QF_3、直流快速断路器、电动隔离开关、直流电压变换器 UT 和调节控制柜等部分构成。逆变回馈型再生制动能量吸收装置接线示意图如图 6-42 所示。该逆变器的直流侧与牵引变电所中的整流器直流母线相连，其交流进线接到交流电网上；当再生制动使直流电压超过规定值时，逆变器启动并从直流母线吸收电流，将再生直流电能逆变成工频交流电回馈至交流电网。

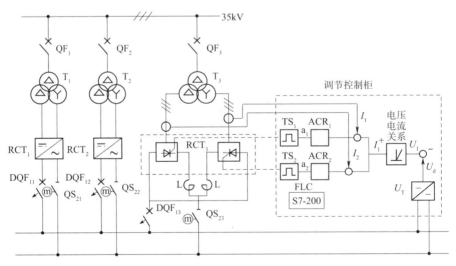

图 6-42　逆变回馈型再生制动能量吸收装置接线示意图

调节控制柜中设有反映牵引网 U_d 和逆变电流 I_1、I_2 形成并转换为直流电压 U_1 的电压变换器。当牵引网有列车再生能量反馈，U_d 增大超过规定值时，启动脉冲发生器工作并输出触发脉冲 TS_1、TS_2 等，从而使 RCT_3 导通，逆变器开始反馈。U_1 的作用是利用逆变器导通后，将逆变电流产生的 U_1 和 U_d 同时加至脉冲发生器的启动电路环节，以保证 U_d 波动时逆变器工作的可靠性。

课题六　EP2002 制动系统

EP2002 制动系统是德国克诺尔公司生产的轨道车辆制动系统，为电气模拟指令式制动系统。EP2002 制动系统在我国城市轨道交通车辆上得到了广泛应用，是典型的架控式制动系统，其核心部件为 EP2002 阀，负责空气制动系统的控制、监控和车辆控制系统的通信。它采用模块化设计理念，一个 EP2002 阀控制一个转向架。EP2002 阀是一种小型化的制动单元，能够实现电空常用制动、紧急制动、每根轴上的车辆防滑控制、系统诊断和其他控制和检测功能。

一、EP2002 制动系统的组成

EP2002 制动系统主要由 EP2002 阀、制动控制模块以及其他辅助部件组成，其核心部件是 3 个机电一体化的电磁阀，即网关阀［又叫先导阀（Gateway Valve）］、智能阀（Smart Valve）和远程输入/输出阀（RIO 阀）。网关阀和 RIO 阀外形如图 6-43 所示；智能阀外形如图 6-44 所示；EP2002 阀的安装如图 6-45 所示；EP2002 阀各接口如图 6-46 所示。

图 6-43　网关阀和 RIO 阀外形　　图 6-44　智能阀外形　　图 6-45　EP2002 阀的安装

a）网关阀和RIO阀接口　　　　　　　　b）智能阀接口

图 6-46　EP2002 阀各接口

SK1-CAN/PAL 总线；PL1-测速；PL2-电源；PL3-数字 I/O；SK2-模拟 I/O；PL4-MVB

网关阀、智能阀、RIO 阀分别装在其所控制的转向架上（每个转向架对应一个阀），3个阀通过一个专用的 CAN 总线连接在一起。

二、EP2002 阀的结构

一个 EP2002 阀就相当于一般空气制动系统中的电子制动控制单元与制动控制单元的组合。此外，EP2002 阀还具有网络通信功能。根据架控的需要，装备了 EP2002 制动系统的列车，每节车均装有两个 EP2002 阀，分别安装在其控制的转向架附近的车体底架上。所有的 EP2002 阀上都带有多个压力测试接口，可以方便地测量储风缸压力、制动机风缸压力、车辆载荷压力以及停放制动缸压力等。EP2002 阀内部结构如图 6-47 所示。EP2002 阀气动部件如图 6-48 所示。

图 6-47　EP2002 阀内部结构

1-制动控制单元卡；2-模拟卡；3-总线耦合器（"通信"）卡；4-本地控制卡；5-电源卡；6-反馈传感器；7-继动阀；8-先导控制提升阀

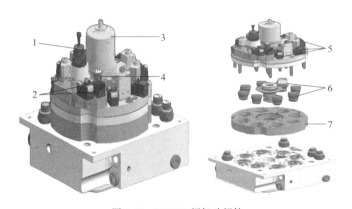

图 6-48　EP2002 阀气动部件

1-次级调节器；2、5-电磁阀；3-主调节器；4-反馈传感器；6-先导活塞阀；7-阀体

（一）网关阀

网关阀内部结构如图 6-49 所示。网关阀比 RIO 阀多了一块电子控制板——网络通信板。网关阀具有 RIO 阀和智能阀的所有功能，并将常用制动压力要求分配至所有装在本地 CAN 网络中的 EP2002 阀门。网关阀也可以提供 EP2002 控制系统与列车控制系统的连接。

EP2002网关阀可以按要求定制,以连接 MVB、LON、FIP 和 RS485 通信网络或者传统列车线缆和模拟信号系统。

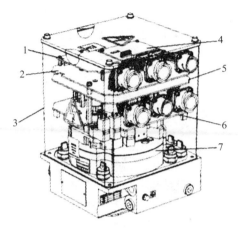

图 6-49 网关阀内部结构

1-模拟输入/输出板;2-制动控制单元板;3-外罩壳;4-网络通信板;5-本车制动控制板;6-电源板;7-气动阀

在 EP2002 制动系统中,一个 EP2002 网关阀中的制动要求分配功能可以将 SB 制动力要求分配至列车装有的所有制动系统,以达到司机/ATO 要求的制动力。网关阀的输入/输出(I/O)接口状况如图 6-50 所示。

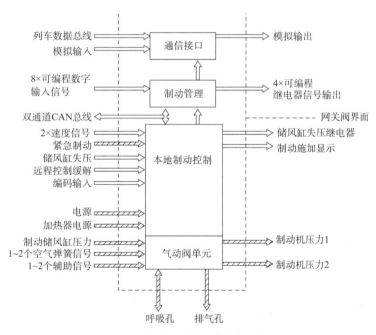

图 6-50 网关阀的输入/输出接口状况

(二)智能阀

智能阀内部结构如图 6-51 所示。智能阀是一个"机电 EP"装置,其中包括一个电子控制段(本地控制卡),该电子控制段直接装在一个称为气动阀单元的气动伺服阀上。起控制作用的 EP2002 网关阀通过 CAN 总线传达制动要求，每个阀门据此控制着各自转向架上制动调节器内的制动缸压力。该设备通过转向架进行常用制动和紧急制动控制，同时通过车轴进行车轮防滑保护控制。阀门受软件和硬件的联合控制与监控，并可以检测潜在的危险故障。结合使用各车轴产生的车轴速度数据和其他阀门通过专用 CAN 总线传来的速度数据即可进行车轮防滑保护。智能阀的 I/O 接口状况如图 6-52 所示。

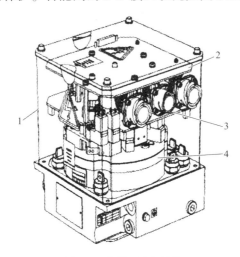

图 6-51 智能阀内部结构

1-外罩壳；2-本车制动控制板；3-电源板；4-气动阀

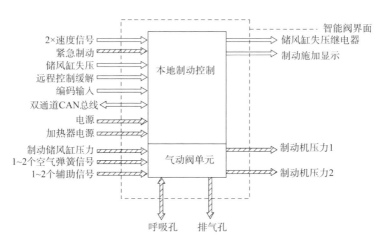

图 6-52 智能阀的 I/O 接口状况

由 I/O 关系可以看出，智能阀的主要功能有以下几方面：
（1）常用制动时根据转向架的负载对输出制动压力进行调整并输出制动机压力。
（2）紧急制动时根据转向架的负载对输出制动压力进行调整并输出制动机压力。
（3）对每个轮对的滑行进行保护（防滑保护控制）。
（4）制动应用显示。
（5）储风缸失压时向继电器输出断开信号。
（6）通过 CAN 总线向网关阀报告本车故障监视情况。

(三) RIO 阀

RIO 阀内部结构如图 6-53 所示。它比智能阀多了 2 块电子控制板，即制动控制单元板和模拟输入/输出板。RIO 阀除具有智能阀的所有功能外，还可以通过制动控制单元板和硬线与其控制的转向架上的牵引控制单元通信，使电制动和空气制动协调工作。

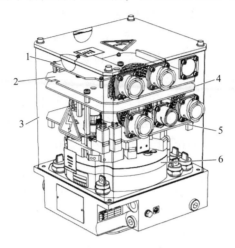

图 6-53　RIO 阀内部结构
1-输入/输出板；2-制动控制单元板；3-外罩壳；4-本车制动控制板；5-电源板；6-气动阀

RIO 阀与网关阀有着相同的 I/O 接口，但并不进行制动控制运算，而且没有安装网络接口卡。可编程的输入被 RIO 阀读取，然后通过 EP2002 双通道 CAN 总线传至主网关阀。RIO 阀的可编程输出状态由主网关阀控制。RIO 阀的 I/O 接口状况如图 6-54 所示。

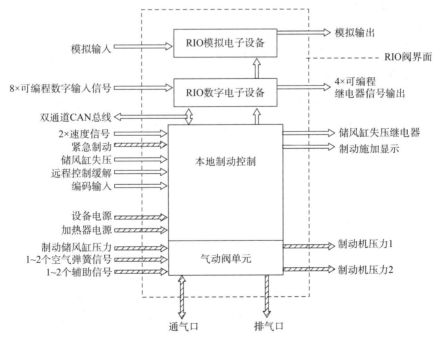

图 6-54　RIO 阀的 I/O 接口状况

（四）设备结构

（1）设备外壳。外壳为阳极氧化铝重载挤出成型。外壳可以保护内部电子部件与外部工作环境隔离并为设备提供 IP66 级密封。

（2）气动阀单元。该气动伺服单元由本地制动控制卡发出指令，用于控制进行常用制动、紧急制动和车轮防滑保护的各车轴上的制动缸压力。

（3）供电单元卡。供电单元卡接收所输入的蓄电池供电和加热器供电。蓄电池供电经调控后在内部被传送至设备内的其他电子元件卡上。加热器供电则被传输至加热器单元，使其可以在极低温度下进行工作。

（4）本地制动控制卡。本地制动控制卡根据主网关单元通过专用 CAN 总线传达的制动要求来控制气动阀单元以进行常用制动、紧急制动和车轮防滑保护。

（5）制动控制单元卡。制动管理卡仅安装在 EP2002 网关阀中，包括对整列列车进行制动管理的所需功能，同时支持可配置的 I/O 端口。如果使用主网关阀，则制动管理功能激活并且与所有其他的智能阀和网关阀通过 CAN 总线建立通信。如果未使用主网关阀而仍使用一个普通网关阀，则制动控制单元卡将作为一个 RIO 阀工作，可以允许直接进入制动 CAN 总线而无须直接发送线缆信号至主网关阀。

（6）可选网络 COmmS 卡：可选择的网络通信卡仅安装在 EP2002 网关阀中。此卡符合 MVP、FIP、LON 和 RS485 接口标准（一个通信卡对应一种协议标准）。通信连接可用于控制和诊断数据传输。

（7）可选择的模拟 I/O 卡：可安装到各种型号的网关阀和 RIO 阀上以提供进行常用制动控制所需的模拟信号。

（五）EP2002 阀的气动结构

位于各种型号的网关阀、智能阀和 RIO 阀中的 EP2002 阀气动段均相同，并且被视作气动阀单元。其功能区域可分为下列组别。EP2002 阀的气动结构如图 6-55 所示。

1. 主调节器——继动阀

继动阀不仅负责调节装置的供风压力并将其降低至一个按负载增减的紧急制动压力的水平，还负责在电子负载系统出现故障时，提供机械系统产生的最小紧急制动压力。

2. 次级调节器

次级调节器位于主调节器上游，负责将供给制动缸的压力限定在最大紧急制动压力。

3. 负载单元

负载单元用于向主调节器——继动阀提供一个按负载增减的紧急制动控制压力。此控制功能一直保持激活状态并与空气悬挂系统压力成一定比例。

4. 制动缸压力调节

制动缸压力调节功能负责从主调节器处接收输出压力并进一步将其调节至常用制动所要求的制动缸压力等级。在进行车轮防滑保护时，制动缸压力调节段同样负责对制动缸压力进行气动控制。

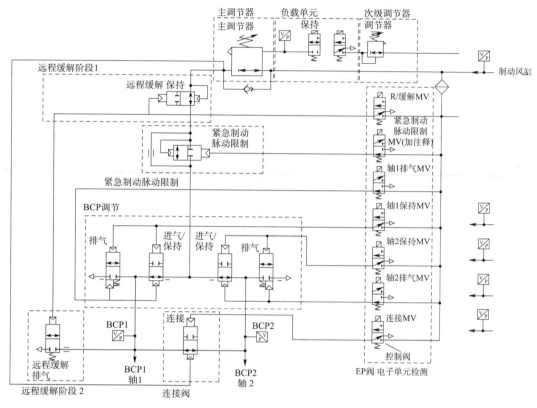

图 6-55 EP2002 阀的气动结构

5. 连接阀

连接阀可以使制动缸压力输出以气动方式汇合或分开。在常用制动控制或紧急制动控制时，两个制动缸压力输出汇合以通过转向架进行控制。在经车轴进行车轮防滑保护的系统上，当防滑保护装置动作时，两车轴互相被气动孤立，每个车轴上的制动缸压力都通过制动缸压力调节段得到独立控制。

6. 远程缓解

远程缓解功能可作为 EP2002 阀功能的一个组成部分，可以使用，也可以不使用。当远程缓解输入得电时，供风压力被隔离，制动缸经阀门的输出被排向大气。EP2002 制动系统还具有一个硬件互锁，可以在出现紧急制动要求时防止 EP2002 阀被远程缓解。

7. 紧急制动脉动限制

紧急制动脉动限制可以使用，也可以不使用。如果不使用，将气路中的紧急制动脉动限制电磁阀换成一块孔板。

三、EP2002 制动系统网络结构

网关阀、智能阀、RIO 阀三个核心部件，可以通过多种方法安装在一起，以满足系统可用性要求和成本要求。但不管系统有何要求，在构建 EP2002 制动系统网络结构时都必

须遵从下列规定：①CAN 网络中必须至少有一个 EP2002 网关阀来执行制动管理功能（主网关阀）；②主网关阀将制动信息发送至一个 CAN 总线段中的 EP2002 智能阀，或从智能阀处获取制动信息；③CAN 总线段的长度可为 2～10 个转向架之间的任意值（1～5 节车厢），诸如紧急制动线和远程缓解功能一类的硬连线安全输入分别进入各网关阀、RIO 阀和智能阀。在对智能阀要求更多 I/O 时则使用 RIO 阀。目前，应用较多的有以下两种网络结构。

（一）半列车 CAN 总线网络结构

半列车 CAN 总线网络结构是将半列车所有的 EP2002 阀用 CAN 总线相连，并由 B 车和 C 车上的两个网关阀通过 MVB 或其他总线与列车控制系统进行通信。其中，一个网关阀被定义为主网关阀，另一个网关阀被定义为从网关阀。当主网关阀出现故障时，从网关阀会自动接管主网关阀的工作，保证系统的冗余性。如果 MVB 出现故障，网关阀则按默认状态工作。此外，CAN 总线由两对双绞线组成，具有较好的冗余性。半列车 CAN 总线网络结构如图 6-56 所示。

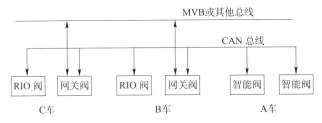

图 6-56　半列车 CAN 总线网络结构

在 B 车和 C 车上各设置一个 RIO 阀的目的：RIO 阀可通过硬连线与其控制的转向架上的牵引控制单元进行通信，使电制动和空气制动协调工作。这种方法不是唯一的，RIO 阀与本转向架牵引控制单元的通信工作也可以用网关阀与 MVB 或其他总线之间的通信代替，这样 B 车和 C 车上的 RIO 阀就可以用智能阀来代替。

（二）单节车 CAN 总线网络结构

单节车 CAN 总线网络结构是将每节车上的两个 EP2002 阀用 CAN 总线相连，并由每节车上的网关阀通过 MVB 或其他总线与列车控制系统进行通信，如果 MVB 出现故障，网关阀则按默认状态工作。单节车 CAN 总线网络结构如图 6-57 所示。

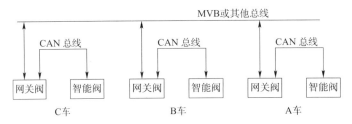

图 6-57　单节车 CAN 总线网络结构

从可靠性角度分析，半列车 CAN 总线网络结构中的从网关阀，可以作为主网关阀的备份，具有较好的冗余性，如果 CAN 总线在 A 车和 B 车之间断开，将导致 A 车的空气制动失效。如果单节车 CAN 总线网络结构中某节车的网关阀出现故障，则该节车的空气制动失效；如果某节车上的 CAN 总线断开，则一个转向架上的空气制动失效。由此可见，半列车 CAN 总线网络结构的可靠性略高于单节车 CAN 总线网络结构。

从经济角度分析，半列车 CAN 总线网络结构比单节车 CAN 总线网络结构少一个网关阀，多一个 RIO 阀或智能阀。单从 EP2002 阀的总价来看，单节车 CAN 总线网络结构比半列车 CAN 总线网络结构要高，但是考虑到半列车 CAN 总线网络结构所使用的总线更长，因此两者的成本基本相同。

（三）EP2002 制动系统的制动管理及工作逻辑

EP2002 制动系统如果采用单节车 CAN 总线网络结构，一般由列车的主车辆控制单元（VCU）来进行制动管理。除了紧急制动，主 VCU 会控制列车电制动与空气制动之间的制动力分配。制动力指令由列车总线发给主 VCU 和网关阀，主 VCU 连续循环计算列车所需制动力的大小，还要加减车辆的负载来最终确定总制动力。主 VCU 根据网压、电-气制动分配特性将总制动力分配给电制动控制单元和空气制动控制单元。同时，主 VCU 和网关阀之间还要通过列车总线和 CAN 总线进行一系列实际制动施加值的数据交换，使列车具有负载补偿功能和万一制动系统发生故障后的制动力合理分配。列车 EP2002 制动系统的制动管理及工作逻辑示意图如图 6-58 所示。

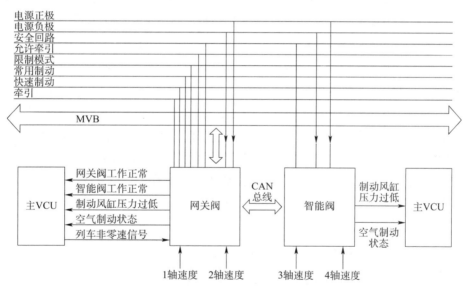

图 6-58　列车 EP2002 制动控制系统的制动管理及工作逻辑示意图

如果 EP2002 制动系统选用半列车 CAN 总线网络结构，也由列车的主 VCU 来管理制动。选择两个半列车 CAN 总线网络中的任何一个主网关阀作为整个列车的主网关阀，则另一个半列车 CAN 总线网络中的主网关阀可以作为备份。

四、EP2002 制动系统的控制过程和作用原理

（一）常用制动

在常用制动模式下，电制动控制单元和空气制动控制单元一般都处于激活状态，以便

电制动和空气制动之间的及时转换,优先采用电制动。常用制动具有冲击极限限制和防滑的功能。

每个 EP2002 阀测量本转向架的负载,并通过本车制动控制板传输数据到 CAN 总线。CAN 总线内的主网关阀通过 MVB 或其他总线与列车控制系统进行通信,根据列车控制数据和转向架负载为本车的每个转向架产生单独的、与负载信号相关的空气制动指令,再通过 CAN 总线将指令发给各个 EP2002 阀。上述过程考虑到了每个转向架的黏着限制情况,每个局部制动控制板通过气动阀和气动阀单元内的传感器反馈信号提供闭环空气制动控制。

(二)快速制动

当司机手柄处于快速制动挡时,快速制动被触发。快速制动与紧急制动的制动力相同,但是快速制动是可逆的(可撤销)。快速制动优先使用动力制动,当动力制动故障或不足时,可由空气制动来补充。快速制动有防滑保护和冲动限制,其工作原理与常用制动时相同。

(三)紧急制动

紧急制动是通过列车安全回路来控制的。紧急按钮被按下、列车超速、警惕按钮松开、车钩断钩和 ATP 系统的报警触发信号等都会触发列车紧急制动信号。紧急制动信号一经触发,列车安全回路中断,触发信号传输给列车控制单元和牵引控制单元。牵引控制单元中断牵引系统工作。紧急制动全部由空气制动承担,而且制动命令是不可自动恢复的,紧急制动有防滑保护,但不受冲动极限限制。

(四)停放制动

停放制动采用带弹簧制动器的单元制动机,利用释放弹簧储存的弹性势能来推动弹簧制动缸活塞,带动两级杠杆使闸瓦制动。停放制动的缓解则需要向弹簧制动缸充气,通过活塞移动使弹簧压缩,从而使制动缓解。这种单元制动机还具有手动缓解停放制动的功能。EP2002 阀将实时监控停放制动缸的空气压力。

(五)保压制动

1. 激活保压制动的条件

当城市轨道交通列车施加制动后,速度传感器检测到列车速度约为 0.5km/h 时(该速度值可加以调整),由 EP2002 阀激活保压制动,以防止列车溜车。保压制动可使 AW_3 (9 人/m^2)载荷的列车停放在最大坡度线上而不产生溜滑。

2. 缓解保压制动的条件

缓解保压制动的条件有以下几项:

(1)司机将主控制器手柄放在牵引位上,每个牵引系统将牵引力的实际值发送给列车主 VCU。

(2)主 VCU 计算列车牵引力实际值的总和。

(3)牵引力实际值的总和足以起动列车(不会引起列车后溜)。

(4) 主 VCU 向 EP2002 阀发出缓解保压制动信号。

空气制动状态信号将反馈给主 VCU，主 VCU 通过该信号确认制动是否缓解，如果空气制动在某一时间内没有缓解，则主 VCU 向各牵引系统发出中断牵引指令，并再次施加保压制动。

（六）防滑保护功能

轮对防滑保护系统采用轴控防滑方式，包括防滑电磁阀、测速齿轮、速度传感器和防滑电子控制单元，其中防滑电磁阀和防滑电子控制单元都集成在 EP2002 阀内。

轮对防滑保护系统通过控制制动力来检测和校正车轮滑行。安装于每根轴上的速度传感器用来监控轴速，这个信息共享于 CAN 区域内的 EP2002 阀。如果 EP2002 阀检测到车轮滑行，它将通过控制制动缸压力来校正该轴上的车轮滑行，当列车制动并且检测到滑行存在时，车轮防滑保护控制能独立控制每根轴制动力。以下两种检测车轮滑行的方法可用于确定低黏着情况的存在：

(1) 单一车轴的减速过量。

(2) 车轴与车轴最高转速之间出现的速度差异。

当由上述任意一条件检测到车轮滑行，则对应该转向架的 EP2002 阀将快速连通该轴制动缸与大气之间的通路，通过减小制动缸压力来消除滑行现象；同时，轮对防滑保护系统将定期执行地面速度检测，以便更新计算真实的列车速度。轮对防滑保护系统能根据轨道条件精确地控制滑行深度，这将改进后面车轮的黏着条件，在低黏着情况下使用最大制动力，同时确保没有车轮擦伤。当车轮防滑保护装置计算确定的黏着条件回到正常状态，轮对防滑保护系统将恢复到最初状态，地面速度检测将结束。

为了确保制动在延长期内不出现缓解，硬件监视器定时器电路会在持续保持超过 8s 和持续排气超过 4s 内监测阀门的状态。

每个车轴的减速检测是独立于其他车轴的，而且车轴之间的补偿也不会影响精确性，但该软件会使用从维护连接处输入的实际车轮尺寸信息来对每个车轴进行准确的减速检测。

此外，EP2002 制动系统还具有空气制动和停放制动状态检测、制动风缸压力过低检测、自测功能和故障记录等功能。

（七）低压力制动储风缸（可选）

EP2002 阀可以防止车轮防滑保护的动作将供风压力消耗到低于支持启用紧急制动的水平。每个 EP2002 阀都监控着供风压力，如果压力降至极限值以下，则 EP2002 进气阀和排气阀的车轮防滑保护控制都会由阀门控制器硬件进行本地隔离，并且 EP2002 阀的一个无电压输出口也会改变状态。EP2002 进气阀和排气阀的常用制动控制功能仍然保持激活状态。

（八）制动指示

当压力大于 0.4bar 时，无电压继电器输出进行指示。制动指令独立于 EP2002 制动系统。

项目六实训任务工单与阶段测试见本教材配套工作手册。

项目七

空调和制冷系统及采暖装置

学习导入

城市轨道交通车辆因乘客拥挤、空气污浊,必须配设通风装置,一般采用机械通风。在地面、高架并运行在较冷地区的车辆设有电热器,一般由供电线路直接供电。为改善乘客的舒适度,城市轨道交通车辆一般设有空调装置。常用的制冷方式有蒸气压缩式制冷、半导体制冷、吸收式制冷、蒸气喷射式制冷、涡流管制冷五种。在几种制冷方式中,蒸气压缩式制冷应用最为广泛。城市轨道交通车辆一般采用蒸气压缩式制冷,每节车厢有两台顶置空调机组、电气控制系统和风道系统,列车的每节客室车厢均构成一个完整的独立空调系统。

知识目标

1. 掌握城市轨道交通车辆空调制冷装置的组成和基本原理;
2. 了解制冷剂的特点及应用;
3. 掌握城市轨道交通车辆空调的系统控制。

能力目标

1. 能分析和说明城市轨道交通车辆空调系统的构成和主要设备的作用;
2. 能根据列车设备标识找到相应的空调和采暖设备;
3. 能处理简单的空调系统的故障。

建议学时

8 学时。

延展阅读 7
城轨车辆事故警示录
安全意识不可懈怠

课题一　制冷原理与制冷压缩机

用一定的方法使物体或空间的温度低于周围环境介质的温度，并使其维持在某一范围内的过程，称为空调制冷。为了维持城市轨道交通车辆车厢内的温度比环境温度低，就必须把进入车内的余热不断地转移到周围环境中去。制冷装置能起到转移热量的作用，因此制冷装置是城市轨道交通车辆不可缺少的设备。由于蒸气压缩式制冷机结构紧凑，运行安全可靠，制冷温度范围大，又便于实现自动控制和调节，所以被城市轨道交通车辆广泛采用。

一、蒸气压缩式制冷的工作原理

蒸气压缩式制冷属于液体汽化制冷。在一定的压力下，液体温度达到沸点就会沸腾，如水在标准大气压下的沸点是 100℃。在制冷技术中，液体达到沸点的温度称为蒸发温度。对沸腾的液体继续加热，它就会不断蒸发，而在这个过程中，热量也在不断地被液体吸收。在相同压力下，不同液体的蒸发温度不同，需要吸收的热量（也称汽化潜热）也不同。例如，在标准大气压下，水的蒸发温度为 100℃，汽化潜热为 2258kJ/kg，制冷剂 R-12（氟利昂-12）的蒸发温度为 -29.8℃，汽化潜热为 165.3kJ/kg。

将一个盛满低温 R-12 液体的敞口容器放在密闭的空间内，这个空间的温度高于 R-12 的沸点，则 R-12 液体将吸收空间里的热量而汽化，使这个空间内的空气温度降低，实现了制冷。这个降温过程直到容器内的液体 R-12 汽化完为止。为了将汽化的 R-12 回收使用，需要将它冷却成液体，如用环境介质（大气或水）来冷凝，其条件是蒸气的冷凝温度应比环境介质的温度高。因为压力较高的蒸气其冷凝温度也较高，因此只要将 R-12 蒸气压缩到所需的冷凝温度对应的压力，再用环境介质冷凝，即可使 R-12 蒸气重新变为液体。由于冷凝后的 R-12 液体的温度还高于被冷却空间的温度，因此必须对其降温降压，使液体 R-12 可以在被冷却空间内重新吸热汽化，从而实现空间制冷。这个循环过程就是蒸气压缩式制冷的工作原理。

二、蒸气压缩式制冷循环系统的组成和工作过程

蒸气压缩式制冷循环系统主要是由压缩机、冷凝器、膨胀阀和蒸发器四个部件组成，并用管道连接，形成一个封闭的循环系统。

蒸气压缩式制冷循环系统的工作过程如下：

（1）液体制冷剂在蒸发器中吸收室内空气的热量，汽化成低压低温的蒸气后被压缩机吸入。

（2）压缩机消耗一定的机械功将制冷剂蒸气压缩成压力、温度都较高的蒸气并将其输入冷凝器。

（3）高温、高压的制冷剂蒸气在冷凝器内被环境介质（如空气或水）强制冷却，放

出热量后被冷凝成液体，此时的制冷剂液体还处于高温、高压状态。

（4）高温高压的制冷剂液体经过过滤器、电磁阀、视液镜到达膨胀阀节流降压，重新变为低温、低压的液体进入蒸发器。

上述四个阶段周而复始地循环，达到持续制冷的效果。

蒸气压缩式制冷循环系统的组成与工作过程示意图如图7-1所示。

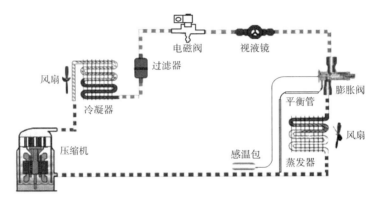

图 7-1　蒸气压缩式制冷循环系统的组成与工作过程示意图

三、制冷剂

制冷剂是在制冷系统中不断循环并通过其本身的状态变化以实现制冷的工作物质媒介。制冷剂在蒸发器内吸收被冷却介质（如水或空气等）的热量而汽化，在冷凝器中将热量传递给周围水或空气而冷凝。城市轨道交通车辆空调制冷系统必须考虑所选用的制冷剂能使整个系统安全、可靠、高效和经济工作，同时，节能、环保也是当前城市轨道交通发展的重要课题。

1. 对制冷剂的要求

选用的制冷剂应安全、可靠、易得、价廉，且满足下列要求：

（1）临界温度高，在常温或制冷温度下能够液化。

（2）蒸发压力在要求的蒸发温度下不能过低，应略高于大气压力，以防外界空气深入系统而降低制冷能力；在要求的冷凝温度下冷凝压力不能过高，因为压力过高不仅会给系统的密封增加难度，还会使压缩机的压缩功增大、实际排气量减小。

（3）单位容积制冷量越大越好。对一台压缩机而言，在一定的工况下，如果所用制冷剂的单位容积制冷量大，则其制冷量也就大；当要求产生同样的制冷量时，制冷剂的单位容积制冷量越大，制冷剂的循环量就越少。采用大单位容积制冷量的制冷剂还可缩小压缩机和系统的尺寸。

（4）凝固温度低，以免制冷剂在蒸发温度下凝固。

（5）黏度和相对密度小，以减小制冷剂在制冷装置中的流动阻力。

（6）导热系数和放热系数高，以提高系统的传热效率，减小传热面积。

（7）具有良好的化学稳定性，对金属不起腐蚀作用，在制冷剂的工作温度和工作压力范围内，不分解、不聚合、无燃烧和爆炸的危险。

（8）对人体无毒、无刺激性气体。

2. 常用制冷剂

可以用作制冷剂的物质有几十种，但目前工业上常用的不过十余种，其中被广泛采用的有氨（R717）、氟利昂-12（R12）、氟利昂-22（R22）、R134a、R407C、R404A、R410A等。上海地铁1号线车辆空调机组采用的制冷剂为R22，2号线车辆空调机组采用R134a；广州地铁1号线车辆空调机组采用R134a，2号线车辆空调机采用R407C；深圳地铁车辆空调机组采用新型环保制冷剂R407C。

氟利昂是各种氟氯代甲烷和氟氯代乙烷的总称，目前用作制冷剂的主要是甲烷（CH_4）和乙烷（C_2H_2）的衍生物。用卤素原子代替原化合物中的一部分或全部氢原子就能得到不同性质的氟利昂，以符号"R"配以两位数字（甲烷族）或三位数字（乙烷族）表示，如代号为R22的制冷剂是二氟一氯甲烷，化学分子式为$CHClF_2$。

氟利昂的优点：无毒、燃烧和爆炸的可能性小，对金属不腐蚀；绝热指数小，因而压缩机的排气温度较低。

氟利昂的缺点：单位容积制冷量小，因而制冷剂循环量大；相对密度大，引起流动阻力大；放热系数低；含有氯原子的氟利昂遇明火（400℃以上）会分解出有少量剧毒的光气；易于泄漏，要求系统有良好的密封性。

R22是一种使用较安全的制冷剂，无色、透明、没有气味，毒性很小，不燃烧、不爆炸。R22的正常蒸发温度约为-41℃，凝固温度约为-160℃，单位容积标准制冷量约为454kcal/m^2。

R134a是R12的替代制冷剂，毒性非常低，在空气中不可燃，安全类别为A1，是很安全的制冷剂，但在替代试验研究中表明：R134a替代R12后，制冷量下降，能耗比增加，必须采用改进的压缩机才能降低能耗比。另外，R134a的溶水性比R22高，对制冷系统不利，即使有少量水分存在，在润滑油等的作用下，会产生酸、二氧化碳或一氧化碳，将对金属产生腐蚀作用，或产生"镀铜"作用，所以R134a对系统的干燥和清洁要求更高。

近年来，混合制冷剂的研究有了进一步的发展。人们通过混合两种或两种以上的纯制冷剂而得到具有优良热力性质且有节能效果的新制冷剂。目前在中国市场较实用的新型混合制冷剂有R407C和R410A。

R407C是一种三元混合工质，它的组分、分子量等物理性质以及热力性质与R22十分相似。相比R22，R407C的单位容积制冷量仅降低了2%，其工作压力基本上与R22接近，即蒸发压力约低了3%，冷凝压力仅上升了5%。

R410A在常温常压下是一种不含氯的氟代烷非共沸混合制冷剂，无色气体，储存在钢瓶内是被压缩的液化气体。其ODP（消耗臭氧潜能值）为0，因此R410A是不破坏大气臭氧层的环保制冷剂。R410A主要用于替代R22和R502，具有清洁、低毒、不燃、制冷效果好等优点，大量用于家用空调、小型商用空调、户式中央空调等。

上述几种制冷剂的性能指标比较见表7-1。

几种制冷剂的性能指标比较　　　　　　　表 7-1

性能指标	几种制冷剂				
	R12	R22	R134a	R410A	R407C
标准沸点（℃）	-29.8	-40.8	-24.1	-52.7	-43.6
凝固温度（℃）	-157.8	-160	-96.6	-155	—
临界温度（℃）	112.2	96.1	101.1	72.5	87.3
临界压力（MPa）	4.12	4.98	4.07	4.95	4.82
ODP（R11=1.0）	0.9~1.0	0.055	0	0	0
GWP（CO_2=1）	8500	1900	1600	1700	1530
可燃性	无	无	无	无	无
毒性	无	低	无	低	低

注：ODP 为消耗臭氧潜能值；GWP 为全球变暖潜能值。

四、制冷压缩机

制冷压缩机是蒸气压缩式制冷装置中的一个重要部件，是推动制冷剂在制冷系统中不断循环的动力，起着压缩和输送制冷剂蒸气的作用，因此制冷压缩机常称为蒸气压缩式制冷装置的主机。一般城市轨道交通车辆的空调系统使用的制冷压缩机有活塞式制冷压缩机、螺杆式制冷压缩机和涡旋式制冷压缩机三种。

1. 活塞式制冷压缩机

活塞式制冷压缩机的结构形式有多种。按压缩机与电动机的组合方式分类，活塞式制冷压缩机可分为开启活塞式制冷压缩机、半封闭活塞式制冷压缩机和全封闭活塞式制冷压缩机三种，以下主要介绍全封闭活塞式制冷压缩机。

全封闭活塞式制冷压缩机是将压缩机与电动机一起组装在一个密闭的罩壳内，形成一个整体，从外表看只有压缩机进、排气管和电动机引线。全封闭活塞式制冷压缩机如图 7-2 所示。

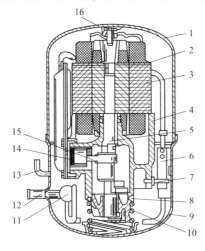 

图 7-2　全封闭活塞式制冷压缩机（部分元件未标示）

1-上壳体；2-电动机转子；3-电动机定子；4-曲轴箱；5-曲轴；6-抗扭弹簧组；7-抗扭螺杆；8-轴承座；9-下壳体；10-下支撑弹簧；11-排气汇集管；12-排气总管；13-工艺管；14-气阀组；15-活塞连杆组；16-上支撑弹簧

（1）机壳。机壳由钢板冲压制成，分上下两部分，装配完毕后焊死。它比半封闭活塞式制冷压缩机更为紧凑，密封性更好。

（2）电动机。电动机布置在上部，避免电动机绕组浸泡在润滑油中，且轴下端可作为油泵使用。电动机定子的外壳与气缸体铸成一体。

（3）气缸。气缸呈卧式布置，主轴为偏心轴，垂直安装，上端安装电动机转子，偏心轴上安放两个连杆，呈V形布置。主轴中间开有油道，平衡块用螺钉固定在偏心轴的两侧。连杆大头为整体式，直接套在偏心轴上。

（4）活塞。活塞为筒形平顶结构，因直径较小，活塞上不设气环和油环，仅开两道环形槽道，使润滑油充满其中，起到密封和润滑作用。气阀采用带臂环片阀结构，它的阀板由3块钢板钎焊而成。压缩机的主、副轴承及连杆等摩擦部位的润滑，靠主轴下端偏心轴油道的离心泵油的作用进行。为了减振和消音，利用电动机室内空腔容积作为吸气消音器，排气道上装有稳压室。整个机芯安装在弹性减振器上，以减小工作时的振动。

全封闭活塞式制冷压缩机具有足够的可靠性和寿命，一般不需维修，但若有损坏则需整个更换。

2. 螺杆式制冷压缩机

螺杆式制冷压缩机又分为双螺杆式制冷压缩机和单螺杆式制冷压缩机两种，如图7-3和图7-4所示。单螺杆式制冷压缩机在制冷方面使用较少，目前在制冷系统上多用喷油式螺杆压缩机，有些小型氟利昂螺杆式制冷压缩机采用半封闭式或全封闭式结构。

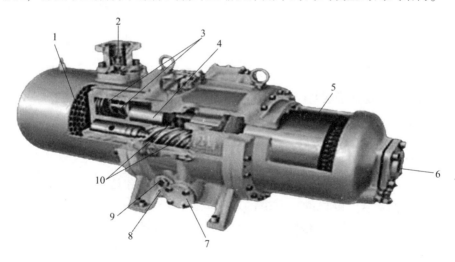

图7-3 双螺杆式制冷压缩机

1-油分离器；2-排气口；3-容调活塞/弹簧；4-容调滑块；5-电机；6-吸气口；7-油过滤器；8-油加热；9-油视镜；10-阴阳转子

全封闭双螺杆式制冷压缩机主要由压缩机的机体、阳转子、阴转子等组成，其结构如图7-5所示。两个互相啮合的转子平行地安装在机体内，彼此反向旋转。一般主动转子的端面齿形是凸齿，称为阳转子或阳螺杆；从动转子的端面齿形是凹齿，称为阴转子或阴螺杆。阳转子与阴转子的齿数一般取4:6，以使两个转子的刚度大致相等。

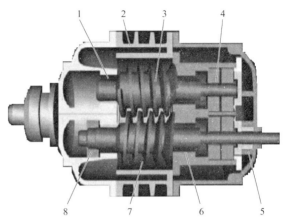

图 7-4 单螺杆式制冷压缩机　　　　图 7-5 全封闭双螺杆式制冷压缩机结构
1-滑动轴承；2-机体；3-阴转子；4-止推轴承；5-轴封；
6-滑动轴承；7-阳转子；8-平稳活塞

螺杆式制冷压缩机工作时，阳转子、阴转子的齿廓和齿槽并不直接接触，齿廓与齿槽之间、转子与气缸内壁之间都有微小的间隙。润滑系统通过喷油孔向转子啮合部位喷射润滑油，使互相啮合的转子之间及转子与气缸内壁之间形成一层密封的润滑油膜，既能避免转子啮合部位的干摩擦，又能减少压缩容积内气体的泄漏，提高输气效率。同时，呈雾状的润滑油喷入后，与制冷剂气体混合，制冷剂得到冷却，这样便能显著地降低压缩机的排气温度。

3. 涡旋式制冷压缩机

涡旋式制冷压缩机是一种节能、省材和低噪的容积型压缩机。其工作原理是利用动、静涡旋盘的相对公转运动形成封闭容积的连续变化，实现压缩气体的目的。涡旋式制冷压缩机与活塞式制冷压缩机相比，在相同的质量下具有更高的输出功率和能效比。其优点是效率高、噪声低和寿命长；其缺点是加工精度较高。

（1）工作原理。

如图 7-6 所示，将带有涡旋形叶片的固定涡盘（静盘）和具有相同形状的做公转的摆动涡盘（动盘）相啮合，以相位差 180°的两个涡旋形叶片组合成一个封闭空间，即一系列月牙形工作容积。静盘与机壳相固定，动盘由一个偏心距很小（4mm 左右）的偏心轴带动，绕固定涡盘的涡旋中心以一定半径做公转运动，每转一个角度，月牙形容积被压缩，不断旋转，月牙形容积不断被压缩。旋转角为 0°时月牙形面积最大，到旋转角为 180°时月牙形面积变小，最后被压缩到最小从中心排出。介质压力在外圆处较低，越到中心处压力越高，这种压缩过程连续地进行比较平稳。

将两个相同涡旋参数的涡旋体中的一个旋转 180°，再平移回转半径 $R = 0.5(P - 2t) = r(\pi - 2a)$ 的距离，使两涡旋体相互相切接触，可以形成若干对月牙形空间，此空间称为涡旋式制冷压缩机压缩室容积，其计算公式如下：

$$压缩室容积 = 月牙形面积 \times 涡旋体高度$$

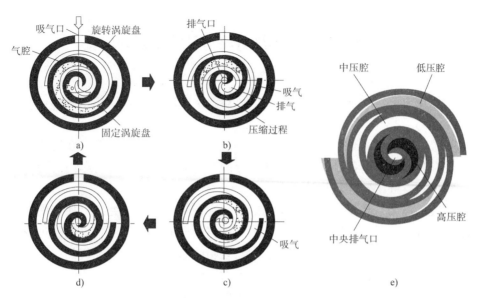

图7-6 涡旋式制冷压缩机工作原理

工作特点：涡旋式制冷压缩机在主轴旋转一周时间内，其吸气、压缩、排气三个工作过程是同时进行的，外侧空间与吸气口相通，始终处于吸气过程，内侧空间与排气口相通，始终处于排气过程。

（2）结构。

涡旋式制冷压缩机内部结构如图7-7所示。涡旋式制冷压缩机由定盘、动盘、主轴承、电动机等部件所组成。动盘和静盘的涡旋线呈渐开线形状，安装时两者中心线距离一个回转半径 r，相位差180°，当两者啮合时与端板配合形成一系列月牙形柱体工作容积。定盘中心为排气口，边缘有吸气孔。波动块的作用是防止动盘受压缩介质的压力作用产生绕动盘中心轴的自转运动。

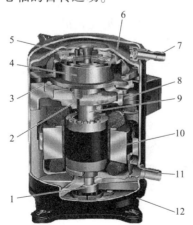 

图7-7 涡旋式制冷压缩机内部结构

1-离心供油；2-主轴承；3-防自转滑环；4-动盘；5-定盘；6-壳体内高低压分隔板；7-排气口；8-机架；9-曲轴；10-电动机（定子、转子）；11-吸气口；12-壳体

课题二　空调系统和采暖装置

城市轨道交通车辆的空调系统主要由通风系统、制冷系统、加热系统和自动控制系统组成。

通风系统的作用是将车外新鲜空气吸入并与车内再循环空气混合，在滤清灰尘和杂质后，再输送和分配到车内各处，使车内获得合理的气流组织；同时将车内的污浊空气排出车外，使车内的空气参数满足设计要求。

制冷系统的作用是在夏季对进入车内的空气进行降温、减湿处理，使车内空气的温度和相对湿度维持在规定的范围内。夏季，通风机将吸入的车内外混合空气经过蒸发器冷却后送入车内，以达到降温的目的，由于蒸发器表明的温度通常低于空气的露点温度，空气中的水蒸气凝结成水滴，空气在通过蒸发器冷却的同时也得到了除湿处理。

加热系统的作用是在冬季对进入车内的空气进行预热和对车内的空气进行加热，以保证冬季车内空气的温度在合适的范围内。

自动控制系统的作用是控制各系统按设计的方案协调工作，以使车内的空气参数控制在规定范围，符合人体舒适度，同时对空调装置起自动保护作用。

城市轨道交通列车每辆车配置两台顶置单元式空调机组，分别安装在车顶的两端；贯通道处设有电气控制柜，空调主电源由列车辅助供电系统供给；加热系统一般采用电暖，安装于座椅下面；有一个在紧急情况下提供供电范围在 110～380V 的紧急通风逆变器；列车两端的司机室还配有专门的送风单元。

下面以某地铁长客 B 型车辆空调系统为例加以介绍。

整体式空调机组型号为 KL-29MCB、顶置单元式，制冷量为 29kW，主回路电压 AC 380V，控制回路电压 DC 24V，制冷剂为 R407C，通风量 4000m^2/h，卧式涡旋式压缩机，冷凝器和蒸发器均为铜管铝翅片式，轴流式冷凝风机，离心式蒸发风机。

一、主要部件布置

空调机组在列车上的布置如图 7-8 所示；空调系统主要部件布置如图 7-9 所示。

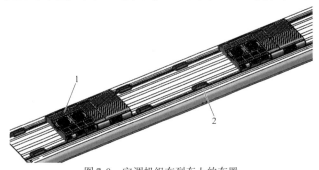

图 7-8　空调机组在列车上的布置
1-空调机组；2-排风装置

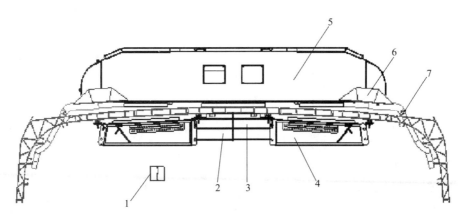

图 7-9 空调系统主要部件布置

1-温度传感器；2-回风滤网；3-回风道；4-送风道；5-空调机组；6-排风装置；7-排水管

二、空调系统的气流组织形式

头车和中间车气流组织形式如图 7-10、图 7-11 所示。

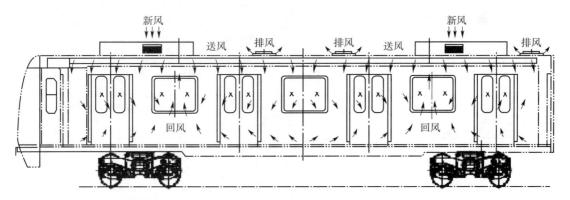

图 7-10 头车气流组织形式

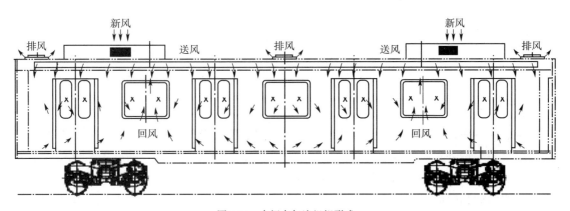

图 7-11 中间车气流组织形式

新风：空调机组自带新风口，新风从新风口进入空调机组内部后，与回风混合。

回风：车内回风通过设于车辆顶板处回风格栅、回风道、空调机组下部的回风口进入空调机组，与新风混合。

送风：新风、回风混合后经蒸发器降温除湿处理后通过送风机送入客室。

排风：客室内部的废气经侧墙、顶板处的间隙进入车顶后，经自然排风装置排出室外。

三、车辆空调系统部件

（一）空调机组

每辆车安装两台单元顶置式空调机组。空调机组的送回风形式为下出风、下回风，制冷量为29kW。空调机组具有通风、制冷等功能。空调机组的主要部件包括压缩机、蒸发器、冷凝器、冷凝风机等，如图7-12所示。

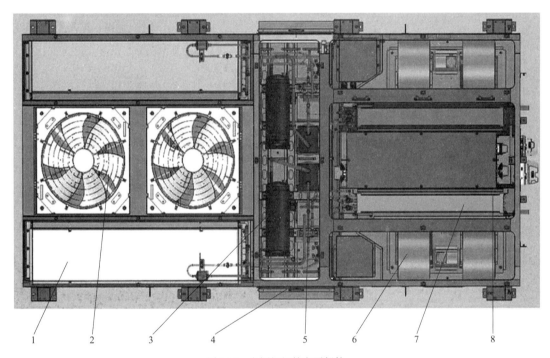

图7-12　空调机组的主要部件

1-冷凝器；2-冷凝风机；3-压缩机；4-新风过滤网；5-气液分离器；6-通风机；7-蒸发器；8-混合风过滤网

（二）压缩机

压缩机将来自蒸发器的中温低压气体吸入，并将其转化为高温高压气体。此机组使用的压缩机是谷轮卧式涡旋压缩机，型号为ZRH72KJE-TFD。这个型号的压缩机几乎没有动态的吸气阀或排气阀，有更低的噪声和振动水平，能够抵抗在制冷系统里常见的由液体淤积、流体启动和碎屑引起的应力。两个压缩机都分别安装在压缩机各自的压缩机底座框架上，通过4个减振垫固定在机组地板上。减振垫起着降低噪声和振动的作用。谷轮卧式涡旋式压缩机如图7-13所示。

项目七 空调和制冷系统及采暖装置

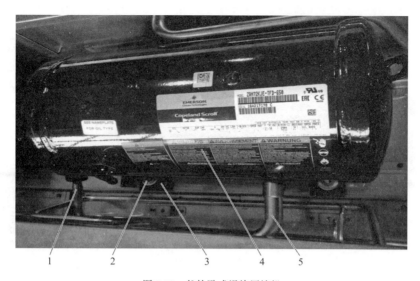

图 7-13 谷轮卧式涡旋压缩机
1-排气管连接口；2-压缩机底座框架；3-减振垫；4-压缩机；5-吸气管连接口

（三）冷凝风机

为了使换热器热交换表面能够获得更好分布，通过一台冷凝风机使外部空气强迫通过冷凝器。冷凝风机如图 7-14 所示。

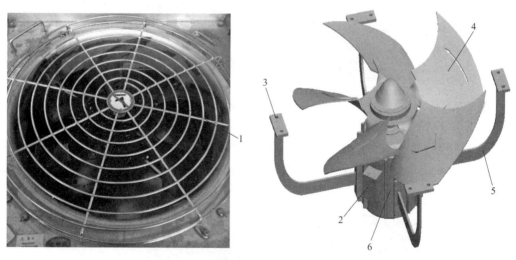

图 7-14 冷凝风机
1-冷凝风机叶轮；2-接线盒；3-安装孔；4-叶轮；5-支架；6-电动机

（四）冷凝器

从压缩机出来的高温高压制冷剂气体到达冷凝器。由于气体的温度远高于环境空气温度，热量散发到通过冷凝器的空气中。制冷剂热量降低很多以致冷凝。

冷凝器采用铜管铝翅片式，由一套平行排列、具有等距间隙、与气流横跨的铜管组成，带有 2.54mm 间距的铝翅片，与铜管垂直布置，如图 7-15 所示。

209

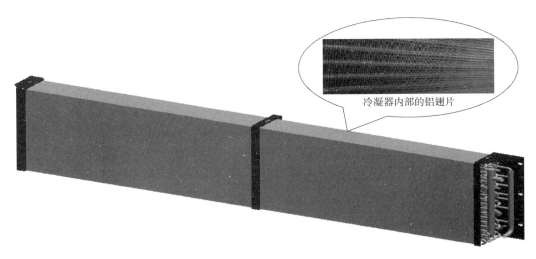

图 7-15 冷凝器

(五) 送风机

经过处理的空气由两个蒸发风机吹入车厢。送风机由具有镀锌板叶片和铸钢轴心的离心叶轮组成，安装在一个三相双轴的电动机上。送风机转速 1430r/min。电动机可持续工作，保温等级为 IP54，绝缘等级为 F。图 7-16 所示为轴流式送风机。

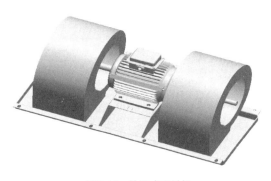

(六) 蒸发器

蒸发器由一套铜管铝翅片组成，如图 7-17 所示。制冷剂液体在管内流动，并且当液体制冷剂蒸发时翅片和铜管即被冷却，流动的空气被吹入客室前也在此被冷却。

图 7-16 轴流式送风机

蒸发器分为互相交织的两个系统，各由一个热力膨胀阀馈给，将制冷剂通过液体分配器的小孔来分配，此液体分配器在蒸发器的蛇形管侧。由此会出现一个压降，制冷剂温度也会降低。

图 7-17 蒸发器

(七)新风过滤网

新风过滤网采用不锈钢纱网结构,位于雨水分离器前,采用抽取式安装,顶部用可手拧的螺栓连接,方便维护,如图 7-18 所示。

(八)风门及执行器

风门及执行器如图 7-19 所示。带模拟量反馈的执行器控制新风门闭合程度,用于调节新风和回风比例,从而为车内人员提供更佳的舒适度。

图 7-18 新风过滤网

图 7-19 风门及执行器
1-执行器;2-风门

(九)减振器

减振器如图 7-20 所示。减振器用于吸收振动,降低噪声。一组共 6 个减振器装在空调机组上,安装位置为空调机组与车厢体连接处。

(十)电气连接器

空调机组采用 2 个电气连接器（CN_1、CN_2）进行连接。其中,CN_1 为动力回路电气连接器,CN_2 为控制回路电气连接器。电气连接器如图 7-21 所示。

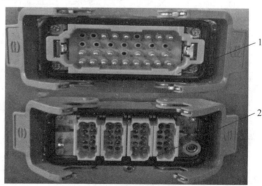

图 7-20 减振器

图 7-21 电气连接器
1-CN_1;2-CN_2

(十一) 视液镜

视液镜如图 7-22 所示。带湿气指示的视液镜位于从干燥过滤器液体流出的管路上。通过对水分变化敏感的变色元件来显示系统中的湿度等级。当显示系统中没有水分时，颜色显示的是绿色；当显示系统的水分含量增加后就会变成黄色。当显示系统的颜色显示为深黄色时，即意味着显示系统中的水分过量，并需要更换干燥过滤器。通过视液镜可以清晰地观察制冷剂流动，因此气泡很容易被发现。气泡的存在表示在不正常的状态，如充注制冷剂不足、制冷剂液体的冷却不充分、排气压力较低或者制冷剂液体管路堵塞等。

图 7-22 视液镜

(十二) 干燥过滤器

干燥过滤器如图 7-23 所示。干燥过滤器的作用包括：捕获有可能在系统存在的固体微粒（包括污垢、锈和铜焊微粒等）；吸附任何制冷剂循环里的水分和酸。每个制冷剂环路里包含一个安装在液体管路上的干燥过滤器，在冷凝器的出口。这个干燥过滤器由一个实体吸水模块组成，该模块由分子筛和活性氧化铝以及一个金属过滤器组成。

(十三) 液路电磁阀

液路电磁阀由阀体和线圈两部分组成，如图 7-24 所示。液路电磁阀用于切断制冷系统回路，控制冷媒。液路电磁阀是一种电磁控制的设备，线圈通断电产生磁场，吸合阀体内的开关，从而断开或开启制冷系统回路。

图 7-23 干燥过滤器

图 7-24 液路电磁阀
1-电磁阀线圈；2-液路电磁阀阀体

（十四）热力膨胀阀

热力膨胀阀按膜片平衡方式不同分为内平衡式热力膨胀阀和外平衡式热力膨胀阀两种。外平衡式热力膨胀阀的结构如图 7-25 所示。

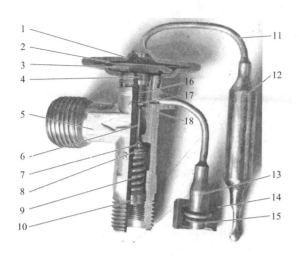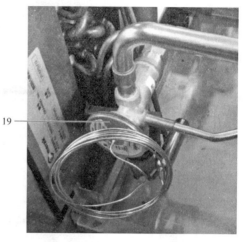

图 7-25　外平衡式热力膨胀阀的结构

1-气箱盖；2-膜片；3-传动片；4-固定圈；5-阀体；6-传动杆；7-阀芯；8-阀芯架；9-调节弹簧；10-调节螺栓；11-毛细管；12-感温包；13-外平衡接管；14-接管螺母；15、18-O 形圈；16-压紧弹簧；17-压片；19-热力膨胀阀

热力膨胀阀的用途是允许液体以适当的流量进入蒸发器，以便使制冷剂在蒸发器出口获得正确的蒸发，同时确保在制冷剂系统里高压侧和低压侧之间有足够的压力差。热力膨胀阀由一个通过毛细管连接的感温包相连的阀体组成。阀体安装在液体管路上，并且感温包固定在蒸发器出口的压缩机吸气管路上。感温包里有一定容量的制冷剂。感温包里，毛细管里和阀上面的空间里都充满了一定压力下的饱和蒸气，此压力为感温包温度相对应的压力。膜片下面的空间与蒸发器后的吸气管路相连；因此此处的压力为蒸发压力。该阀的开启度由膜片上面的感温包充气温度引起的压力以及膜片下面的蒸发压力与作用在膜片下方的弹簧压力之和来决定。所以，热力膨胀阀由蒸发器的蒸气压力和感温包里的充注压力产生的压差来工作。因为感温包和吸气管接触，感温包的压力取决于该管路的温度，这样就变得可控。热力膨胀阀配有与蒸发器出口管路相连的压力平衡管，其位置靠近感温包，其功能是补偿由分配器和蒸发器表面引起的压降。液体分配的作用是实现对换热器均衡的馈给。

（十五）空调控制盘

空调控制盘如图 7-26 所示。每节车厢配有一套控制系统用于整车空调系统的控制。控制系统中含有一套控制器，控制器可采集各传感器以及各元件的保护信息，与车辆控制系统进行通信。空调控制系统通过控制空调机组、司机室送风、回风单元，将车内保持在舒适的温度、湿度以及正压环境下。同时，空调控制系统将对空调机组进行诊断，监控空调系统各元件的状态信息，记录故障信息。

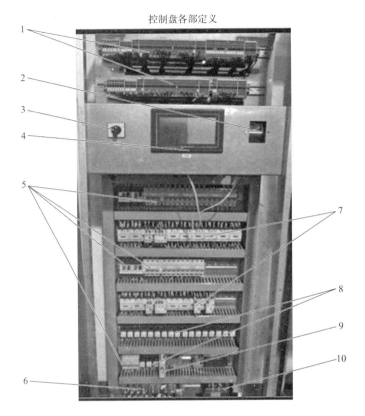

图 7-26 空调控制盘

1-端子排（机组接口）；2-控制器；3-选择开关；4-HMI屏；5-断路器；6-端子排（车辆接口）；7-接触器；8-中间继电器；9-相序监控器；10-变压器

空调控制盘上设有触摸显示屏。触摸显示屏的功能包括：①检查客室空调设备的所有数字输入/输出信号、温度以及当前系统调节状态并能显示空调当前的故障；②控制空调机组工作在关闭、通风、自动、半冷、全冷、半热、全热模式；③控制空调空气净化器启动与停止。

（十六）控制器

控制器是实现整个空调控制系统功能的核心元件。它可以载入软件，并通过其数字量输入/输出模块、模拟量输入/输出模块和通信模块等，实现对空调系统的各功能控制并与车辆控制系统进行通信。原始设备制造商（OEM）的控制器如图 7-27 所示。1 个控制器可以对客室两台机组进行控制。

图 7-27 原始设备制造商（OEM）的控制器

(十七) 交流接触器

交流接触器作为控制元件,通过控制接触器线圈的通、断电,可快速、频繁地切断和接通交流主回路,经常运用于控制电动机的启停,也可用于控制电加热器、变压器等负载,是空调控制系统中的重要元件之一。施耐德低功耗交流接触器如图 7-28 所示。

图 7-28　施耐德低功耗交流接触器

(十八) 中间继电器

中间继电器主要用于在空调控制回路中传递中间信号,并增加该中间信号触头的数量以满足控制需求。就结构与原理而言,中间继电器与交流接触器基本相同,中间继电器与交流接触器的主要区别在于:交流接触器的主触头可以通过大电流,而中间继电器的触头一般只能通过小电流。所以,它只能用于控制电路中。施耐德小型中间继电器如图 7-29 所示。

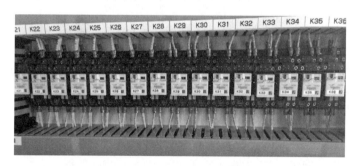

图 7-29　施耐德小型中间继电器

(十九) 变压器

头车控制盘中增设有变压器 (图 7-30),用于给司机室送风和回风单元的变送电。

图 7-30　变压器

四、操作

城市轨道交通车辆空调系统以自动控制为主,在自动控制部分发生故障时,可采用手动调节装置。空调机组的工作由计算机进行控制,通过计算机调节器可控制室温。空调系统中新风口、风道和客室座位下均设有温度传感器,由温度传感器测得的温度值,传递到计算机调节器中进行处理。每节车有一台计算机调节器,它控制两个空调单元,可由司机室集中控制或每节车单独控制。

空调机组的工作状态包括正常通风、正常制冷、预冷、紧急通风、停机等。机组各种状态下风阀动作情况见表7-2。

机组各种状态下风阀动作情况　　　　　表7-2

工作状态	回风阀	新风阀
正常通风	全开	全开
正常制冷	全开	全开
预冷	全开	全闭
紧急通风	全闭	全开
停机	全开	全闭

1. 预冷

预冷的实现方式为通过空调控制单元将新风阀关闭、回风阀打开。空调机组内设备的工作状态:2台通风机运行,延时2s,2台冷凝风机运行;再延时2s,1台压缩机运行;再延时2s,另1台压缩机运行。此功能在夏季温度高的情况下车辆出库前或者车辆长时间停放在线路上需要运营时进行使用。

2. 全冷

全冷的实现方式为通过空调控制单元将新风阀打开、回风阀打开。空调机组内设备的工作状态:2台通风机运行,延时2s,2台冷凝风机运行;再延时2s,1台压缩机运行;再延时2s,另1台压缩机运行。此功能在车辆室内温度过高需要快速制冷或者需要进行型式试验时使用。

3. 半冷

空调机组内设备的工作状态:2台通风机运行,延时2s,2台冷凝风机运行;再延时2s,启动累计运行时间较少的压缩机及其液路电磁阀。此功能在车辆正常制冷时使用。

4. 通风

空调机组内设备的工作状态:2台通风机运行。此功能在列车只有一个辅助电源设备运营,或者只需要通风功能时使用。

5. 紧急通风

空调机组内设备的工作状态：2 台通风机降频降压运行。紧急通风时在司机室 HMI 上有提示，同时此问题属于系统严重故障。紧急通风停止可以自动恢复，也可以在司机室 HMI 上进行停止。在司机室 HMI 上空调功能区设置紧急通风测试按钮，可以软件测试车辆紧急通风功能是否正常。建议每天测试一次紧急通风功能。

6. 停机状态

通风机、冷凝风机、压缩机、电加热器均停止运行。

7. 空气净化

空调机组内空气净化装置工作。此功能在空调机组启动后自动启用。

五、采暖系统

车辆采暖系统包括客室电热器和司机室电热器。

（一）客室电热器

客室电热器组成（去掉防罩板）如图 7-31 所示。

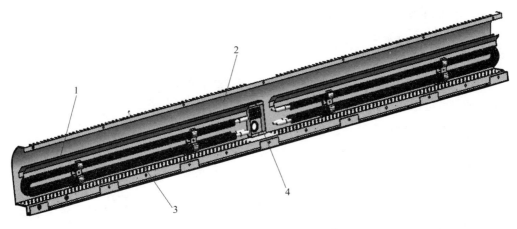

图 7-31　电热器组成（去掉防罩板）
1-导流板；2-底板；3-电热管；4-接线盒

中间车设置 6 个电热器，头车设置 6 个电热器，总功率均为 9.6kW，可满足冬季客室内的采暖要求。电热器安装在座椅下部的骨架上，通过螺栓进行固定。每个电热器内设两个电热管，每个电热管各为 1 路，可根据温度控制电热器内电热管分别或同时工作。

（二）司机室电热器

为满足司机室内的采暖要求，在司机室布置两个带风机电热器（其中一个布置在司机操纵台下，另一个布置在侧墙，共 1.6kW），设过热及超温保护。去掉防罩板的司机室电热器如图 7-32 所示。

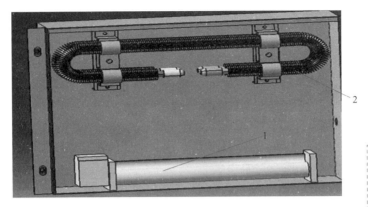

图 7-32　去掉防罩板的司机室电热器
1-风机；2-电热管

地铁车辆空调设备的使用

课题三　空调机组的故障处理

一、故障检查方法

空调机组常见故障有压缩机停机、制冷量不足或者不制冷等。常用的空调机组故障检查方法是"一看、二听、三摸"。

"一看"指查看故障现象，即看 TCMS 和空调控制屏上空调故障显示，看指示灯的显示情况，看温度继电器动作情况，看压缩机的吸排气压力值是否在正常范围内，看客室内的温度情况，看风机的运行情况，看制冷管路上是否有油迹。

"二听"指听压缩机运转时的噪声，若有"嗵嗵"的声音，则是压缩机液击声，若有"哒哒"的声音则是内部金属撞击声；听制冷机组运转的声音，如果有较大的振动声音，则应检查风机的运转情况、轴承的磨损情况。

"三摸"，即摸过滤器的表面温度应该比环境温度稍高些，如果显著低于环境温度，说明滤网大部分网孔已经堵塞使得制冷剂流动不畅通导致节流降温；摸制冷装置吸排气管的冷热程度，正常运转的吸气管应该是较冷，排气管应是较热，否则为不正常。

二、故障判断及处理

空调机组常见的故障大致可以分为制冷系统故障和电气系统故障两类。

（一）制冷系统故障

1. 制冷系统中制冷剂泄漏

制冷系统中制冷剂泄漏是最常见的故障，其泄漏部位主要发生在管路的焊接处、压缩机吸排气口的连接处、压力开关的引接处等。由于管路焊接不良或车辆运行中冲击、振动造成连接螺钉松动或连接部位多次振动后出现裂纹等原因，均可引起系统中制冷剂泄漏。

制冷剂的泄漏因原因不同，其泄漏程度也不尽相同。较轻微的制冷剂泄漏可引起制冷量不足，低压压力过低而压力开关保护动作，蒸发器吸热不足等现象；严重的制冷剂泄漏可造成机组制冷不良。在制冷剂已漏光、系统中混入空气时，压缩机继续运转将最终导致压缩机因过热而被烧毁。

2. 制冷剂的检漏方法

（1）外观检查：由于制冷剂泄漏会渗出冷冻油，一旦发现管路某处有油迹的话，可用白布擦拭或用手直接触摸检查，并做进一步确认。

（2）泡沫检漏：这是一种简便的方法，用混有清洁剂的水涂在预计可能发生泄漏的被检处，若该处有泄漏的话，将会出现气泡，从而可以确定确切的泄漏发生位置。

（3）电子检漏仪：用电子检漏仪接近被检处，一旦电子检漏仪检测到有泄漏，将发出异常的声音予以提示，此时应擦拭干净触头，在被检处再次测试确认。

（4）压力检查：将复合式压力表连接到系统中，检查系统停机时的平衡压力，以及机组运行情况下的低压压力。

（5）模拟机组运行：判别机组低压压力开关是否动作。

3. 压缩机低压压力过低可能的原因

（1）制冷系统有泄漏：制冷剂不足。
（2）膨胀阀等低压处开启不足。
（3）外界温度过低。
（4）蒸发器入口有堵塞。

4. 制冷系统中真正导致压力过高的原因

制冷系统中真正导致压力过高的最大可能是系统中混入了空气。在机组低压部分压力偏低时被压缩机吸入空气，或者是在维修中因操作不当而使空气混入系统。由于空气是不凝性气体，它在系统中存在将直接产生如下不良后果：①压缩机负载增大，且温升异常，电动机过热或烧损；②冷凝压力上升，制冷量下降；③高压压力开关动作，系统无法正常运行。一旦发现有空气混入系统中，必须立即加以处理。

导致压缩机压力过高的原因包括：①外界温度过高；②冷凝器入口或出口有堵塞；③冷凝器脏；制冷剂过多；④冷凝风机不工作或工作异常。

5. 制冷剂加注方法

制冷剂加注方法一般都是采用低压加注和静态加注两种方法。

（1）低压加注：启动空调机组制冷运行（通过使用应用软件强行启动制冷运行），从压缩机低压处加注，再观察加注后的压力达到正常工作范围值（根据不同类型的制冷剂，该范围均不同）。当加到压缩机低压处的压力、达到范围内即停止，再观察空调的制冷效果。如果空调制冷效果良好，测试高压压力，其工作压力不能超过高压范围。

（2）静态加注：停止空调机组运行，从加注口处加注制冷剂。当系统压力达到相应范围要求时为合适；再让空调运行制冷30min，并仔细地进行检查。

(3) 检查制冷剂加注是否合适的方法有以下几种：

①测压力。检查其低压力是否在正常范围内。如果低压力偏高，则制冷剂加多了；如果低压力偏少，则制冷剂加少了。同时，高压力也不能超过相应正常范围。

②听声音。如果声音过大、沉闷，也可能是制冷剂加多了；如果声音过小，说明制冷剂不够。

③测温度。压缩机吸气管较凉，有结露；排气管温度在80℃左右；冷凝器温度在55℃左右；压缩机的吸气管凉，有露水，排气管很热；蒸发器的温度比环境温度低15℃左右。

④测工作电流。总电流接近额定电流，如果电流过大，则说明制冷剂加多了；如果电流过小，则说明制冷剂加少了。这要求系统和电路都在正常的情况下测试，因为压缩机的工作电流跟压缩机的吸气压力有很大关系，吸气压力高，电流就大；吸气压力低，电流就小。如果系统堵了，那么压缩机的工作电流也会很低，且压缩机的声音也不正常。

在对空调机组加注制冷剂时应注意：加注时一定要慢，加一点后让空调运行10min左右，再测压力和电流，不够时再分次加，不能以当时的压力和电流作为标准，那样的话，可能已经加多了。冬天加注制冷剂时，可以人为地使室内温度传感器达到能够制冷的温度来使空调制冷运行或通过相关软件强行使空调制冷运行。

(二) 电气系统故障

列车空调故障除了机组内部机械部件和管路出现故障外，机组的电气部件及电路也有可能发生故障。由于电气部件出现故障时，控制板能收到相关故障信号并给出故障信息，相对而言，电气系统故障查找与处理更方便些。通常，电气控制方面出现的故障，可根据读出的故障代号，结合电路控制图的控制逻辑进行查找。但有时某些故障现象可能不太明显，难以直观地判断出故障发生的原因，因此可以借助车辆检修专用笔记本电脑，通过控制板和车辆检修专用笔记本之间的通信连接，借助相关空调应用软件中记录工具，预先设置需跟踪记录的输入、输出信号，根据记录故障发生过程中的数据来分析信号之间的逻辑关系，从而判断故障真正的原因。

电气系统故障的类型包括短路故障、缺相故障、反相故障、过电流故障、压缩机高或低压压力开关动作、温度传感器故障、继电器故障等。

1. 短路故障

短路故障是电气设备的绝缘层因老化、变质、机械损坏或过电压击穿等原因被破坏而导致的故障。

2. 缺相故障

城市轨道交通车辆空调的压缩机、送风机和冷凝风机一般都是采用380V的交流电源供电，由于松脱或其他人为原因导致380V交流电有一相断开时就会出现缺相故障。部分压缩机设有缺相保护单元，可以自行检查该故障。

3. 反相故障

当压缩机、送风机和冷凝风机的三相连接顺序错误时将导致反相故障，此时压缩机、送风机和冷凝风机会反相运转：压缩机反相运转的噪声较大，且很快就导致压缩机烧损，送风机和冷凝风机反相运转时进风和出风方向刚好反过来。

4. 过电流故障

过电流故障主要出现在城市轨道交通车辆空调机组的压缩机部件上，由于个别特殊原因导致压缩机运转负荷过大时（如吸气压力过高、堵塞等原因），不断上升的供电电流将导致压缩机电动机部件的烧损。

5. 压缩机高或低压压力开关动作

由于个别原因导致压缩机排气口压力过高或压缩机吸气口压力过低时，压缩机高或低压压力开关动作，该信号给空调控制板，控制空调机组立即停止制冷运行。

6. 温度传感器故障

当温度传感器由于老化或接触不良时，其不能将有效的信号给空调控制板时，就出现温度传感器故障。

7. 继电器故障

控制空调机组各部件启停的继电器，由于老化或其他原因会出现继电器卡滞或不能动作等故障。

项目七实训任务工单与阶段测试见本教材配套工作手册。

项目八

电力牵引系统

学习导入

电力牵引系统是城市轨道交通车辆的核心部分，是列车的动力来源。电力牵引系统由牵引高压系统和牵引控制系统两大部分组成。城市轨道交通牵引控制系统控制列车的牵引、制动工况。城市轨道交通电力牵引系统执行控制指令，通过受电、变电和能量的转换过程，实现列车的牵引、制动、防空转功能，多采用电制动与空气制动混合运算的控制方式。电制动优先，空气制动补足，牵引系统具有防空转保护功能。

知识目标

1. 掌握城市轨道交通车辆电力牵引系统的功能、组成和分类；
2. 掌握受流装置、高速断路器、牵引逆变器、牵引电动机、制动电阻、司机控制器的结构、组成和功能。

能力目标

1. 能读懂城市轨道交通车辆牵引主回路电路图；
2. 能识别电力牵引系统的主要电气设备。

建议学时

6 学时。

延展阅读 8
中车株洲电力机车研究所
有限公司青年团队合作之路

课题一　电力牵引系统概述

城市轨道交通电力牵引系统是指将电能经过传输和变换后，提供给电动车组的牵引电动机，然后将电能转换成机械能驱动列车运行的系统。牵引设备发生故障时，轻者会造成列车失去部分牵引动力，影响列车运行的牵引制动控制性能，造成列车控制不平稳、停车不准确、列车晚点、下线等；情况严重时会造成全列车完全丧失牵引力，必须实施列车救援，对城市轨道交通运营产生严重的影响。因此，城市轨道交通运营相关人员必须对电力牵引系统的组成、功能及注意事项有所理解，能够对电力牵引装置进行控制、维护，以实现列车的正常运营。

一、电力牵引系统的工作过程概述

城市轨道交通电动列车牵引供电来源于国家城市电网，经过直流牵引变电所的降压、整流，将高压交流电变成直流电（DC 750V 或 DC 1500V），通过馈电线缆将电能传递给接触网（接触轨式接触网或架空式接触网），列车通过受流装置（受电靴或受电弓）与接触网接触摩擦取电，电能再通过钢轨和回流线回到牵引变电所的负极，形成一个完整的牵引回路。电动车辆通过受流装置从接触网接收电能后，通过车载的变流装置给安装在转向架上的牵引电动机供电，将电能转换为机械能，通过齿轮传动箱和轮对，驱动城市轨道交通列车运行。城市轨道交通电力牵引系统原理示意图如图8-1所示。

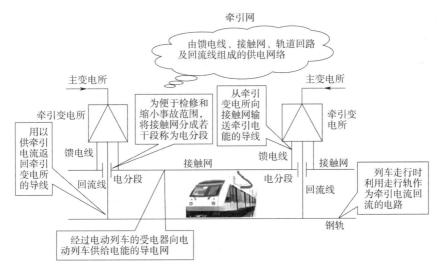

图 8-1　城市轨道交通电力牵引系统原理示意图

电力牵引系统主要有两个工况：牵引工况和制动工况。在牵引工况下，列车电力牵引系统为列车提供牵引动力，将城市轨道交通电网上的电能转换为列车在轨道上运行的动能。制动工况可以分为再生制动工况和电阻制动工况。电力牵引系统再生制动就是在列车进行制动时，将列车的动能转换为电能反馈到电网供其他列车或其他车站设备使用，这极大地降低了列车的实际能量损耗。若列车制动时牵引系统反馈的电能使电网电压超过了限值（如第三轨电压高于1000V或架空接触网电压达到1800V），此时列车电制动产生的电能将会消耗在制动电阻上，列车动能转换为热能散逸到大气中，这种通过制动电阻消耗电能来实现电制动的工况称为电阻制动工况。当电制动不足或失效时，由空气制动补足。电制动与空气制动能平滑转换。

二、电力牵引系统的特点

电力牵引系统具有牵引功率大、传动效率高、能源利用率高、污染少、容易实现自动化控制等特点。

三、电力牵引系统的分类

为了能够获得最好的牵引和制动性能，城市轨道交通车辆的牵引系统都是分散地配置在列车的动车上。牵引系统功率配置的前提条件是能够满足列车在所运营线路上的设计速度及为乘客提供舒适的乘车环境以及个别动车故障时的运行需要。根据牵引系统的发展和特点，电力牵引系统分类如下。

（一）根据城市轨道交通车辆牵引电动机的种类分类

城市轨道交通车辆牵引电动机的种类可以分为直流传动方式和交流传动方式。直流传动方式按控制方式不同又经历了直流调阻方式到直流斩波方式的发展。随着大功率逆变技术和自动控制技术的发展，交流电动机通过变频变压技术已广泛地应用到城市轨道交通车辆牵引系统中。

交流传动系统和直流传动系统相比具有以下优点：
（1）驱动电动机的大功率化，同时可实现高性能的轻便化、小型化的电动机车。
（2）主电路无触头化，电动机无换向器和电刷，提高了运行可靠性，减少了维修量。
（3）再生制动可从高速持续到8km/h以下，安全平稳、节省电能。
（4）交流电动机结构简单、寿命长，可延长检修周期等。

目前城市轨道交通车辆以交流传动方式为主，国内近年来开通的新线路大多采用交流传动方式，一些采用直流传动方式的老线路也通过车辆改造、淘汰旧车等方式逐渐转变为交流传动列车。

根据交流传动技术中牵引电动机形式不同，又可以分为旋转电机系统和直线电机系统。旋转电机系统中，城市轨道交通车辆把从电网获得的直流电通过牵引逆变器转换为变频变压的交流电，通过安装在转向架上的电动机把电能转化为动能，牵引电动机再通过联轴节—齿轮箱—轮对的传递途径把动能传递到车辆转向架的轴上，最终实现列车的牵引功能。直线电机系统的电动机不需要传动装置，可以通过安装在车辆上和安装在轨道上的电动机部分之间的电磁作用力直接实现牵引和制动。城市轨道交通车辆的牵引电动机及控制方式如图8-2所示。

（二）根据列车动力配置数量分类

动力配置数量即在列车编组中的"动拖比"，此配置受多种因素影响，如车型、传动方式、线路的客流量、线路的站间距、线路设计的运行速度等。动力数量的选择主要根据线路的实际客流量，考虑冗余需要。目前，比较常见的城市轨道交通车辆为 A 型车和 B 型车，6 节编组 A 型车一般是"四动二拖"的编组方式，6 节编组的 B 型车一般采用"四动二拖"或"三动三拖"的编组方式。从牵引控制角度，牵引系统有 1C4M（一个逆变器向 4 个电动机供电）和 1C2M（一个逆变器向 2 个电动机供电）两种形式。

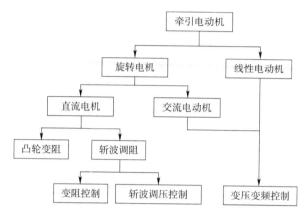

图 8-2 城市轨道交通车辆的牵引电动机及控制方式

（三）根据控制单元控制类型的不同分类

电力牵引系统是通过司机（信号系统）给出指令，综合考虑列车的状态信息、电力牵引系统自身反馈的信息等，通过电力牵引系统控制单元的计算，最终得出功率部件的开关指令。简单地讲，就是通过各个环节的计算最终算出逆变器单元应该如何开通功率部件，以便把 DC 750V 或 DC 1500V 电压源逆变为满足要求的三相交流电压供电动机使用，再通过牵引电动机驱动列车。这个复杂的计算过程需要建立相应的数学模型来完成，数学模型建立得越精确，越接近整个系统的实际情况，最终计算结果就越准确，列车的牵引制动就越接近理想状态，越能提供更舒适的乘车环境和更精确的停车精度。

在人们追求完美牵引控制方式的过程中出现了不同的控制理论，主要有直接转矩控制和矢量控制。这两种控制方式各有优缺点，为了能够获得最佳的控制性能，设计人员趋向于融合两种控制方式的特点，对控制系统进行不断优化。

课题二　电力牵引系统的结构及特点

城市轨道交通车辆的电力牵引系统由牵引高压系统和牵引控制系统两大部分组成。根据电力牵引系统的不同功能单元，牵引高压系统包括主隔离开关（MS）、HSCB、牵引逆变器、电路电抗器、制动电阻器（BR1 和 BR2）以及牵引电动机（M）。采用第三轨受流的牵引系统设备框图如图 8-3 所示。

逆变器电路是牵引系统的主要组成部分，是最关键、最复杂、最核心的部分，它采用 PWM 的变压变频技术，把直流电源转换为变压变频的交流电供牵引电动机使用。牵引逆变器除逆变器本身外，还有充电回路、滤波回路。滤波单元采用大的电抗器和电容器对输入牵引系统的电流进行滤波，优化逆变器电源的品质。一般主要的牵引系统电路通过车间母线电路接通，每个牵引系统电路可以通过母线高速断路器（BHB）或母线电路开关（BS）断开。

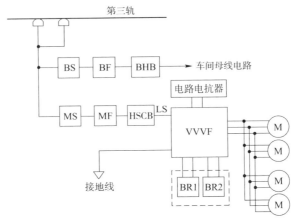

图 8-3　第三轨受流的牵引系统设备框图

BS-母线电路开关；BF-母线电路熔断器；BHB-母线高速断路器；MS-主隔离开关；MF-主熔断器；HSCB-高速断路器；LS-线路隔离开关；VVVF-牵引逆变器；BR1、BR2-制动电阻器；M-牵引电动机

接触网通过受流装置给直线线路供电；直流通过高压设备（MS、MF）和电路电抗器滤波后，给牵引逆变器供电；牵引逆变器变直流电为变频变压交流电源，用于驱动牵引电动机。牵引电动机将电能转为机械能，驱动车轮运转。

牵引控制系统包括司机控制器、PWM 发生器、各种继电器等。

司机控制器输出无极牵引/制动控制指令 PWM 信号（10%～90%），控制全列车的牵引逆变器装置。牵引逆变器装置按照混合矢量控制模式进行高精度转矩控制，实现对牵引电动机的速度调节。

架空接触网 DC 1500V 的主电路示意图如图 8-4 所示。其牵引设备组成和工作原理与第三轨受流牵引系统设备基本相同。

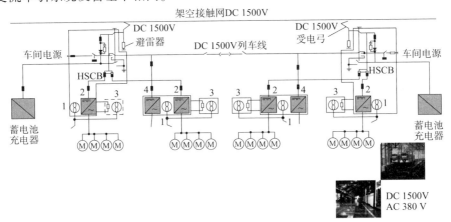

图 8-4　架空接触网 DC 1500V 的主电路示意图

1-逆变器风扇；2-牵引逆变器；3-制动电阻和风扇；4-辅助逆变器；HSCB-高速断路器；M-牵引电动机

一、受流装置

受流装置是列车将外部电源平稳地引入车辆的电源系统,为列车的牵引设备和辅助设备提供电能的重要电气设备。根据线路供电方式的不同,受流装置有集电靴从第三轨受流和车顶受电弓从架空接触网受流两种方式。这两种受流方式并存,各具优缺点。集电靴受流装置和受电弓受流装置如图 8-5、图 8-6 所示。

图 8-5　集电靴受流装置

图 8-6　受电弓受流装置

(一) 集电靴受流装置

由于城市轨道交通线路大多穿越城区,往往需要设在地下,且速度要求不高,从安全性、经济性和对城市景观影响等方面考虑,更倾向于集电靴从第三轨受流方式。

1. 集电靴受流装置安装位置

集电靴受流器安装在转向架的构架侧面上,与接触轨(第三轨)形成弹性接触。集电靴受流器的布置原则是保证列车在断电区仍能满足列车的供电要求。对于 6 节编组"三动三拖"的 B 型车,每列车共装有 12 个集电靴受流器,其布置方式有两种:第一种布置方式是将所有集电靴受流器安装在动车转向架上,如图 8-7 所示;第二种布置方式是其中 3 辆动车共装有 8 个集电靴受流器,拖车 T 车不安装受流器,带司机室的拖车 Tc 车共装有 4 个集电靴受流器,如图 8-8 所示。

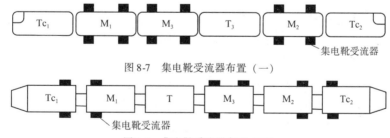

图 8-7　集电靴受流器布置(一)

图 8-8　集电靴受流器布置(二)

第二种布置方式比第一种布置方式更加分散,但两种布置方式均能确保列车顺利通过第三轨断电区。无论采用哪种布置方式,集电靴受流器之间均为并联连接。当任意一个集电靴受流器接地时,只需隔离该集电靴受流器,即可解除故障。

2. 集电靴受流器的结构

一个典型的集电靴受流器结构(图 8-9),可分为以下四部分:

(1) 受流器主体：包括一整套动力系统弹簧、轴承、金属底座、金属臂架、紧固件、连接熔断器与受流器 2 根电缆。

(2) 受流臂、滑块。

(3) 熔断器。

(4) 绝缘框架。

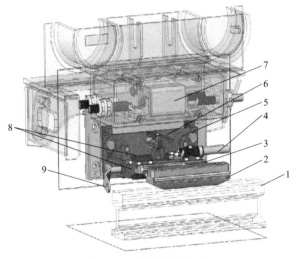

图 8-9　集电靴受流器结构

1-第三轨；2-滑块；3-受流臂；4-电缆；5-绝缘底座；6-位移调节板；7-熔断器；8-弹簧与轴承；9-手动回退工具插入位置

3. 集电靴受流器的特点

集电靴受流器机械部分安装在一个绝缘支架上，该绝缘支架上设计有带锯齿状的位移调节板，每个位移调节板最小调节量是 4mm，总调节量为 40mm，以配合对车轮运行磨损镟修后的补偿；集电靴受流器有一套由 2 个弹簧和 2 个弹性铰键轴承组成的机构，用于保证滑块磨损后，其与第三轨的压力不受影响，仍然保持恒定压力；受流臂采用了弱连接结构，当滑块在运行轨道上受到意外障碍时，为了保护整个集电靴受流器和与之安装的转向架，首先断裂的是集电靴靴臂，而不影响车辆的正常运行；为了防止短路，保护车体和转向架，集电靴受流器上都装有熔断器，如果短路电流超过熔断器的分断能力，熔断器熔丝会熔断，从而保护了其他电气部件，如避免由于车辆牵引系统短路造成的损坏。因此，必须经过慎重选择，避免电气设备受到安全方面的损坏；集电靴受流器具有回位和锁定功能。其中，锁定功能是为了保证有缺陷的受流器与三轨脱离（脱靴）。列车在运行时，可能发生各动力单元主电路对地绝缘故障或受流器故障，此时需将故障单元的各受流器进行有效隔离（脱靴），使其不影响在线其他列车正常运营，以便列车应用其他动力单元运行至检修库。

集电靴受流器配备了手动回收操作装置，可以进行集中回收操作。同时，集电靴受流器配备了绝缘操作手柄，在需要时，用户也可以手动操作。手动隔离单个集电靴受流器的操作（图 8-10）：将绝缘操作手柄（快速分离钩）的钩头插入受流器手动回退工具插入位置，向上提起，完成集电靴滑块与第三轨的分离；也可通过绝缘操作手柄完成已隔离集电靴受流器的降靴操作。

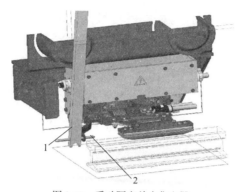

图 8-10 手动隔离单个集电靴

1-绝缘操作手柄；2-手动回退工具插入位置

4. 集电靴受流器主要技术参数

集电靴受流器主要技术参数见表 8-1。

集电靴受流器主要技术参数 表 8-1

项目	参数
额定电压	DC 750V
电压范围	DC 500~900V
额定电流	1200A（800A）
标准静接触压力	120N
静压力调节范围	（120±24）N
受流部件在受流器上的调节范围	−30~+55mm
受流器顶面工作状态高度	160mm
受流器质量	约39kg
集电靴材料	碳铜合金（或铝青铜合金）
环境温度	−40~+40℃
环境湿度	≥90%
其他环境约束	相对正常位置倾斜不大于10°
	无导电尘埃及不可能引起爆炸的地方

（二）受电弓受流装置

1. 受电弓的分类及型号

（1）受电弓分类。按结构形式分类，受电弓可分为单臂受电弓和双臂受电弓两种；按驱动形式分类，受电弓可分为气动受电弓和电动受电弓；按压缩空气驱动方式分类，受电弓可分为气缸驱动式受电弓和气囊驱动式受电弓；按取流方式分类，受电弓可分为正弓受电弓（从上方取流）和旁弓受电弓（从侧面取流）。一般城市轨道交通车辆、轻轨车辆大多采用单臂受电弓。受电弓一般安装在 B 型车（Mp 车）车顶上，通常全列车共设置两个受电弓，当列车要正常运行时，

受电弓的结构

受电弓的工作原理

受电弓升起，滑板（4根或2根）与架空线接触，将电流引入电动车辆内，处于升弓状态。当列车要停运或维修时，受电弓下降，脱离架空线，处于降弓状态。一般正常运行时升双弓，两个受电弓分别给本单元的牵引系统供电，并通过辅助高压母线同时向整车辅助逆变器供电。

（2）受电弓的型号含义。例如，QG-120（B-DAL）型受电弓：QG代表轻型受电弓，120代表该型受电弓可满足最大运行速度120km/h的轨道交通电动客车安装使用，B-DAL代表B系列大连快轨项目受电弓。

2. QG-120B型受电弓的结构组成

QG-120B型受电弓的结构组成如图8-11所示。

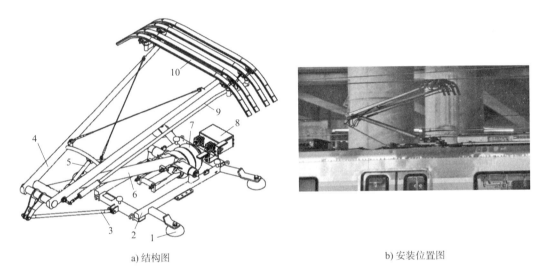

a) 结构图　　　　　　　　　　b) 安装位置图

图8-11　QG-120B型受电弓的结构组成（部分元件未标示）

1-绝缘子；2-底架；3-拉杆；4-上臂杆；5-液压阻尼器；6-下臂杆；7-空气弹簧；8-气电箱；9-平衡杆；10-弓头

（1）底架：由无缝矩形管机械加工后焊接而成，具有强度高、重量轻的特点。

（2）下臂杆：采用了无缝异形钢管经机械加工后焊接而成，同时在下臂杆上采用转动轴承技术，使受电弓的转动更加灵活。

（3）上臂杆：采用了高强度的铝合金材料，使上臂杆的受流性能明显增强，且重量减轻，同时不会影响上臂杆的强度。

（4）弓头：采用悬挂式的设计，同时结构采用缓冲效果良好的缓冲装置，使受电弓弓头的随网性大大提高。

（5）液压阻尼器：使弓头的碳滑条有很好的随网性。液压阻尼器可在-40~+100℃环境下使用。

（6）拉杆：由无缝钢管和滚针轴承组合而成。当拉杆绕底架的回转中心转动时，受电弓弓头的位置被改变。

（7）平衡杆：使受电弓弓头在整个工作高度范围内（包括升到最大高度）趋于水平，在车辆运行过程中通过缓冲调整装置消除外力对弓头在运行过程中的干扰。

(8) 空气弹簧：安装在底架和下臂杆之间，压缩空气通过绝缘气管进入安装在受电弓上的控制系统，控制系统对压力进行调整后进入空气弹簧，为受电弓提供升弓动能。

(9) 软连线：为了避免电流通过受电弓关节处的轴承发热造成轴承损坏，在受电弓的各转动部位，根据电流的大小安装有不同规格的软连线。

(10) ADD（自动降弓装置）系统：在受电弓随机车车辆运行过程中，如果发生故障，受电弓的 ADD 系统将开始动作，在车辆动态的过程中任意高度受电弓都会以大于 1m/s 的速度下降。

(11) 故障恢复系统：当受电弓自动降弓后，车辆将停止运行；加装故障恢复系统后，在确认受电弓损坏不严重，仍可维持运用时，司机可打开故障恢复系统上的故障位开关，受电弓可再次升弓受电，维持车辆正常运行至就近维修段。

3. 受电弓的工作原理

(1) 升弓。

操作人员首先启动空气压缩机，当气压达到受电弓的额定工作气压时，按下升弓按钮，压缩空气经车内电磁阀、受电弓控制箱进入空气弹簧，空气弹簧膨胀推动钢丝绳带动下臂杆运动，下臂杆在拉杆的协助下托起上臂杆及受电弓弓头，弓头在平衡杆的作用下，在工作高度范围内始终趋于水平状态，并按规定的时间平稳地升至网线高度，完成整个升弓过程。整个升弓过程受电弓的运动平稳，不对架空接触网线产生有害的冲击。

(2) 降弓。

操作人员按下降弓按钮，控制系统释放空气弹簧中的压缩空气，受电弓在重力作用和阻尼器的辅助作用下平稳落到底架上的橡胶止挡上，完成整个降弓动作。整个降弓过程应在规定的时间内完成，并且受电弓的运动平稳对底架和车顶无有害冲击。

(3) 电动泵应急升弓。

电动泵应急升弓方式是采用蓄电池为电动泵供电，由 DC 110V 电动泵来实现受电弓的应急升弓功能。电动泵必须工作在蓄电池正常的工况下，使用该装置时应首先确认车辆蓄电池能够为电动泵提供额定电压，电动泵升弓装置通过单向阀与受电弓升弓气路连接。

(4) 人工应急升弓。

当电动泵发生故障或蓄电池电压过低时，应采用脚踏泵或手摇泵等人工应急升弓方式升弓。人工应急升弓方式可作为电动泵应急升弓方式的后备。当采用人工升弓方式时，应注意观察该升弓泵上压力表数值，只有在压力值达到设定值时才能停止泵风，以保证弓网压力正常，受流稳定。

4. 受电弓气路控制原理

受电弓控制系统简图如图 8-12 所示。受电弓气路控制原理示意图如图 8-13 所示。ADD 系统气路图如图 8-14 所示。

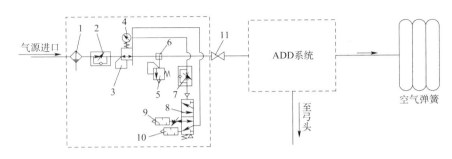

图 8-12 受电弓控制系统简图

1-空气过滤器；2-可调节流阀；3-精密减压阀；4-压力表；5-安全阀；6-三通座；7-可调节流阀；8-换向阀；9-消音节流阀；10-消音器；11-球阀

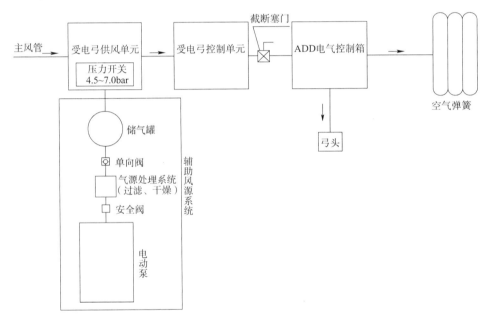

图 8-13 受电弓气路控制原理示意图

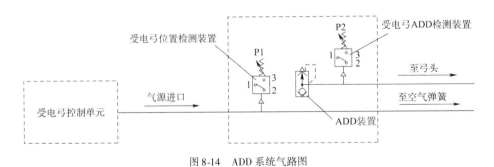

图 8-14 ADD 系统气路图

5. QG-120B 型受电弓的技术参数

QG-120B 型受电弓的技术参数见表 8-2。

QG-120B 型受电弓的技术参数　　　　表 8-2

项目	参数	项目	参数
额定电压	DC 1500V	网线电压变化范围	DC 1000～1800V
额定电流	1050A	最大启动电流（30s）	1500A
最大短时电流（70s 占空因数为 5s）	2400A	最大停车时电流（网压 DC 1000V 和单弓受电）	400A
适用机车速度	≤120km/h	升弓时间	≤8s
降弓时间	≤7s	受电弓总长度	约为 2400mm
受电弓总宽度	(1550±5) mm	碳滑条工作部分长度	800mm
碳滑条数量	4 根	底脚安装尺寸	950mm×1100mm
额定工作气压	0.5MPa	最小工作气压	0.36MPa
受电弓总重量（包括绝缘子）	约为 140kg	绝缘子高度	80mm

6. 受电弓故障原因分析及维修措施

受电弓故障原因分析及维修措施见表 8-3。

受电弓故障原因分析及维修措施　　　　表 8-3

故障	原因分析	维修措施
受电弓不能升弓	气囊装置损坏	检查更换气囊装置
	升弓钢丝绳磨损或断裂	检查更换升弓钢丝绳
	绝缘气管管路堵塞	检查清理绝缘气管管路，使其畅通
	ADD 系统管路漏气	检查 ADD 系统管路并做密封处理
	弓头滑板条漏气，ADD 系统不工作	检查更换磨耗有限或损坏的滑板条
	升弓电磁阀未得电	检查升弓电磁阀是否得电
	升弓电磁阀损坏	更换新的升弓电磁阀
	升弓气压不足	使用辅助升弓装置或启动车辆主压缩机
	车顶受电弓进气位置的截断塞门处于关闭位置	将截断塞门打开，恢复至开通状态
模拟 ADD 系统故障后受电弓不能快速降弓	故障恢复系统被启动	将故障恢复系统复位即可
	ADD 系统管路堵塞	检查清理 ADD 系统管路
	ADD 系统阀损坏	更换已经损坏的阀
受电弓受流不稳定	接触压力变小	检查调整接触压力至额定值
	滑板条破损	更换新的滑板条
滑板条磨耗不均匀	平衡杆的问题	调整平衡杆，使每根滑板条都能与接触网线很好地接触
受电弓底架和车顶之间产生火花	底架和车顶之间的绝缘子上有灰尘或污垢	清洁绝缘子

续上表

故障	原因分析	维修措施
受电弓各管路漏气严重	管路破裂或各接头部位连接不牢固	检查更换破损的管路风管或将连接不牢固的管路接头紧固
受电弓静态压力发生变化	受电弓压力变大	检查受电弓大控制箱中的精密调压阀，如果失灵请更换
受电弓静态压力发生变化	受电弓压力变小	检查受电弓大控制箱的精密调压阀或受电弓的进气管路，如果需要应进行清理
ADD 系统自动降弓后，启动故障恢复系统受电弓不能升弓	故障恢复系统功能失效	检查排除故障恢复系统的故障，使其功能恢复

二、避雷器

避雷器，也称浪涌吸收器，用来限制雷击等因素形成的过电压对列车造成损害。避雷器设置在受电弓附近（车底架），其一端接受电弓（受电靴），另一端通过车体接地片接地；可以有效地防止来自车辆外部的大气过电压和车辆内部的操作过电压对车辆电气设备的破坏。避雷器安装位置如图 8-15 所示。

a) 位于车顶　　　　　　　　　　　　　　b) 位于车体底架

图 8-15　避雷器安装位置

（一）避雷器结构

避雷器结构图如图 8-16 所示。城市轨道交通车辆一般使用直流氧化锌避雷器，避雷器由高分子复合材料的外套、非线性金属氧化锌电阻片、法兰、垫板等组成。其主要元件是由金属氧化物（主要是氧化锌）制成的氧化锌阀片。氧化锌阀片两端设有金具和缓冲弹簧，压紧后用玻纤管套装，构成避雷器芯体；外部再用硅橡胶包封一体化压铸而成。

（二）氧化锌阀片式避雷器的工作原理

氧化锌阀片利用氧化锌良好的非线性伏安特性，在正常工频电压下呈现极大的电阻，使流过避雷器电流微小；当过电压作用时，电阻急剧下降，流过的电流急剧增加，此时电流的增加抑制了电压的上升，使避雷器的残压被限制在允许值内，并将冲击电流迅速泄入地下，从而保护与其并联的设备。

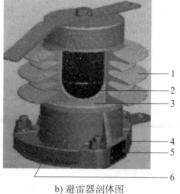

a) 避雷器实物外形图　　　　　　b) 避雷器剖体图

图 8-16　避雷器结构图

1-高分子复合材料外套；2-非线性氧化锌电阻片；3-玻纤管；4-法兰（喷弧释放口）；5-垫板；6-排水口

三、高速断路器

高速断路器（HSCB）主要是对牵引逆变器与高压电路进行隔离，同时对牵引系统进行保护。每个牵引逆变器模块配置一个 HSCB，牵引逆变器模块封锁后，HSCB 将断开。城市轨道交通车辆上使用的 HSCB 一般是 UR6 系列。其中，UR6-31 型 HSCB 的额定工作电压为 900V，适用于在 750V 网压下运行的城市轨道交通车辆；UR6-32 型 HSCB 的额定工作电压为 1800V，适用于在 1500V 网压下运行的城市轨道交通车辆。UR6 型 HSCB 是一种通过空气自然冷却的直流高速限流断路器，可在极短的时间内对检测到的过载电流（短路、过载检测等）做出反应，当 HSCB 闭合时，车辆将获得由受电弓从接触网（第三轨）引入的电源，得以投入工作；若车辆主电路或辅助电路发生短路、过载、接地等严重故障时，故障信号通过相关控制电路使 HSCB 迅速自动断开，切断车辆总电源，防止故障范围扩大。HSCB 在设备箱中的安装位置如图 8-17 所示。

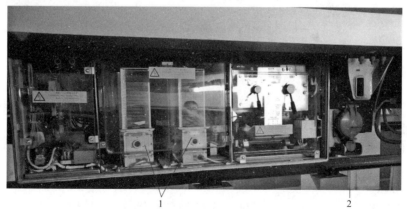

图 8-17　HSCB 在设备箱中的安装位置

1-HSCB；2-车间电源插座

(一) UR6 型 HSCB 的组成及工作原理

1. UR6 型 HSCB 的组成

UR6 型 HSCB 主要组成部件由固定绝缘架、主电路、脱扣装置、灭弧罩、闭合装置、辅助触头及其驱动部件组成。UR6 型 HSCB 主体结构如图 8-18 所示。UR6 型 HSCB 的内部结构示意图和实物外形图如图 8-19 所示。

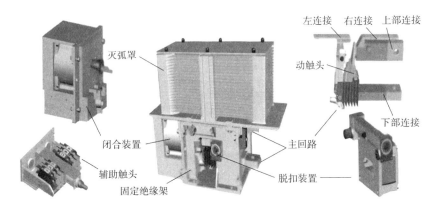

图 8-18 UR6 型 HSCB 主体结构

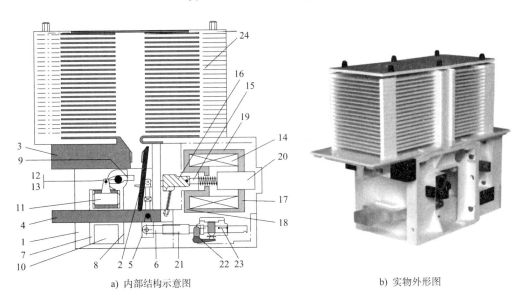

a) 内部结构示意图　　　　　b) 实物外形图

图 8-19 UR6 型 HSCB 的内部结构示意图及实物外形图

1-聚酯纤维绝缘框架；2-动触头；3-上部连接；4-下部连接；5-上轴承；6-叉；7-脱扣箱；8-脱扣箱盖；9-控制杆；10-层压磁板；11-动磁铁；12、13-弹簧；14-动铁芯；15-杆；16-拨叉；17-前板；18-后板；19-缸；20-带衬套的动铁芯；21-销；22-控制杆；23-双触头开关；24-灭弧罩

（1）主电路。

UR6 型 HSCB 的主电路装配在坚硬的聚酯玻璃纤维绝缘框架上，由下部连接带动触头、上部连接和静触头组成。闭合装置通过叉杆控制主电路的关闭。静触头和动触头的接

触面，即上部连接和动触头为银合金制造。动触头枢轴和下部连接之间的静触头构成动触头与下部连接之间的机械和电气连接，导块上轴承的弹簧对动触头保持持久压力。当给 HSCB 发出"关断"命令，或者过载电流导致 HSCB 断路之后，轴承和弹簧保证触头快速返回。

（2）脱扣装置。

脱扣装置呈环状结构，安装在下部连接周围。安装在脱扣箱中的层压磁板与动磁铁形成磁路系统，它们与一个由两个弹簧支承的控制杆一起构成脱扣装置。其中，两个弹簧可调整脱扣装置的脱扣电流值。

（3）闭合装置。

闭合装置控制主电路的闭合，闭合时，通过拨叉把动触头压向上部连接的静触头。闭合装置由一个含闭合线圈的磁路系统构成。磁路系统还包含由缸、前板、后板、带衬套的动铁芯、触头压力弹簧、安装有叉杆的闭合杆。线圈和磁路组成安装在箱体内，加盖密封。

（4）辅助触头。

辅助触头由安装在附件盒上的 6 个双触头开关构成。开关由杠杆激活，由动触头通过导向组件进行控制。杠杆由销座叉杆和销钉组成。

（5）灭弧罩。

灭弧罩由电弧隔板、去离子器、导流片、上部导流片、顶板、螺杆及螺母等组成，如图 8-20 所示。灭弧罩的作用是避免在使用开关时瞬间打火造成短路。

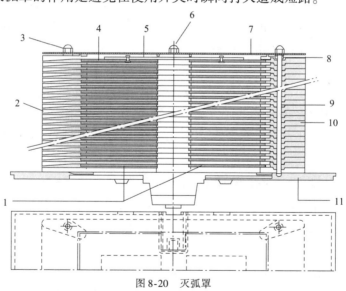

图 8-20 灭弧罩

1-导流片；2-灭弧罩；3-M6 帽形螺母；4-上部导流片；5-连接；6-各螺母的紧固力矩为 1.5N·m；7-顶板；8-M6 六角螺母和垫圈（2.2N·m）；9-M6 螺杆；10-去离子器；11-电弧隔板

2. UR6 型 HSCB 的工作原理

UR6 型 HSCB 工作原理图如图 8-21 所示。

UR6 型 HSCB 主要包括合闸、保持、分闸和跳闸（脱扣）四种状态。

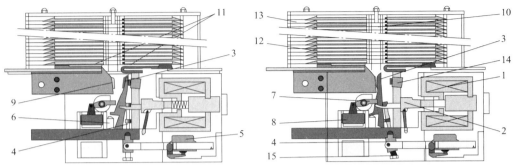

图 8-21 UR6 型 HSCB 工作原理图

1-合闸装置；2-拨叉；3-动触头；4-联动杆；5-辅助触头；6、14-减振缓冲器；7-杠杆；8-提升铁芯；9-静触头；10-M6 螺杆；11-电弧隔板；12-导流片；13-去离子器；15-垫圈

（1）合闸状态。

当 HSCB 接收到一个合闸命令时，合闸装置推动拨叉，由拨叉推动动触头闭合，同时主触头间（动触头与静触头）产生接触压力。连接动触头的联动杆驱动辅助触头。减振缓冲器可对合闸过程中产生的冲击力起到减振作用。

（2）保持状态。

主触头闭合后，线圈通过其辅助触头自锁，合闸装置只需借助一个较小的保持电流来维持接触压力。

（3）分闸状态。

可以向 HSCB 发送一个远程的切断保持电流的分闸命令，此时 HSCB 的拨叉将向合闸装置方向运动，动触头在弹簧的作用下断开，同时通过连动杆使得辅助触头复位，减振缓冲器可对分闸过程中产生的冲击力起到减振作用。

（4）跳闸（脱扣）状态。

当通过主电路电流超过最大电流设定值（主电路短路、主电路接地）严重故障时，由控制电路直接控制 HSCB 的合闸线圈失电，从而使 HSCB 的主触头断开，起到保护作用。具体动作：脱扣装置产生磁场，致使提升铁芯动作，并导致杠杆另一端推动拨叉向下运动，动触头释放。

（二）UR6-32 型 HSCB 在车辆主电路中的使用

UR6-32 型 HSCB 的控制电路图如图 8-22 所示。图中的 HBK 为高速断路的常开触头，HBK_1 为 Mp 车主断允许继电器，HBK_2 为 Mp 车合 HSCB 继电器，R_1 为限流电阻。其中，主断允许和合主断信号均由牵引逆变器给出，当牵引逆变器准备就绪后给出主断允许信号，HBK_1 闭合。HBK_1 闭合后其辅助触头反馈给牵引逆变器主断控制回路就绪，Mp 车主断线圈允许。后续 Mp 车合 HB_1 信号给出，HBK_2 继电器闭合，HSCB 合闸线圈 HB_1 得电，主断触头开始动作直至闭合。与此同时 HSCB 的辅助触头将 R_1 串入控制电路，HSCB 闭合信号反馈至牵引逆变器后 Mp 车合 HB_1 信号撤销，合闸线圈电流变小约为合闸电流的 5%，同时因在自持状态下电流小，使 HSCB 分段速度加快。当发生故障需分断 HSCB 时 Mp 车主断允许信号撤销即可实现 HSCB 分断。

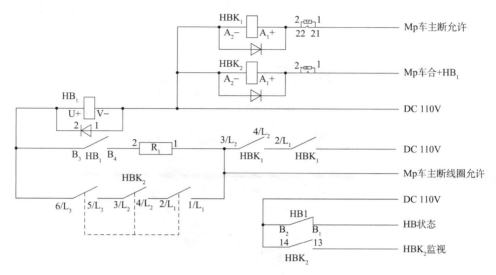

图 8-22 UR6-32 型 HSCB 控制电路图

四、牵引电动机

用于城市轨道交通车辆带动列车运行的电动机通常称为牵引电动机。牵引电动机是城市轨道交通车辆得以实现牵引及电制动的动力机械装置,它不仅将电能变为机械能,产生牵引力驱动列车,还将机械能转变成电能,实现电制动力。牵引电动机的种类主要有旋转牵引电动机、直流牵引电动机、交流牵引电动机、直线牵引电动机。旋转牵引电动机用于驱动每个动车转向架的动车轮对,而直线牵引电动机用于驱动安装电动机的转向架。使用旋转牵引电动机的列车上,牵引电动机为三相鼠笼式交流电动机;直线牵引电动机系统的电动机一般是长转子结构。目前,最广泛应用的是旋转牵引电动机,吊挂在动车转向架的构架上,每个动车转向架安装两个牵引电动机,牵引电动机安装位置如图 8-23 所示。

图 8-23 牵引电动机安装位置
1-车轴;2-车轮;3-齿轮传动箱;4-牵引电动机

(一) 三相鼠笼式交流电动机

1. 结构

三相鼠笼式交流电动机结构图如图 8-24 所示。它主要由定子、转子和气隙三部分组成。其中,固定部分称为定子,旋转部分称为转子,定子和转子之间的间隙称为气隙。

(1) 定子。

定子由机座、定子铁芯和定子绕组三部分组成。定子铁芯内原有许多形状相同的槽，用于嵌放定子绕组，机座用于固定和支承定子铁芯，要求有足够的机械强度和刚度。

图 8-24　三相鼠笼式交流电动机结构图

（2）转子。

转子由转子铁芯、转子绕组和转轴三部分组成。转子铁芯是电动机主磁通磁路的一部分，用 0.35~0.5mm 厚的硅钢片叠压而成，表面开有槽，用以放置或浇注转子绕组。转子铁芯安装在转轴上。

（3）气隙。

异步电动机的励磁电流由定子电源供给。当气隙较大时，磁路的磁阻较大。若要使气隙中的磁通达到一定的要求，则相应的励磁电流也要大，从而影响电动机的功率因数。为了提高功率因数，尽量让气隙小些。但也不应太小，否则，定子与转子有可能发生摩擦与碰撞。如果从减小附加损耗以及减小高次谐波磁动势产生的磁通的角度来看，气隙大有大的好处。

2. 技术参数

三相鼠笼式交流电动机刚性安装在底架动车转向架的中央，每个车轴一个电动机。电动机和齿轮箱柔性相连。采取自通风，整体密封方式设计。半磨耗齿轮在 80km/h 时电动机转速 3660r/min，速度传感器安装在电动机上。

YQ-180-4 型三相鼠笼式异步电动机的额定参数见表 8-4。

YQ-180-4 型三相鼠笼式异步电动机的额定参数　　　表 8-4

项目	参数	项目	参数
定额（h）	1	额定电流（A）	240
输出功率（kW）	180	频率（Hz）	77
额定电压（V）	550	转速（r/min）	2255

3. 工作原理

受流器从接触网上获得直流电流，经过列车牵引逆变器转换成三相交流电，输送给交流牵引电动机（三相异步电动机）定子上空间位置相差120°的三相绕组，使定子三相绕组中有对称的三相电流流过，从而在气隙中产生旋转磁场。转子绕组在这个旋转磁场中感应出电动势，转子的感应电动势在自我闭合回路的转子绕组中产生电流。转子电流与旋转磁场相互作用，产生电磁力，形成使转子旋转的电磁转矩，转轴通过联轴节和齿轮箱把转矩传送给车辆转向架的车轴，带动车轮滚动，驱动列车运行。

（二）直线牵引电动机

直线牵引电动机技术作为一种较为成熟的技术，我国广州地铁4号线、首都机场线都应用了直线牵引电动机系统。

1. 直线牵引电动机轮轨驱动原理

直线牵引电动机如同将旋转牵引电动机沿半径方向切开展平而成，定子为初级线圈，转子为次级线圈。直线牵引电动机应用于城市轨道交通车辆时，初级可以设置在车上，也可以设置在地面，分别称为车载初级式和地面初级式。一般将电动机的定子部分（初级）安装在车辆的转向架上，将转子（次级）沿线路铺设在轨道中间。直线牵引电动机结构原理图如图8-25所示。

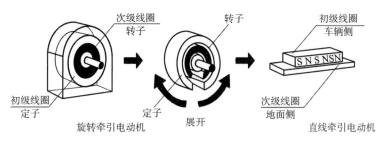

图8-25 直线牵引电动机结构原理图

当电流通过定子电磁铁线圈时，会产生向前方向的磁场，通过与轨道反应板的相互作用产生牵引力。列车靠车轮支撑在轨道上，由于反应板固定在轨道上，反作用力推动定子，带动转向架和列车向前运行。轨道感应板要安置在轨道道床上，它与钢轨、道床以及三轨的尺寸链关系尤为重要。

2. 直线牵引电动机轮轨驱动的特点

与其他城市轨道交通方式对比，直线牵引电动机轮轨驱动系统具有以下优点。

（1）优良的动力性能。

列车采用直线牵引电动机牵引和制动。车轮仅起承载作用，牵引力不受轮轨之间黏着条件的限制，因此列车具有优良的动力性能和较强的爬坡能力（理论线路限制坡度可达100‰），有利于线路的纵断面设计。

（2）通过小曲线半径的能力强。

直线牵引电动机列车采用径向转向架。列车具有较强的通过小曲线半径能力（列车在正线可通过的最小曲线半径为80m)。因此,在平面选线时有利于避开建筑物或建筑基础,减少征地拆迁费用。

(3) 降低了土建工程造价。

隧道建设投资占城市轨道交通总投资的一半左右,由于直线牵引电动机车辆车轮只起支承和导向作用,因此轮径较小,车辆总体高度降低。整个系统小型化,可以减小地下隧道开挖断面面积,从而降低了土建工程造价。

(4) 车辆段占地面积小。

直线牵引电动机车辆养护维修工作量相对较少,且通过小半径曲线能力强(列车在库内可通过最小曲线半径为50m),车辆段占地面积小。

(5) 环保。

直线牵引电动机轮轨驱动系统可使轮轨系统噪声低8~10dB,最大噪声在73dB左右,完全符合国家规定的环保标准。

(6) 维修费用低。

由于直线牵引电动机车辆车轮仅起支承和导向作用且采用了径向转向架,轮缘和轨道的磨耗大为减小。转向架和直线电机结构也都比旋转电机车辆简单,使维修工作大量减少的同时,也减少了维修人员,节省运营成本。

直线牵引电动机轮轨驱动系统的缺点在于轨道结构复杂、要求高,而且牵引能耗较大。

查一查

磁浮轨道交通的悬浮原理、驱动原理和导向原理。

五、牵引逆变器

牵引逆变器是交流电动列车上的重要设备。牵引逆变器又叫牵引变流器,其主要功能是把直流电压变换成频率和幅值都可调的三相交流电,供给牵引电动机。

(一) 牵引逆变器的组成

牵引逆变器安装在动车车底牵引逆变器柜体中。牵引逆变器柜体及模块局部元件如图8-26、图8-27所示。

图8-26 牵引逆变器柜体
1、2-牵引变流器模块

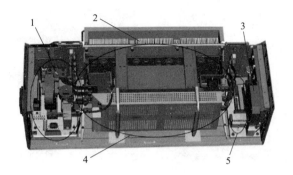

图 8-27 牵引逆变器模块局部元件

1-DC 接触器单元；2-冷却器；3-风扇；4-牵引变流器模块（MCM）；5-风扇接触器单元

牵引逆变器包含了电源转换的所有必要的控制功能，非车辆级控制。牵引逆变器模块结构图、IGBT 安装板、牵引控制单元如图 8-28 ~ 图 8-31 所示。

图 8-28 牵引逆变器模块结构图（左）

1-散热装置；2-IGBT；3-DC 链接电容器；4-门极驱动

图 8-29 牵引逆变器模块结构图（右）

1-针式绝缘器；2-导电条；3-连接螺栓；4-连接板；5-固定连接板螺栓；6-接地连接螺栓；7-接地连接电缆

牵引逆变器主要由电源单元、电磁接触器、放电电阻器、充电电阻器、滤波电容器、电流传感器、电压传感器、线路接触器、逻辑控制单元及其他部件等组成。下面分别对它们进行介绍。

图 8-30　IGBT 安装板

图 8-31　牵引控制单元

1. 电源单元

电源单元（又称逆变单元）由 6 个 IGBT 元件构成三相桥式逆变器。牵引电动机电流检测用母线传感器实时检测牵引电动机电流，信号输送至逻辑控制单元。牵引逆变器变频装置通常配置两套逆变单元，当其中一套发生故障时，另一套仍能正常工作。

2. 电磁接触器

电磁接触器用于控制向电源单元的供电，该断路器由逻辑控制单元根据不同工况控制它的吸合或分断。

3. 各类电阻器

（1）放电电阻器。

放电电阻器用于限制断开主断路器时滤波电容的放电电流。放电电阻器实物图如图 8-32 所示。

图 8-32　放电电阻器实物图

（2）充电电阻器。

充电电阻器用于限制系统上电时对滤波电容器充电时的电流。采用了大容量的绕组线圈电阻器，在电路中与线路接触器触头并联，与充电接触器触头串联。

4. 滤波电容器

滤波电容器与平波电抗器共同构成滤波电路，使用长寿命的油浸电容器。

5. 电流传感器和电压传感器

电流传感器和电压传感器（图 8-33）用于检测牵引主电路中的电流值和回路电压，检测信号输送至逻辑控制单元。

图 8-33　电流传感器和电压传感器
1-电流传感器；2-电压传感器

6. 逻辑控制单元

逻辑控制单元使用 32 位微处理器，其主要功能包括解码来自司机室的牵引指令和 PWM 信号、加/减速控制、前进/后退控制、冲击控制、负载补偿、空转/滑行控制、再生制动的控制、与空气制动系统通信。

（二）牵引逆变器的功能

牵引逆变器的主要功能是通过把直流环节电压转化为三相变压变频的交流电，以控制电动机的速度和转矩，由驱动控制单元控制。在电制动期间，能量反向，把三相电压转换为 DC 电压。各相（U 相、V 相和 W 相）桥臂如图 8-34 所示。

1. IGBT 模块

每个相桥臂有两个 IGBT 模块。模块内有一个带有反向并联续流二极管的 IGBT。IGBT 由 GDU 开启和关闭，向栅极引出线发出电压信号。在牵引逆变器中，IGBT 的开关使得各相（U 相、V 相和 W 相）输出电压在 DC$^+$ 电压和 DC$^-$ 电压之间交替。这样引起一个受控的交流相间电压。续流二极管在关断的时候提供电流的可选路径，避免由于过压引起 IGBT 的故障。一个开关过程中，相电流将改变方向从 IGBT 模块高端至低端，反之亦然。

2. 门极驱动单元

每个相桥臂有两个门极驱动单元（GDU），分别用于一个 IGBT 模块。GDU 通过驱动控制单元的命令控制 IGBT 的开通和关断。GDU 也可以检测到相短路，并通过光缆把信息送至驱动控制单元。GDU 电源为 +24V，如果 GDU 检测到 +24V 丢失，牵引逆变器将立即封锁。来自驱动控制单元的开通关断命令通过光缆发送。GDU 如图 8-35 所示。

3. 换相

上桥臂 IGBT 开通时，下桥臂关断，相间电压输出等于直流环节电压（DC$^+$）。当相桥臂输出低压时，关断命令发送至上 IGBT，开通命令发送至下 IGBT。相电流流经下 IGBT 到续流二极管。相桥导电模式（正相电流）如图 8-36 所示。

由于牵引逆变器把直流环节电压转化为对称的三相交流电，IGBT 也支持负的相电流。每次换相时，车速高于列车基速时（一般低于基速），电流改变方向，从二极管到下 IGBT

换相，再到 DC⁻。当相电流为负时，换相电流反向。电流从下 IGBT 到上 IGBT 的续流二极管，再到负载续流二极管，来自负方向的电流反向被驱动到正极方向。通信循环根据相同的传输顺序重复。相桥导电模式（负相电流）如图 8-37 所示。

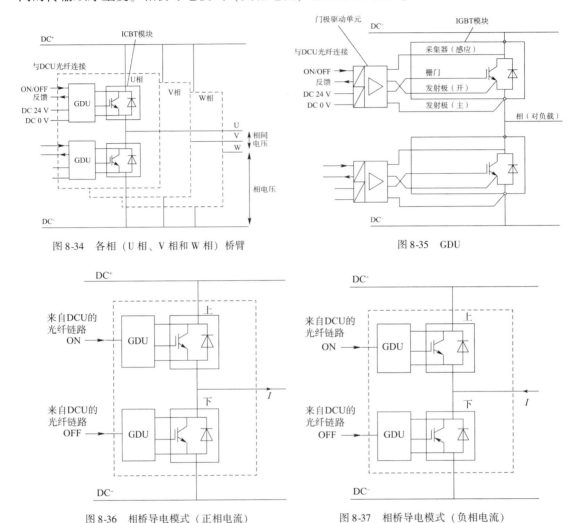

图 8-34 各相（U 相、V 相和 W 相）桥臂

图 8-35 GDU

图 8-36 相桥导电模式（正相电流）

图 8-37 相桥导电模式（负相电流）

4. 调制模式

牵引电动机由输入功率的电压和频率控制。可变电压和频率利用 PWM 而产生。牵引逆变器中使用的 PWM 方法被称为空间矢量调制（SVM）。PWM 利用变流器中的 IGBT 开和关，将直流环节电压转换成三相交流电压，有效地实现了电动机控制。

IGBT 的开关频率反映 PWM 产生理想的牵引电动机电流的能力。频率越高，牵引电动机电流中的纹波就越低，牵引电动机损耗就越少。牵引电动机定子频率决定了车辆的速度，在正常 PWM（小于额定频率）中，牵引电动机电压频率比不变。当定子频率超过额定频率时，牵引电动机电压仍然不变。牵引电动机电压与定子频率的关系如图 8-38 所示。

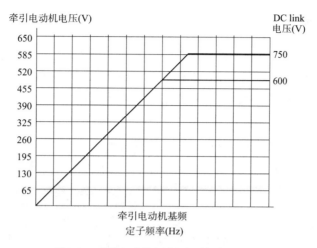

图 8-38　牵引电动机电压和定子频率的关系

5. 过压保护

牵引变流器中有两个组合的制动/过压斩波器，如图 8-39 所示。

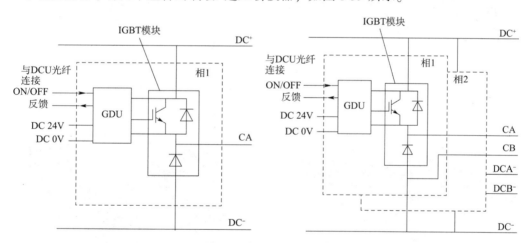

图 8-39　制动/过压斩波器

IGBT模块在轨道牵引中的应用　　车载弓网监测系统

过压斩波器是为避免牵引变流器模块电压瞬间变化，由内部控制系统对系统进行监督和控制。制动斩波器防止牵引变流器过压。过压保护（OVP）在驱动和制动模块时都可以激活，电制动时失效。当通过直流滤波电容器的电压超过可调整的数值时，两个相桥臂立即激活。当 OVP 激活时，能量消耗在制动电阻上，并且直流环节电压开始下降。当电压低于可调整数值时，OVP 停止，两个斩波相并行一起激活。

六、制动电阻

制动电阻是安装在每节动车的车底，在牵引电动机制动时用来消耗过高再生电压的耗能设备，其目的是保证线网及列车安全。在电制动工况下，如果再生制动的能量不能被电网完全吸收，需将这部分能量转换成制动电阻的热能，否则电网电压将抬高到其不能承受的水平。

（一）制动电阻的结构

制动电阻有自然风冷制动电阻和强迫风冷制动电阻两种。一般城市轨道交通车辆使用强迫风冷制动电阻。整机由安装吊架吊挂在车底架下，车底制动电阻箱安装如图8-40所示。

图8-40 车底制动电阻箱安装

强迫风冷制动电阻由入风罩和出风防护罩、一个风机和叶轮以及主箱体内两个低阻值电阻组成。其外形图和分解图如图8-41、图8-42所示。

 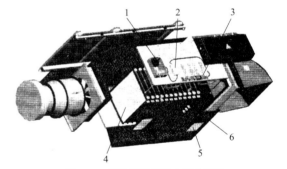

图8-41 强迫风冷制动电阻外形图
1-构架；2-顶板；3-出风罩；4-入风罩；5-风机（内）；6-风机接线盒；7-控制盒；8-接线盒面板

图8-42 强迫风冷制动电阻分解图
1-风压保护装置；2-温度保护装置；3-连接母排；4-电阻单元；5-观察板；6-底板

（二）制动电阻的工作原理

通过牵引控制单元对线电压进行检测，当线电压升至第一个预定值（1800V）时，制动电阻斩波器开始工作，系统工作在再生制动和电阻制动的混合状态；当线电压升至第二个预定值（1900V）时，系统全部转入电阻制动。再生制动和电阻制动转换过程是平滑过渡，无冲击，其工作方式如下：列车制动时牵引控制单元根据当前列车的状态，由内部生成一定逻辑的PWM信号，通过光纤传送到GDU进行信号放大，通过GDU驱动制动斩波器上的IGBT以一定的逻辑状态轮番导通，使分别接在斩波器上的电阻轮流通电，然后通过散热系统将热量散发出去，实现电阻耗能。

七、司控器

（一）司控器的结构

司控器安装位置如图 8-43 所示。司控器结构图如图 8-44 所示。

图 8-43 司控器安装位置

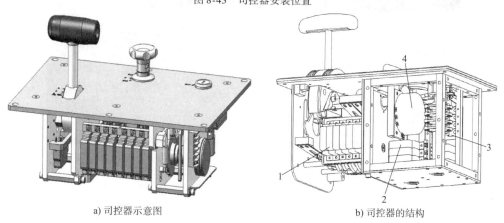

a) 司控器示意图　　　　　　　　b) 司控器的结构

图 8-44 司控器结构图

1-控制开关；2-换向开关；3-钥匙开关；4-电位器

司控器通过主控手柄前后推动控制车辆的牵引及制动力大小，通过旋转模式选择手柄控制车辆的前进、倒退及自动控制，同时司控器有 1 个钥匙总控开关，主控手柄向下按压激发警惕开关。在装置的面板上有一个锁，一个模式选择手柄，一个主控手柄（主控手柄集成警惕按钮开关）。锁有"OFF"和"ON"2 个位置。当锁在"OFF"位置时，钥匙才能拔出；当锁在"ON"位置时，总线激活，列车能够操作。模式选择手柄有"RMF""0""RMR"3 个位置。主控手柄有 4 个位置，分别为牵引（D）、惰行（0）、常用制动（B）、快速制动（FB）各 1 个位置。

(二) 机械互锁

互锁机制确保锁和手柄在某些位置的互锁。互锁逻辑如下：

（1）如果锁处于"OFF"位置，则无法移动模式选择手柄。如果锁被切换到"ON"位置，则模式选择手柄被解锁。只有当模式选择手柄处于"0"位置时，锁才能从"ON"切换到"OFF"，并拔下钥匙。

（2）如果模式选择手柄处于"0"位置，则主控手柄锁定在"0"位置。当模式选择手柄旋转到其他位置时，主控手柄被解锁，并可以移动。

（3）模式选择手柄只能当主控手柄在"0"位置时才能旋转回"0"位置。

八、接地装置

(一) 接地装置的组成

接地装置主要由接地盘、电刷架、弹簧支承组成，如图8-45所示。

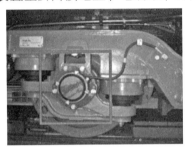

图8-45 接地装置

(二) 接地装置的功能

（1）为主电路提供回流通路，使电流经轮对到达钢轨，构成完整的回路。

（2）防止电流通过轴承，造成轴承内润滑油层的电腐蚀。

（3）提高轴承的使用寿命。

(三) 接地装置的安装位置

接地装置安装于转向架轴端，分别在A型车转向架的第2轴的右侧和第3轴左侧轴端各安装一个，分别在B型车和C型车的转向架第1、第3轴的左侧轴端各安装一个，在第2、第4轴的右侧轴端各安装一个。

项目八实训任务工单与阶段测试见本教材配套工作手册。

项目九

辅助电源系统

学习导入

城市轨道交通车辆均以直流电网供电，电网电压主要有DC 750V和DC 1500V两种。辅助电源系统以辅助变流器模块、充电机等为核心组成部件。辅助电源系统是车辆牵引控制系统的重要组成部分。辅助变流器模块为车辆客室空调机组及通风装置、空气压缩机、电加热器、交流照明等交流负载提供三相或单相交流电源。其稳定与否将直接影响列车牵引控制系统、空气压缩机、空调等重要设备能否正常工作。另外，为了满足列车起动和紧急情况下的用电要求，地铁列车上都配备有蓄电池，蓄电池与列车控制电源并联，提供110V低压电源，所以DC 110V控制电源也是蓄电池的充电器。充电器为车载各系统控制电路、直流照明、电动车门、车载信号与通信设备提供直流电源，并给蓄电池充电。

知识目标

1. 掌握城市轨道交通辅助电源系统的作用和组成；
2. 掌握辅助变流器、充电器、蓄电池箱的结构和工作原理。

能力目标

1. 能识别城市轨道交通车辆辅助供电电路图；
2. 能指出辅助供电系统组成部件的安装位置；
3. 能识别辅助电源系统组成部件的结构。

建议学时

4学时。

课题一 辅助电源系统概述

辅助电源系统是指为列车除牵引动力系统之外的所有需要使用电力的负载设备提供电能的系统。辅助电源系统包括辅助供电系统和蓄电池系统。它是城市轨道交通车辆上必不可少的电气部分,可以为列车空调、通风机、空气压缩机、蓄电池充电器及照明等辅助设备提供供电电源。

一、辅助电源系统的电力来源和供电对象

城市轨道交通车辆辅助变流器模块大部分采用 IGBT 模块来构成。辅助供电系统框图如图 9-1 所示。

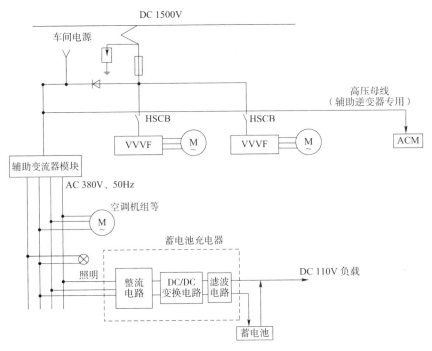

图 9-1 辅助供电系统框图

(一) 辅助电源系统的电力来源

辅助电源系统的电力主要来自牵引供电接触网(第三轨),经受电弓(集电靴)进入列车;当电力无法来自牵引供电接触网(第三轨)时,则可采用外接电源(如车间电源)或者蓄电池供电。一般在检修车间内设有车间电源,通过列车车底的车间电源插座,向列车提供高压电能。注意:车间电源与牵引供电接触网之间存在电气联锁,两者不可同时为列车供电。当牵引供电接触网为列车供电时,列车不可接车间电源。车间电源只能为辅助供电系统提供电能,不能为牵引系统供电,车间电源向列车供电时,列车必须处于静止状

态。蓄电池作为直流备用电源，在列车起动和紧急情况下（失去高压电源时）为列车提供 DC 110V 电能和紧急通风电能。列车正常运行时，蓄电池处在浮充电状态。

（二）辅助电源系统的供电对象

动力分散型的城市轨道交通车辆一般都按列车每个单元组成一个辅助电源系统，由辅助逆变装置分别向各车厢的负载提供交、直流电。辅助电源系统主要包括牵引逆变器冷却风扇，辅助逆变器冷却风扇，空气压缩机，空调及各种电动阀门、继电器、接触器、头灯、车厢照明及各种服务性电气设备，以及蓄电池充电器（当充电机采用 AC/DC 形式时）等。此外，辅助电源系统还必须为列车控制系统提供不间断的电源。

二、辅助电源系统的组成和功能

列车辅助电源系统主要由辅助变流器模块、变压器隔离装置、充电器模块、蓄电池等组成。

（一）辅助变流器模块

辅助用电设备大都需要三相 50Hz，380V/220V 交流电源。辅助变流器是把电网输入的高压直流电转变为恒压、恒频的三相交流电，为列车交流类、辅助类负载供电。

（二）变压器隔离装置

为了安全必须将电网上的高压与低压用电设备，尤其是经常需要人工操作的控制电源的设备，在电气电位上实现隔离。通常采用变压器进行电气隔离，同时，可通过设计不同的匝比以满足不同电压值的需要。

（三）直流电源部分（兼做蓄电池充电器）

直流电源部分的主要功能是为设备和蓄电池充电提供一个过滤的 DC 电压。如果电源丢失，充电器模块只能支持必要的系统。当列车的起动及发生紧急状况（无高压电源）时，为列车的直流负载提供电源。

三、辅助电源系统的供电方式

（一）分散供电

城市轨道交通车辆很多采用"两动一拖"（3 节车厢）构成一个单元，由两个单元（6 节编组）的方式构成一列列车。列车每节车均配备一台辅助逆变器，每单元共用一台 DC 110V 的控制电源。像这种每单元配备多个辅助逆变器的供电方式称为分散供电方式，如图 9-2 所示。

（二）集中供电

每单元只配一台辅助逆变器的供电方式称为集中供电方式，如图 9-3 所示。

集中供电辅助电源系统中有扩展供电电路，在逆变电路发生故障时，列车内通过扩展供电电路进行扩展供电。辅助供电系统在某台辅助逆变器逆变电路故障情况下，将在两台辅助逆变器间进行扩展供电，由扩展接触器自动切换到另一台正常运行的辅助逆变器，由切换后的辅助逆变器向全列车的基本负载供电，而与出现故障的辅助逆变器，相连的 DC 110V 直流电源电路的供电将扩展到另一台正常逆变器的输出上。

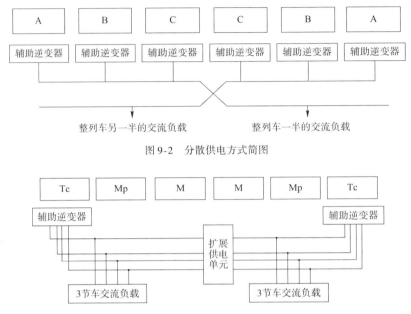

图 9-2 分散供电方式简图

图 9-3 集中供电方式简图

四、变压器隔离

为了人身安全，低压系统及控制电源必须实现与高压网压系统 DC 1500V 的电气电位上的隔离。最佳且最实用的隔离方式是采用变压器隔离。变压器隔离有 50Hz 变压器隔离和高频变压器隔离两种方式。由变压器基本原理得知，50Hz 变压器的体积与质量较大，而高频变压器的体积与质量则成倍地减小，但必须采用性能好的高频磁芯，城市轨道交通车辆大都采用进口的铁氧体磁芯或铁基微晶合金磁芯。对于 DC 110V 控制电源，由于容量不大，约 25kW。一般将 AC 380V 通过整流器整流输出 DC 110V 电源。现今国内外多采用 DC/DC 变换与高频变压器隔离方式。

五、紧急通风逆变器

当列车辅助逆变器均发生故障，列车三相 380V、50Hz 交流电源失效的情况下，为保证乘客安全，城市轨道交通列车均配置了应急通风逆变器，由车辆 DC 110V 蓄电池组经应急通风逆变器为空调机组通风机供电，保证至少 45min 紧急通风。

紧急通风逆变器朝向车体外一侧的视图如图 9-4 所示。通过卸下面板将紧急通风逆变器打开，面板被两个栓锁（7mm 方形）固定在闭合位置上。面板上部铰接并且可以打开约 30°，握住把手向上移动将其卸下。箱内有一个应急通风逆变器空气开关，用来控制 DC 110V 输入电源的通断。

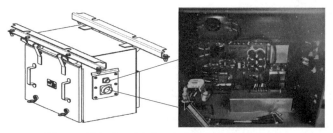

图 9-4　紧急通风逆变器（朝向车体外一侧的视图）

六、高压供电转换开关

高压供电转换开关如图 9-5 所示。

高压供电转换开关有正常供电位（受电弓供电）、车间电源位、接地位三个位置。高压供电转换开关有以下两个功能：

（1）用于在正常模式（架空电网供电）和车间供电模式（通过高压箱处的车间供电插座供电）以及系统接地之间的切换。

（2）接地可使牵引逆变器和辅助逆变器的高压设备与高压供电网络电源隔离。在车间电源位不允许启动牵引逆变器和升弓。

图 9-5　高压供电转换开关
1-接地；2-受电弓；3-车间电源

七、车间电源

车间电源是列车的辅助受流设备，主要用于列车在检修库内整车调试或部分设备带电检查。外部高压电源通过耦合插头与列车车间电源插座相连，供电给列车辅助电源系统，一般通过隔离二极管或接触器与列车主电路隔离。车间电源供电和受电弓供电之间相互联锁，不能同时向列车供电。

车间电源由电源插座盖、车间电源插座、熔断器、接触器、隔离二极管组成。车间电源插座一般安装在 Mp 车车底 PH（高压）箱一侧，如图 9-6 所示。

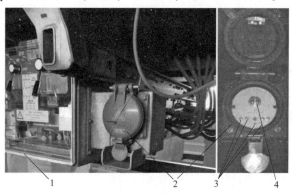

图 9-6　车间电源
1-PH 箱；2-车间电源插座；3-辅助触头；4-主触头

课题二　辅助逆变器

根据车辆设计方案及供电方式不同，辅助逆变器的数量及安装位置会有所不同，如广州地铁 1 号线车辆为分散供电，每节车厢都配备一台辅助逆变器，其中两个单元的 Tc 车（A 型车）各配有一台带充电机的辅助逆变器。广州地铁 2 号线车辆为集中供电，每个单元的 M 车（C 型车）配有一台不带充电机的辅助逆变器，而 Tc 车（A 型车）配有独立的充电机。上海地铁 4 号线车辆为集中供电，只在每个单元的 Tc 车（A 型车）配有一台带充电机的辅助逆变器。

一、辅助逆变器的作用和结构

辅助逆变器是辅助供电系统的核心部件，通常采用 IGBT 功率元件并使用微处理器及 PWM 控制技术。辅助逆变器的作用是把电网输入的高压直流电转变为恒压、恒频的 AC 380V 三相交流电，为列车交流辅助类负载供电，同时经变压器隔离后输出 AC 220V 单相电源为客室正常照明等负载供电，如某车辆 Tc 车安装有带充电机的辅助逆变器。辅助逆变器工作结构如图 9-7 所示，其安装结构如图 9-8 所示。

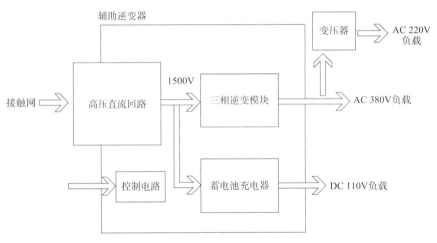

图 9-7　辅助逆变器工作结构

有的城市轨道交通列车没有配备独立的 DC/DC 变换器，可将辅助逆变器输出的中压交流电进行整流滤波，以获得 DC 110V 控制电源。图 9-9 为某城市轨道交通车辆辅助电源系统框图，整列车 4 台辅助电源设备采用并网供电方式，大大提高了辅助电源系统用电的可靠性，即使在一台辅助电源设备故障的情况下，剩余的 3 台辅助电源设备完全可以满足辅助电源系统的用电需求，而不需要减载，当 2 台辅助供电设备故障时，可以通过减载的方式达到维持列车继续运行的目的。其充电机（25kW/台）采用对 AC 380V 电源进行整流方式，为了充分体现充电机工作的可靠性，充电机的电源从 AC 380V 电源母线上获得。

项目九 辅助电源系统

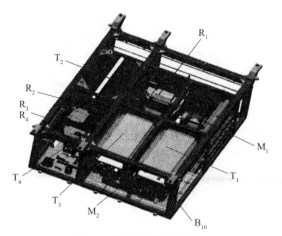

图 9-8 辅助逆变器安装结构

T_1-PWM 逆变器；T_2-主变压器；T_3-蓄电池充电器（Tc）；T_4-紧急启动装置；R_1-线路电抗器；R_2-预充电单元；R_3、R_4-预充电电阻器；M_1-主风扇；M_2-风扇；B_{10}-温度传感器

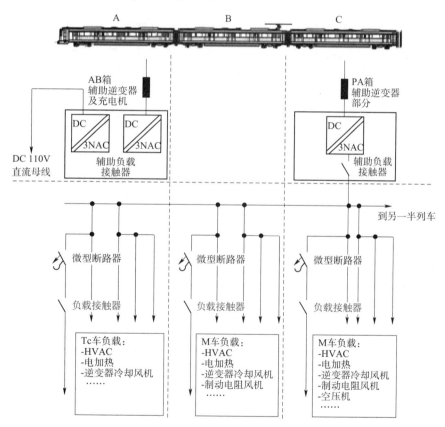

图 9-9 某城市轨道交通车辆辅助供电系统框图

辅助逆变器由 1 个中间电容、三相逆变器、1 个 OVP IGBT、2 个 OVP 电阻、1 个驱动控制单元、1 个供电单元、门极驱动、2 个输出电流传感器、1 个中间直流电压传感器和放电电阻组成。辅助逆变器结构如图 9-10 所示。

257

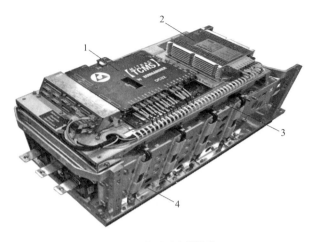

图9-10 辅助逆变器结构
1-驱动控制单元；2-供电单元；3-中间电容；4-门极驱动和IGBT

案例

大连地铁2号线0202号车在试运行期间运行至虹锦路（上行方向）出站150m左右时，突然发生1500V动力电源及110V控制电源同时断开的故障，车辆停车，客室内一片黑暗。司机重启蓄电池、升起受电弓，解决故障，恢复正常。

列车回库后经反复检查测试，显示各设备工作正常，故障现象消失。列车控制和管理系统的运行记录显示，发生故障时受电弓为正常升起状态，1500V动力电失电应为接触网原因，后经相关部门确认故障时间确为变电所跳闸导致接触网断电。110V控制电失电原因应为司机在升弓状态下人为关断蓄电池，而接触网断电后辅助逆变器无法继续工作，不能为列车提供110V控制电。

请分析上述案例，回答问题：什么是辅助逆变器，它有什么作用？

二、辅助逆变器的工作原理

网压由受电弓从接触网受电给列车供电。通过辅助逆变器模块熔断器和线路滤波器将1500V直流电压输送给辅助逆变器模块。辅助逆变器模块将直流电压转变成三相50Hz交流电压，再传输给三相变压器。三相变压器将输入电压转变成3×380V，50Hz的电压供给列车三相总线。

辅助电源系统由充电回路、中间直流环节、辅助变流器模块（逆变模块）、OVP、驱动控制单元、GDU、三相滤波器、辅助变压器和网侧继电器组成。辅助供电电路如图9-11所示。

（一）充电回路

辅助电源系统与DC电源之间通过辅助逆变器模块熔断器和充电电路来控制它们之间的连接与分断。每个充电电路包含：一个充电电阻、一个充电接触器和一个分离接触器，如图9-12所示。当驱动控制单元接收到激活命令时开始充电，15min内允许充电3次。

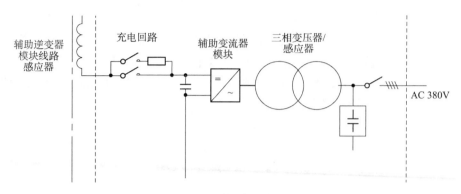

图 9-11 辅助供电电路

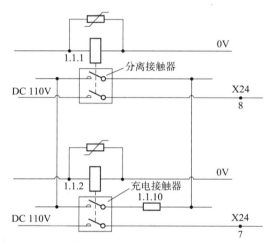

图 9-12 充电电路

(二) 辅助电源系统直流环节

辅助电源系统直流环节包含线路滤波电容（每个变流器一个）和线路滤波器（每个变流器一个），它主要起稳定直流电压和对地电压、能量缓冲以及电压源的作用，如图 9-13 所示。

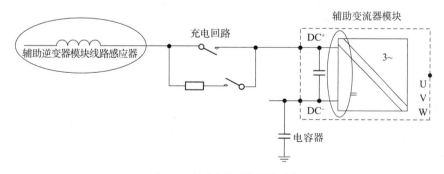

图 9-13 辅助电源系统直流环节

(三) 逆变模块

城市轨道交通车辆逆变电源一般多采用三相电压逆变器。图 9-14 为三相桥式逆变电路图，图中 N′ 点为直流侧假想的中点，N 为负载中点。U、V、W 各为一相，每相由一个半桥逆变电路构成，采用 180° 导电方式，同一相上、下两个臂交替导电，各相开始导电的角度依次相差 120°。在任一瞬间，都有 3 个桥臂同时导通。

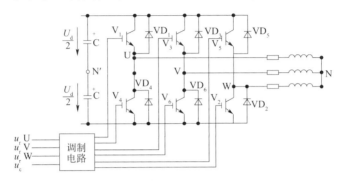

图 9-14 三相桥式逆变电路图

在上述三相桥式逆变电路中，开关器件为 IGBT，其开关控制技术为 PWM 控制技术。通过对控制 IGBT 通断的波形脉宽进行调制，有效地使逆变器的输出尽可能趋于纯正的正弦交流电，电压、频率均可实现调节。

触发信号在逆变控制电路中通常用载波信号和控制信号相比较的方法产生，其脉宽调制方法很多，应用最广泛的为三角波调制方法，其载波信号为三角波，其控制信号为矩形波或正弦波，控制信号的幅值和频率可调，幅值控制触发信号的脉冲宽度，从而控制逆变器输出电压的大小，频率控制触发信号的调制周期，从而控制逆变器的输出电压频率。

在实际应用中，辅助逆变器模块一般通过带有微处理器的控制模块实现上述控制、调节功能，并兼有监视及保护功能。

（1）如果发生故障，控制模块会实时地反映出来，并且激活紧急功能，如关断逆变器电路以防止更大的损坏。

（2）所有可变值的测量都反馈到监控电路。如果可变测量值超出允许范围，重启信号会立即关闭脉冲发生器。同时，辅助逆变器模块在被破坏之前会停机。一旦所有可变量回到允许的范围内，逆变器会再次自行启动。此时，控制模块也将重新启动使得输出电压经过几毫秒后才可以达到正常等级。

（3）控制模块也监测输出电压，以保证输出电压的幅值基本保持不变。

(四) OVP

OVP 是防止辅助逆变器模块瞬态电压过高，在牵引制动模块及电制动被禁止时都可以激活。如图 9-15 所示，如果直流环节电压持续上升大于过压等级，指示直流环节过压且发出保护关断命令。当正常运行期间直流环节电压小于欠电压等级，指示直流环节欠电压且发出保护指令。

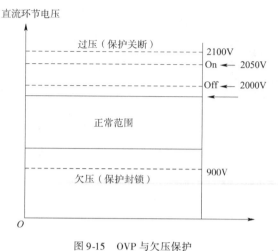

图 9-15　OVP 与欠压保护

课题三　蓄　电　池

蓄电池是将化学能与电能相互转换的装置。将电能转换为化学能储存起来的过程称为充电，将化学能转换为电能向负载供电的过程称为放电。蓄电池的充电和放电过程是可逆的。城市轨道交通车辆蓄电池有酸性蓄电池和碱性蓄电池两种。酸性蓄电池比较轻，其单节电池标称电压较高，为 2~2.1V，但它工作时释放出的硫酸气体是有害的；同酸性蓄电池相比，碱性（镍镉）蓄电池的主要缺点是单节电池的电压较低，略大于 1V，但它能承受较大的电流，耐振动、耐冲击，对过充电和欠充电不太敏感，自放电极弱，使用寿命长，不释放有害气体，所以被广泛使用。

城市轨道交通车辆使用的蓄电池是由 74（78、80、84）只镍镉可充电蓄电池单体串联而成的电池组，满电压为 DC 110V。按其容量分有 60Ah、120Ah、140Ah、160Ah、180Ah 等，选择哪种容量的蓄电池组由城市轨道交通列车在紧急状态时的直流负载决定。下面以 SZP1 型城市轨道交通车辆的镍镉蓄电池为例加以介绍。

一、蓄电池的作用和结构

（一）蓄电池的作用

城市轨道交通车辆蓄电池的作用包括如下：

（1）在列车起动时，为列车起动时的电气设备提供 DC 110V 电能，直到蓄电池充电器开始工作后，处于浮充电状态。

（2）在列车失去高压电源时，蓄电池能够为列车的监控设备、通信设备（包括列车广播、车载无线电、PIS）、紧急照明、紧急通风、头灯、尾灯等至少提供 45min 电能。

（3）为打开或关闭车门一次供电。

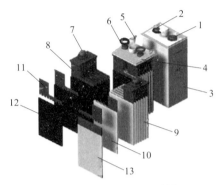

图 9-16 单节镍镉蓄电池结构
1-正极柱；2-负极柱；3-外壳；4-盖板；5-加液塞；6-端柱螺母；7-端柱；8-负极板组；9-正极板组；10-带隔膜的纤维结构正极板；11-极耳；12-纤维结构负极板；13-隔膜

（二）蓄电池的结构

1. 镍镉蓄电池单体

正极以多孔烧结氧化镍为电极基片，用化学方法沉淀氢氧化镍形成电极活性物质。负极以金属镉为电极基片，用化学方法沉淀氢氧化镉为电极。把正极和负极分别包在穿孔钢带中，成为正极板组和负极板组，正、负极板组以绝缘物隔离，被牢固地安装在塑料外壳内，组成蓄电池单体。引出到蓄电池单体外的两个电极，红色为正极，蓝色为负极。单节镍镉蓄电池结构如图 9-16 所示。

单节镍镉蓄电池基本包括以下几个部分：

（1）正、负极：由电极活性物质和导电骨架组成。

（2）隔膜：用于正、负极板之间，防止正、负极之间短路。

（3）注液口：蓄电池盖上留有注液口，平时装有顶端带出气孔的塑料气塞，需注入电解液时翻开，它既能排出蓄电池内产生的气体，又能防止杂物及灰尘掉入蓄电池内。

（4）电解液：镍镉蓄电池的电解液为 KOH 溶液，其补充水周期为 3 个月。在蓄电池内部，电解液起到离子导电的作用，进而形成通路。

（5）外壳：极板、电解液和隔膜组装在外壳内。外壳要求有良好的机械强度，耐冲击、耐腐蚀、耐高低温等。

（6）其他部件：如螺栓、螺母、垫片、弹簧、导线等。

2. 镍镉蓄电池组

镍镉蓄电池组如图 9-17 所示。单节蓄电池的电压为 1.2V，一个蓄电池组共有 80 个蓄电池单体，电压为 DC 96V，定额容量为 140Ah。蓄电池单体在 16 个不锈钢托盘中串联，同一托盘中的各蓄电池单体用镀镍铜板相连，托盘与托盘之间的连接采用无卤素铜电缆连接器。每组蓄电池有 2 个蓄电池设有安插温度传感器的小孔，其中一个插有温度传感器，另一个备用。

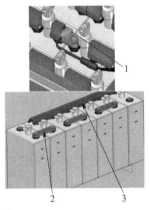

图 9-17 镍镉蓄电池组
1-温度传感器；2-电池连接片；3-绝缘条

二、蓄电池的主要参数

蓄电池的主要参数如下：

（1）标称容量。标称容量，又称额定容量，是指在一定放电条件下，规定蓄电池应该给出的最低限度的电量。蓄电池容量 $C=It$，蓄电池的容量通常用 A·h（安·时）表示，1A·h 就是能在 1A 的电流下放电 1h。单元蓄电池内活性物质的数量决定单元蓄电池含有的电荷，而活性物质的含量则由蓄电池使用的材料和体积决定。因此，通常同类蓄电池体积越大，容量越高。

（2）标称电压。蓄电池刚出厂时，正负极之间的电位差称为蓄电池的标称电压。蓄电池的标称电压是在正常工作过程中表现出来的电压。标称电压是由极板材料的电极电位和内部电解液的浓度决定的。

（3）内阻。蓄电池的内阻决定于极板的电阻和离子流的阻抗。在充、放电过程中，极板的电阻是不变的，但是，离子流的阻抗将随电解液浓度的变化和带电离子的增减而变化。

（4）充电终止电压。蓄电池充满电时，极板上的活性物质已达到饱和状态，再继续充电，蓄电池的电压也不会上升，此时的电压称为充电终止电压。镍镉蓄电池的充电终止电压为 1.75～1.8V，镍氢蓄电池的充电终止电压为 1.5V。

（5）放电终止电压。放电终止电压是指蓄电池放电时允许的最低电压。如果电压低于放电终止电压后蓄电池继续放电，蓄电池两端电压会迅速下降，形成深度放电，这样，极板上形成的生成物在正常充电时就不易再恢复，从而影响蓄电池的寿命。放电终止电压与放电率有关。

三、蓄电池的工作原理和充电方法及特点

1. 工作原理

镍镉蓄电池在充电时，正极发生氧化反应，负极发生还原反应；在放电时，负极发生氧化反应，正极发生还原反应。镍镉蓄电池充电时电能变为化学能储存起来，放电时将化学能变为电能而输出，两电极所发生的电化学反应是可逆的。镍镉蓄电池极板的活性物质在充电后，正极板为羟基氧化镍 [NiOOH]，负极板为金属镉（Cd）；而放电终止时，正极板转化为氢氧化亚镍 [Ni(OH)$_2$]，负极板转化为氢氧化镉 [Cd(OH)$_2$]。电解液多选用氢氧化钾（KOH）溶液。

镍镉蓄电池化学总反应式：

（正极）　（电解液）　（负极）　　　（正极）　　（负极）

$$2\text{NiOOH} + 2\text{H}_2\text{O} + \text{Cd} \underset{充电}{\overset{放电}{\rightleftharpoons}} \text{Ni(OH)}_2 + \text{Cd(OH)}_2 \tag{9-1}$$

　　羟基氧化镍　　水　　镉　　　氢氧化亚镍　氢氧化镉

过充电时镍镉蓄电池的化学反应式：

$$\text{(电解液)} \quad \text{(负极)} \quad \text{(正极)}$$
$$2H_2O \underset{\text{充电}}{\overset{\text{放电}}{\rightleftharpoons}} H_2\uparrow + O_2\uparrow \tag{9-2}$$
$$\text{水} \qquad \text{氢气} \quad \text{氧气}$$

从式 (9-1) 和式 (9-2) 可以看出，电解液只作为电流的传导体，其浓度不发生变化。因此，对于镍镉蓄电池不能依据电解液的密度来判断电池充、放电的程度，唯一可靠的办法就是根据电压的变化来判断充、放电的程度。

2. 充电方法

（1）恒电流充电：蓄电池充电过程中，电流恒定不变，恒电流充电一般是用 $0.2C_5A$（C_5A 表示蓄电池容量，$0.2C_5A$ 表示充电电流值为蓄电池容量大小的 0.2 倍）电流连续充电 8h。

（2）恒压限流充电：通常是在规定电压下，将充电电流限定在 $0.2C_5A$ 以下充电。

（3）浮充电：在列车使用情况下，保持恒压但不限制电流充电。

3. 特点

（1）镍镉蓄电池可重复 500 次以上的充、放电，非常经济。

（2）内阻小，可供大电流的放电。在放电时，镍镉蓄电池电压的变化很小。镍镉蓄电池作为直流电源是一种质量极佳的蓄电池。

（3）因为采用完全密封式，所以不会有电解液漏出的现象，也完全不需要补充电解液。

（4）与其他种类蓄电池相比之下，镍镉蓄电池可耐过充电或过放电，操作简单方便。

（5）长时间的放置也不会使其性能劣化，充完电后即可恢复原来的特性。

（6）可使用在很广的温度范围内。

（7）镍镉蓄电池有记忆效应，即镍镉蓄电池在几次低容量下的充、放电工作之后，如果要进行一次较大容量的充、放电，蓄电池将无法正常工作，这种情况称为记忆效应。镍镉蓄电池要在放完电后保存。

四、蓄电池箱

某地铁长客 B 型电客车采用的 93.6V 直流电池组由 78 只单体串联构成，标称容量为 180Ah，电解液密度是 1.236kg/L。在 20℃，以 5h 放电率 36A 放电到终止电压为 1V。每列 6 辆车装备 2 个蓄电池箱，位于车下用以装载 DC 110V 蓄电池组。蓄电池安装采用小车结构，设有防止小车滑动及跳动的小车紧固装置及防止小车冲出滑道的止挡和方便小车拉出的把手。小车能够顺利沿悬臂滑动，在正常滑动范围内无阻塞现象。小车拉出时，连接器会自动断开，并且能够方便地更换蓄电池；小车推进后，连接器会自动咬合。蓄电池箱如图 9-18 所示。蓄电池箱一般布置在拖车上，箱内主要是串联的蓄电池单体，一般还设有熔断器和温度传感器，用于保护和温度补偿功能。蓄电池采用自然通风方式冷却。

项目九 辅助电源系统

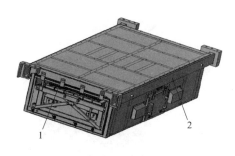

a) 蓄电池箱外形　　　　　　　　　　b) 蓄电池箱内部

图 9-18　蓄电池箱
1-蓄电池；2-蓄电池箱

课题四　蓄电池充电器

蓄电池充电器，也称充电机。城市轨道交通车辆蓄电池充电器有两种设计方案：一种是利用 DC/DC 变换器从接触网取电，其内部包含逆变和整流两种变换过程；另一种是利用 AC/DC 整流模块从辅助电源系统取电，其内部主要包含整流环节。运营时蓄电池充电器连接到 DC 1500V（DC 750V）列车母线上，通过受电弓从接触网或第三轨获得电源，在车辆段则使用车间电源供电给蓄电池充电器和辅助逆变器。

一、蓄电池充电器的作用和结构

蓄电池充电器的作用是将输入电压转换成电位分离的 DC 110V 输出电压。在正常运行模式下，蓄电池充电器的主要功能是对车载蓄电池进行充电，同时以 DC 110V 为车载辅助设施供电。蓄电池充电器通常有 3 个输出端子，分别为 +BN、+B、-B。其中，+BN 端子为连接低压负载使用，+B 端子为蓄电池充电使用，-B 端子为输出负极。充电机模块 1500/110-25 型蓄电池充电器是由充电机模块 1500-02、连接和蓄电池配电模块（也称开关模块）AMG-03、输入扼流圈（2 片）、输出变压器组成。输入扼流圈和输出变压器放在通风区（IP21）内，其他元件放在封闭的区域（IP54）内，这些区域被隔离物分开，电缆从一个区域到另一个区域要经过防水通道。所有元件都能从模块的前面拔出，而充电机模块 1500-02 和开关模块 AMG-03 都用卡宾转接头紧固，其作用就像锁一样防止任何非正常的拔出。连接高压 DC 110V 的外部电缆从箱体后部的法兰板通过，这些电缆被连接在开关模块 AMG-03 的柱头螺栓端子上。为了实现该连接，箱体后部的检查门必须翻开。充电机模块 1500/110-25 型蓄电池充电器前视图和俯视图如图 9-19、图 9-20 所示。

内部电源和控制连接、熔断器和插入卡都可以从前面接触到。车载蓄电池负极接地端子也同样与设备前部箱体接地电位相连。使用内部紧急蓄电池与其他设备断开的插头

265

X290，它位于高压连接的柱头螺栓端子 X200 和 X201 的后面，在检查门的后面可接触到。

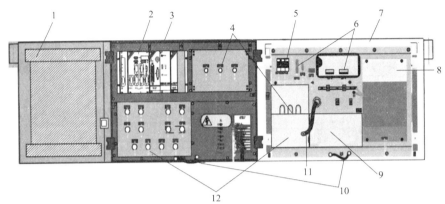

图 9-19　充电机模块 1500/110-25 型蓄电池充电器前视图

1-输入扼流圈和输出变压器；2-系统控制插入卡；3-充电机模块 1500-02；4-内部连接 DC 110V；5-断路器；6-控制信号插；7-开关模块 AMG-03；8-带熔断器的 DC 110V 闸刀开关；9-蓄电池负极熔断器；10-提升绳；11-蓄电池负极接地电缆；12-内部连接高压

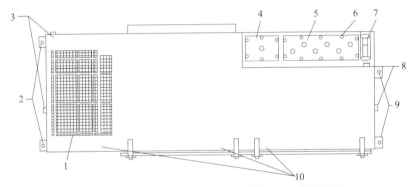

图 9-20　充电机模块 1500/110-25 型蓄电池充电器俯视图

1-通风区；2、9-运输点；3、8-接地点；4-翼缘板高压电缆；5-翼缘板 DC 110V 电缆；6-检查门；7-控制信号插；10-前门

二、蓄电池充电器的工作原理

(一) 控制原理

蓄电池充电器控制原理图如图 9-21 所示。蓄电池充电器直接连接在高压供电线上，设备没有预充电装置，也没有将充电器从接触网上断开的接触器。当受电弓与接触网相连时，输入熔断器啮合，DC 1500V 直流输入电压连接到充电器上。

内部电源由蓄电池组供应，紧急启动蓄电池有选择地起作用，当蓄电池电压供给充电器时，将内部电源接通，同时内部微处理器控制系统带（数字信号处理技术的控制单元）工作并等待启动信号，在这种状态下，蓄电池充电器得到启动信号即开始工作，输出电压将沿斜坡上升，但在不到 2s 的时间内就能达到额定输出电压（当输出电流在限定值内时），进入完全运行状态。只有在之前已完成启动微处理器，才能实现小于 2s 的启动时间，否则系统的总启动时间将有所延长，但不会超过20s。

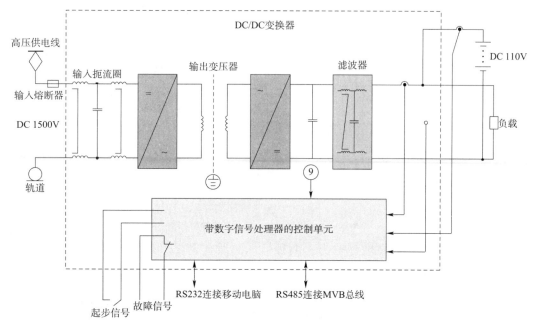

图 9-21 蓄电池充电器控制原理图

如果输入功率受到干扰，蓄电池充电器将立即停止工作，在输入功率重新回到规定界限内时，蓄电池充电器会在2s内自动回到完全运行状态。

启动信号是一个由微处理器控制系统检测的数字式信号，当蓄电池系统达到额定电压时被触发，它被连接到蓄电池电压信号上，一旦启动信号消失（如在安全环路没有构成、降弓情况下），充电机立即停止工作。

故障信号是微处理器控制系统输出信号，它可被看作通常的开路接触器，在蓄电池电压达到额定电压时闭合，故障信号只能在充电器完全运行的状态下出现，受到一个短暂的干扰（如输入端出现了过电压），蓄电池充电器是不会产生故障信号的。

蓄电池充电器还带有 RS232 接口和 RS485 接口，两个接口均基于诊断软件对充电器设备进行控制操作。

蓄电池充电器将监控蓄电池系统中的不同数据，如充电器输出电流、蓄电池电流、电压和温度。在软件中不同的控制方法也将与不同的蓄电池系统相匹配。蓄电池电压可以在蓄电池的输出端口直接测量，也允许在输入端通过蓄电池传感器电缆直接测量蓄电池电压，这是一个可供选择的有效方法。输出电压、最大输出电流和最大蓄电池电流能够在软件中配置。

（二）电路原理

图 9-22 为某车辆蓄电池充电器的电路原理图。蓄电池充电器包括一个三相全波二极管输入、半桥单向逆变器、变压器、输出整流器和调节输出平稳的 DC 低通滤波器。它提供一个可控的低压 DC 输出，单相半桥电路将输入电压转换成方波电压然后供给变压器的初级。变压器确保蓄电池电压和初级电压之间的隔离。二极管整流器和输出滤波器将直流

电压提供给蓄电池和110V负载。这样，蓄电池充电器动作相当于一个可变转换比率的DC/DC变压器。蓄电池充电器的电压根据温度和蓄电池的电压调节。

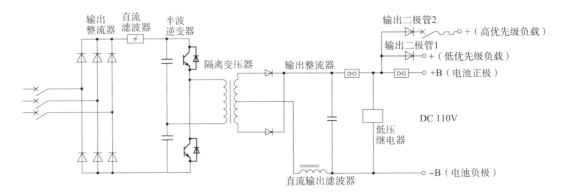

图9-22 某车辆蓄电池充电器的电路原理图

低压可以由逆变器或蓄电池输出，两种低压总线规定：永久低压总线给休眠模式下的负载供电；逆变器提供的总线给其他低压负载供电，在休眠模式下，不向总线供电。

辅助供电的三种方式

低压由两个电路提供：一个永久低压电路和一个预压电路。永久低压电路不仅为一些正常工作的低压负载和处于休眠模式需要唤醒的负载供电，还为列车连挂和解钩控制部分供电。预压电路为所有正常工作和降级模式（如没有高压）不进入休眠状态的低压负载供电。在车辆整备时，如果储存有足够低压电能，预压列车线得电。

项目九实训任务工单与阶段测试见本教材配套工作手册。

项目十

列车通信系统

学习导入

城市轨道交通列车通信系统是一个视听的链路网,保证提供传输服务,给乘客传输各类信息,且确保对车站和乘客进行高层次的指挥调度。通信系统可以为OCC、车辆段、车站、列车的运营、管理、乘客及其他系统设备传输数据、语音、图像等信号,是城市轨道交通车辆运行必备的信息传输媒体,保证列车运行的安全,为乘客提供舒适的乘车体验。列车通信系统一般包括列车广播通信系统、乘客信息系统、视频监控系统和列车信息收发系统四个子系统。

知识目标

1. 掌握乘客信息系统的组成;
2. 掌握车载电台及列车广播的作用和使用方法;
3. 了解列车信息收发系统的功能;
4. 了解列车视频监控系统的功能及构成。

能力目标

1. 能识别城市轨道交通列车通信系统的设备及操作;
2. 能使用司机控制单元进行各种广播;
3. 能使用车载电台。

建议学时

4学时。

延展阅读 10

深圳地铁12号线地铁车辆的人文设计

课题一 列车广播通信系统

列车广播通信系统一般采用分散控制，在各车厢分别设置一套控制设备。列车广播具有司机室对讲、司机对乘客广播、列车自动广播、司机与乘客对讲、OCC 对客室车厢广播等功能，可实现城市轨道交通列车运营信息广播与指示，使乘客及时了解城市轨道交通列车的运行情况、预到站、到站、开左（右）侧车门等信息，方便乘客换乘其他线路，减小乘客下错站的可能性。在发生灾害或其他紧急情况下，可通过列车广播通信系统进行紧急广播，以指挥乘客疏散，指挥调度工作人员抢险救灾，减少意外造成的损失。

一、司机室广播控制单元

司机室广播控制单元由广播电源模块、录音模块、数字信息处理器（数字报站器）、重联模块、TMS 接口单元、中央控制器、音频处理器和一些接口设备（如司机室接口单元等）构成，如图 10-1 所示。司机室广播控制单元可以完成系统内部故障的检测及系统的自诊断。

图 10-1　司机室广播控制单元

司机室广播控制单元在默认情况下，钥匙被打开一端的司机室语音控制单元为激活端（主台），另一端为非激活端（副台）。无论广播中央控制盒如何倒机，操作端始终保持不变。可以对广播的优先级进行设置，高优先级广播自动切断低优先级广播，默认状态下，优先级依次为无线电广播、人工广播、数字报站广播、媒体伴音。

（1）广播电源模块：用于广播设备供电。广播电源模块内部均采用高可靠性工业级隔离电源模块，保证在恶劣电磁环境下的可靠运行。X1 为车辆供电输入连接器。

（2）录音模块：司机室广播控制单元内设有 2 个录音模块，分别用于广播、对讲/报警的录音。SD 卡为录音文件存储卡。

（3）数字信息处理器（数字报站器）：支持多种音频的播放，包括 mp3、wav 等格式，通常推荐的格式为 mp3 格式。具有高压缩性的 mp3 格式可以用小容量的 SD 卡存储更多的广播内容。SD 卡为报站音频存储卡。

（4）重联模块：系统有重联救援功能，即当两列车重联救援时，可以实现激活司机室对两列车全部客室的广播；同时，司机室与司机室可以进行对讲。地址拨码用于机柜地址的设置（1 车机柜为 0，6 车机柜为 1）。

（5）TMS 接口单元：将 TCMS 传来的数据转发给乘客信息系统（PIS）的中央控制器进行处理，并上传 PIS 的故障信息至 TCMS 系统，即完成 MVB 协议到 RS485 协议的转换。

（6）中央控制器：负责整个系统的通信、管理、调配和故障信息的搜集存储，并作为设备间系统控制总线的通信管理；负责系统多路音频信号的输入选择，能够集中控制列车广播、无线电广播、数字式语音广播、乘客报警、对讲与信息传输的功能。

中央控制器采用主备工作模式：一旦主中央控制器（在激活端司机室）发生故障，主备列车广播控制将自动进行转换，备用中央控制器（另一端司机室）将代替中央控制器进行列车广播系统的控制。

（7）音频处理器：用于整车的信源选择和音频处理。当该设备所在机柜为主设备时，信源选择处理器根据中央控制器的指令和各路信源的优先级控制相应的信源输出到列车广播音频线上，同时在输入和输出端分别对音频信号进行放大、降噪等优化处理。RADIO 为当 OCC 广播时该指示灯闪烁，DVA 为数字报站输入，MEDIA 为媒体伴音输入。

（8）司机室接口单元：用于机柜与列车总线的连接，它也是广播设备与列车其他系统的接口之一，实现了广播设备的供电、广播系统与列车线的连接、广播控制盒与广播系统的连接等功能。

二、客室广播控制单元

客室广播控制单元是客室的核心设备，由功率放大器、本地控制单元、对讲控制器和一些接口设备（如客室接口单元等）等构成，如图 10-2 所示。其功能包括广播系统的客室通信控制、音频处理等，并完成系统内部客室故障的检测及系统的自诊断。

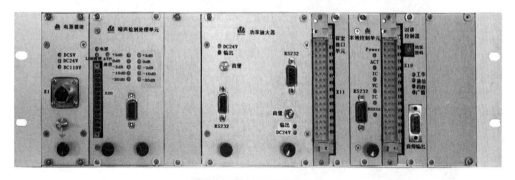

图 10-2 客室广播控制单元

（1）功率放大器：用于对广播的音频信号进行放大，驱动扬声器发出声音；内置两个完全相同的功放模块，分别连接两路扬声器，当一路出现故障时，另一路能够继续工作，提高系统的冗余度；具有过流、过压、过温等多种保护电路，能够自动调整功放的工作状态，保持广播信号不会间断，适合长期连续运行。

（2）本地控制单元：客室广播设备的核心，接收广播中央控制器的指令并控制客室其他设备的工作。本地控制单元实现多任务的调度、分配，提高了系统信息处理的速度；同时，作为客室的通信网关，将车辆通信与列车总线隔离，并完成通信转换，从而保证当客室通信故障后，不会影响列车总线的通信状态。

（3）对讲控制器：每个客室设置一个。对讲控制器用于乘客紧急通话装置与对讲总线的连接控制，安装在对讲控制器面板上，连接器外挂两个紧急报警器；在紧急状态下，完成司机与乘客之间的对讲。报警指示灯说明：当检测到有报警时，报警指示灯闪烁；接收到应答报警指令后，报警指示灯常亮；接收到挂断报警指令后，报警指示灯熄灭。

（4）客室接口单元：客室接口单元的接口设备，用于列车线和车辆线与机柜的连接，信号输入等。客室接口单元采用 HARTING 连接器，具有防插错设计。

三、扬声器

客室的侧顶活门内部设有扬声器，每车设置 8 个，在客室内均匀分布。其中，带司机室的客室装有 6 个扬声器。扬声器用于播报到站信息及各种服务信息。扬声器自带变压器，可平面嵌装于车厢内，在列车运行速度为 80km/h 时，隧道区段时声音清晰。扬声器如图 10-3 所示。

四、LCD

客室的侧顶活门内部设有 LCD（图 10-4），头车每车设置 6 个 LCD，中间车每车设置 8 个 LCD，在客室内均匀分布。LCD 用于显示广播报站等信息，主要是彩色图文显示。

图 10-3　扬声器　　　　　　　　图 10-4　LCD

五、动态地图

在每个车门的上方均装有一个动态地图（图 10-5），可动态地显示列车的运行线路、区间、方向或当前及下一停靠站、换乘、开门侧等信息。电源电压为 DC 110V。

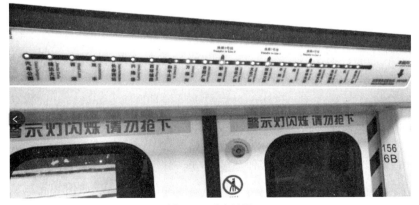

图 10-5　动态地图

六、广告框或电子广告框

客室的侧墙装有广告框或电子广告框（窗和门中心），如图 10-6 所示。每车设置 6 个广告框或电子广告框，在客室内均匀分布，用于安装通知广告或显示电子广告等信息。

七、设备操作

（一）司机室广播控制盒的操作

司机室广播控制盒直接连接到列车总线上，可以进行司机对讲、人工广播、紧急对讲、司机监听和监听音量调节的功能，如图 10-7 所示。

图 10-6　广告框　　　　　图 10-7　司机室广播控制盒

（1）司机室广播控制盒上提供人机接口：带指示灯的按键（包括人工广播、紧急对讲、音量调节、报警复位）；手持话筒；指示灯［包括工作、通信、对讲、PTT（即按即通）、音量调节］。

按键说明：

【人工广播】带指示灯自复位按键：用于司机对客室人工广播功能。

【紧急对讲】带指示灯自复位按键：用于应答乘客与司机之间紧急对讲功能。

【音量调节】带指示灯自复位按键：用于对广播音频信号的监听音量大小调节。

【报警复位】带指示灯自复位按键：用于挂断/复位客室紧急报警器。

手持话筒"PTT"按键：司机对讲时拿起话筒按下 PTT 按键，PTT 指示灯常亮，即可进行对讲。

（2）司机对讲：司机室广播控制盒空闲时，任一端司机直接拿起司机室广播控制盒上的话筒并按下手持话筒上的 PTT 按键，PTT 指示灯亮起，表示司机对讲即建立。发起端可以对另一端讲话，另一端司机室扬声器可听到讲话声，发起端讲话完毕。被发起端操作相同。

司机对讲无须确认即可发起，操作任一端司机室广播控制盒都可以实现通话功能，当两列车连挂时，4 个司机室的司机能互相对讲。

（3）人工广播：在激活端司机室，司机按下广播控制盒上的"人工广播"按钮，如果没有其他更高优先级的功能在执行，司机人工广播功能将被激活，此时"人工广播"指示灯常亮，人工广播发起成功。

司机按下手持话筒"PTT"按键开始播报，司机的播报内容传送到客室扬声器和另一端司机室扬声器。在司机进行讲话时，本地监听扬声器会保持静默。人工广播结束后，司机再次按下"人工广播"按键，按键指示灯熄灭，人工广播功能结束。

(4) 紧急对讲：当乘客按下客室紧急报警器上的"报警"按键，激活端（有钥匙信号）广播控制盒"紧急对讲"按键指示灯（红色）闪烁，蜂鸣器鸣响；此时激活端（有钥匙信号）司机室操作人员可按下广播控制盒上的"紧急对讲"按键应答该报警器，报警器进入通话状态，操作人员可以通过操作手持话筒"PTT"按键和客室内的乘客进行对讲。当对讲结束后，激活端（有钥匙信号）司机室操作人员再次按下广播控制盒上的"紧急对讲"按键即可挂断本次紧急对讲操作，报警器又进入复位状态。

当多个紧急报警器报警时，可通过操作"报警复位"来复位所有报警的紧急报警器。

图10-8　紧急报警器

(二) 客室乘客紧急报警器的操作

紧急报警器面板有3个状态指示灯和1个带指示灯金属按键（有保护盖），如图10-8所示。紧急对讲装置电源电压为DC 110V。

(1) 按键指示灯状态：报警按键用于乘客操作并指示报警器报警状态，红色指示灯闪烁为等待接通，红色指示灯常亮为接通。

(2) 指示灯状态：听/乘客报警接通后司机讲话，"听"状态指示灯点亮，显示为红色；讲/乘客报警接通后乘客讲话，"讲"状态指示灯点亮，显示为绿色。占线/报警后司机，正在接通另外一个乘客紧急报警器常亮，其他情况熄灭，显示为黄色。

司机与乘客的对讲采用"呼叫+应答"的触发方式。当客室出现紧急情况或突发事件时，乘客可以按下紧急报警器上的报警按键向司机室报警。

按下客室内紧急报警器按键后，报警器上的报警灯开始闪烁以提醒乘客正在呼叫；激活端司机按下司机室广播控制盒"紧急对讲"按键，接通对讲，按下手持话筒"PTT"键，司机可进行讲话，司机与紧急报警器进行的讲、听通话采用半双工模式。司机再次按下"紧急对讲"按键后，挂断广播控制盒与紧急报警器的对讲，完成紧急对讲操作。

小贴士：乘客紧急报警装置只是在紧急情况下才可按规定使用，不能随意使用。当列车即将进站，距离站台150m范围内，或者列车即将出站，未驶出站台150m时，此时如果有乘客按压紧急报警按钮，那么列车会自动实施紧急制动。因此，通常情况下，若乘客随意使用，将可能引发不必要的事故，还会受到罚款等处罚，情节严重者还将追究刑事责任。

八、客室电气控制柜

在 M_{p_1}、M_1、M_2、M_{p_2}、T_{c_1}、T_{c_2} 车均设有1个电气控制柜。电气控制柜内包含客室

控制机柜、媒体网关、客室交换机、连接器等，它们与车下和司机室电气设备共同完成车辆的广播控制、视频控制、监控控制。M_{p1}、M_1、M_2、M_{p2} 车电气控制柜（一位端一位侧）内元件布置如图 10-9a）所示，T_{c1}、T_{c2} 车电气控制柜（二位端一位侧）内元件布置如图 10-9b）所示。

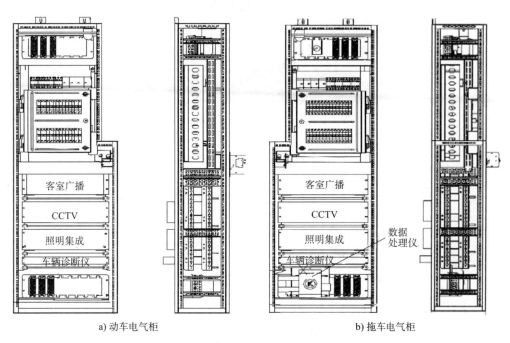

图 10-9　电气控制柜

课题二　视频监控系统和列车信息收发系统

一、视频监控系统

视频监控系统（CCTV）是一个网络监控系统，具有提供高质量的视频监视、单路摄像机的长时间存储和方便的注释检索功能。实现在列车或地面上方便、快捷地浏览和检索存储的视频，并可以将视频转存到其他存储介质上，如存储卡等。CCTV 加电后即开始显示和存储视频；同乘客紧急报警装置相连，通过摄像机覆盖所要监视的区域。列车通信系统的媒体视频下载及视频监控图像的上传均是通过列车的信息收发系统实现的，列车收发系统包括车载无线网桥和无线天线。

（一）CCTV 结构

列车 CCTV 是由 CCTV 多媒体控制器、数字视频存储硬盘、LCD 触摸监视显示屏（图 10-10）、司机室摄像机、客室摄像机、CCTV 车辆网络接口设备等组成的一个网络监控系统（图 10-11）。

图 10-10　LCD 触摸监视显示屏

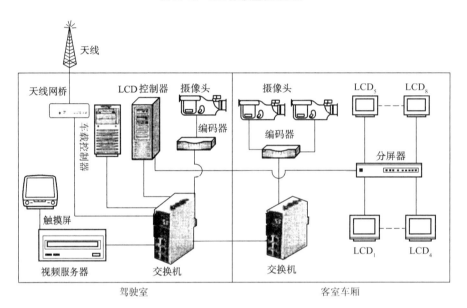

图 10-11　CCTV 网络监控系统结构图

1. 视频服务器

视频服务器采用工业级计算机，实现实时视频显示、音频录像存储以及 LCD 媒体播放控制、管理等功能。每列车有 2 台视频服务器，它们安装在 Tc_1 和 Tc_2 车内。在列车运营过程中，Tc_1 车视频服务器被自动设置为主控服务器，另一台视频服务器被自动设置为副控服务器。被设置为主控的设备将接管所有操作，而副控服务器处于备用状态。视频服务器如图 10-12 所示。

2. LCD 触摸监视显示屏

司机室 LCD 触摸监视显示屏是系统的核心显示、控制设备，其外观如图 10-13 所示。它可完成系统所需的实时视频显示、控制操作及设备管理等功能。

3. 媒体网关

媒体网关（图 10-14）是 CCTV 中完成视频数据采集、紧急图像记录和网络传输的设备，该设备基于嵌入式系统设计，由视频压缩处理模块、输入/输出接口模块、DC 110V 电源变换和百兆交换机模块组成，具有很强的信息处理能力和较好的可扩展性。

图 10-12　视频服务器　　　　　　图 10-13　LCD 触摸监视显示屏外观

媒体网关最多提供 4 路模拟视频信号输入，媒体网关同时提供 DC 12V、2A 的直流电源输出，可直接向彩色半球摄像机供电。媒体网关内部集成一个 800M 工业交换机模块，对外提供 12 个接口：1 个 DC 110V 电源输入接口，1 个 DC ±12V 电源输出接口，4 个 TNC 端子（连接摄像头），3 个 DB9 插座（连接媒体网关、视频服务器以及客室间媒体网关之间相连接），1 个报警及音频输入接口，2 个 RJ 45 插座（供专用笔记本电脑连接使用）。媒体网关采用标准 MPEG-4 编解码算法，可支持最多 4 路 352×288 图像分辨率 12 帧/s 的实时速度处理视频数据。

4. 司机室摄像机、客室摄像机

司机室摄像机采用 360°全角监视摄像机，在低于 8lx 的照度时，自动开启红外辅助照明，图像转为黑白图像。司机室全景摄像机 GL330，采用铝合金外壳、PC 外罩。司机室有两台 IP 摄像机，记录司机室监视画面，能完全、清晰、无畸变、实时地监视司机的所有驾驶和操作按钮、旋钮、开关、触屏动作，满足操控司机室并自动适应司机室内的各种光线环境。

客室摄像机（图 10-15）在 CCTV 中作为监控图像转为视频数据前端设备。摄像机的选择对系统性能影响非常大。摄像机主要参数为 CCD 点阵参数和镜头焦距选择。摄像机的 CCD 为摄像机感光器件，现在 CCD 感光元件面积尺寸一般为 1/3in[①] 或 1/4in。理论上讲，面积越大，在相同像素状态下，信噪比越高。CCD 点阵数量越多，图像分辨率越高。摄像机镜头规格应根据具体环境计算选择，客室选用 6mm 镜头。客室半球摄像机 GL-423W/TA 为铝合金外壳、PC 外罩。

图 10-14　媒体网关　　　　　　图 10-15　客室摄像机

---

① 　1in≈2.54cm。

5. 司机室交换机

在列车两端司机室，各设置一台工业以太网三层交换机，用于将车载 CCTV 系统网络、车载乘客信息系统网络、无线 AP（车地无线网络）和地面 OCC 系统连接，并通过三层交换技术实现各个网络之间的隔离，避免各个网络直接相互影响。司机室交换机如图 10-16 所示。

图 10-16　司机室交换机

6. 解码分屏器

通过以太网接收编码后的 TS 数据码流，解码后分配给 LCD 进行显示。解码分屏器内包含有 DC 110V 电源模块、解码器模块、视频分配模块、动态地图信息分配模块、视频播放器模块、交接机模块等，以功能模块的方式组合在一起，此设计使得设备高度集成化、安装布线简单化。解码分屏器如图 10-17 所示。

图 10-17　解码分屏器

解码分屏器设备对外有 14 个接口以及两排由 LED 组成的状态指示灯。1 个 DC 110V 电源输入接口、2 个专用笔记本电脑接口、8 个 VGA 接口，连接客室 17 英寸 LCD、3 个 DB9 插座，以供解码分屏器与视频服务器之间以及解码分屏器之间连接。解码分屏器将解码后的 VGA 信号分成 8 路并通过 VGA 接口输送到客室 17in LCD 上播放。在通信上采用数字 TS 流信号传输，信号可以保证每个车厢保持一致。解码分屏器到 LCD 显示屏采用平衡信号传输，视频信号采用一根网络电缆就可以连接。

（二）CCTV 功能

CCTV 的功能主要包括如下：

（1）在列车车厢内安装高性能彩色摄像机，实现无死角全方位监视。

（2）在列车司机室内，机车安全人员或操作人员能通过该系统实时监控列车内的情况。

（3）在列车司机室内，列车操作人员能监控 150m 距离范围内车站视频情况。

（4）城市轨道交通管理人员能通过该系统查询历史记录，以提供相关事件调查资料。

(5) 列车内监控系统能将相关信息及时提供给中央控制室，与站台监控形成一个整体。

(三) CCTV 操作

CCTV 上电时间，从开机到显示需要 200s。CCTV 为 4 画面［图 10-18a)］显示，14 路循环，自动定格，画面自动传输，如果画面传输不好会自动传输 10 次，10 次后不再传输。CCTV 显示符合信息发布的优先级规则：后端门报警显示状态为最高级，其次为乘客紧急情况报警显示，以后的优先级顺序依次是站台视频图像显示，司机手控选择显示，司机室图像显示，正常显示状态。

报警时，车头车尾监控视屏出现摄像机的报警画面和报警提示信息（例如，摄像机对应按钮变为红色），存储报警图像，并记录报警信息，等待处理。报警信号消失（表明报警信号已经在车厢里及时处理），自动恢复正常监控状态。司机无权在监控屏上进行报警操作。报警信号会同时传送到地面中心。如果多个摄像机同时报警，则单画面显示报警摄像机的图像，其余报警在后面排队静待等候，画面始终显示最近报警的画面。

可以直接通过 LCD 触摸监视显示屏对硬件录像机进行操作。LCD 触摸监视显示器包括视频显示区域、功能按钮区域和摄像机图标区域。功能按钮区域可以选择自动切换、司机室图像、站台图像和向后翻转的功能；正常显示时，摄像机图标显示为绿色；乘客紧急报警按钮报警时显示为红色；站台图像为灰色；后端门报警显示为红色。

画面切换：视频显示区域可为单画面也可以为 4 个画面，且 4 个画面自动循环。当前单画面显示时，单击"画面切换"按钮，系统可以切换为 4 个画面显示，再次单击按钮，系统切换为单画面显示，显示图像为当前选中图像画面。LCD 触摸监视显示器画面如图 10-18 所示。

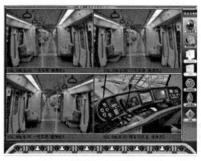 

a) 显示4个画面　　　　　　　　　　b) 显示1个画面

图 10-18　LCD 触摸监视显示器画面

视频图像轮询显示：CCTV 监控图像可以进行轮询显示，也可以进行静态图像显示，当系统为静态图像显示状态下，单击"开始轮询"按钮，系统将进行监控图像的轮询显示，同时该按钮显示为"停止轮询"，再次点击，系统进行静态图像显示。

二、列车信息收发系统

(一) 列车信息收发系统的构成

列车信息收发系统主要由车载服务器、无线宽带移动网网桥和天线、播放控制器、显示屏、摄像头等构成。列车信息收发系统负责通过车地无线宽带网络设备接收中心下发的信息内容，并通过车载播放控制器在本列车的所有乘客信息系统显示屏上实时播放，同时将车载视频监控图像实时上传至 OCC，供运营及地铁公安人员调看。

(二) 列车信息收发系统的原理

当上传图像时，无线网桥输出由图像转换而成的射频信号功率，通过馈线电缆输送到天线，天线再以电磁波形式发射出去，由地面设备接收并转换成视频图像；当下载媒体视频时，车载天线接收隧道和高架桥的无线 AP 发射出电磁波，并通过馈线电缆输送到无线网桥，车载设备通过接收无线传输的信息，经过处理后实时在列车车厢液晶显示屏进行音视频播放，使乘客通过正确的服务信息引导，安全、便捷地乘坐轨道交通。车地信息传输网络如图 10-19 所示。

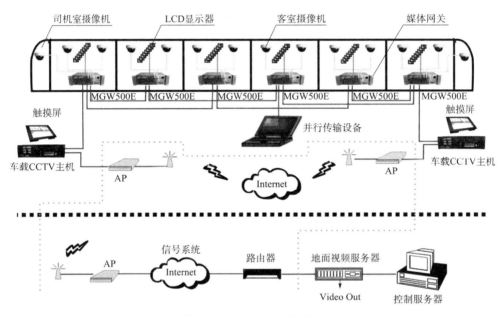

图 10-19　车地信息传输网络

北京地铁6号线的智能列车乘客服务系统

项目十实训任务工单与阶段测试见本教材配套工作手册。

参 考 文 献

[1] 曾青中,曾全君. 城市轨道交通车辆 [M]. 5版. 成都:西南交通大学出版社,2023.

[2] 仇海兵,纪争. 城市轨道交通车辆及操作 [M]. 2版. 北京:人民交通出版社股份有限公司,2018.

[3] 王艳荣. 城市轨道交通车辆电气检修 [M]. 3版. 上海:上海科学技术出版社,2020.

[4] 李瑞荣,邱晓欢. 城市轨道交通车辆电气故障分析与处理 [M]. 3版. 北京:中国铁道出版社,2023.

[5] 杜彩霞,谢鹏程. 城市轨道交通车辆构造与检修 [M]. 北京:机械工业出版社,2022.

[6] 张红雪,周慧钦,叶青. 城市轨道交通车辆构造 [M]. 上海:上海交通大学出版社,2020.

[7] 杨志强. 城市轨道交通车辆总体 [M]. 北京:中国铁道出版社,2007.

[8] 连苏宁. 城市轨道交通车辆构造 [M]. 北京:机械工业出版社,2010.

[9] 夏寅荪. 机车车辆及城市轨道车辆电空制动机 [M]. 北京:中国铁道出版社,2000.

[10] 阳东,卢桂云. 城市轨道交通车辆检修 [M]. 2版. 北京:机械工业出版社,2014.

[11] 应云飞,秦娟兰. 城市轨道交通车辆制动系统 [M]. 成都:西南交通大学出版社,2016.

[12] 曾青中,邓景山. 车辆空调与制冷装置 [M]. 成都:西南交通大学出版社,2008.

[13] 中国北车集团科学技术协会. 城轨车辆技术与应用 [M]. 北京:中国铁道出版社,2005.

[14] 殳企平. 城市轨道交通车辆制动技术 [M]. 北京:知识产权出版社,2011.

[15] 广州市地下铁道总公司. 车辆检修工 [M]. 北京:中国劳动社会保障出版社,2009.

[16] 何宗华,汪宗滋,何其光. 城市轨道交通车辆运行与维修 [M]. 北京:中国建筑工业出版社,2006.

[17] 上海申通地铁集团有限公司. 城市轨道交通建设和运营技术 [M]. 上海:同济大学出版社,2008.

[18] 刘钧. 上海轨道交通5号线车门系统的FMECA分析和应用研究 [J]. 地下工程与隧道,2010(4):39-42,46.

[19] 王建兵,朱小娟,蒲汉亮. 上海地铁车辆客室车门故障原因及整改措施 [J]. 电力机车与城轨车辆,2006,29(1):46-48,52.

[20] 冷庆军. 北京地铁4号线列车空调通风和采暖系统控制方式设计 [J]. 电力机车与城轨车辆,2008,31(3):19-22.

[21] 郑徐滨. 地铁客车空调系统设计参数分析 [J]. 铁道车辆，2000，38（z1）：54-55.

[22] 中永勇，陈文红，金庆华，等. 上海国产化A型车地铁列车牵引电传动系统设计 [J]. 现代城市轨道交通，2010（1）：10-14.

[23] 宋朝斌，蒋晓东. 深圳地铁龙岗线车辆的牵引电气系统 [J]. 电力机车与城轨车辆，2010，33（1）：18-21.

附录　中英专业术语对照表

序号	英文	英文全称	中文全称（备注）
1	ADD	auto dropping device	自动降弓装置
2	ATC	automatic train control	列车自动控制
3	ATO	automatic train operation	列车自动驾驶
4	ATP	automatic train protection	列车自动防护
5	CAN	controller area network	控制器局域网络
6	CAU	command acquisition unit	指令获得装置
7	CCTV	closed circuit television system	视频监控系统
8	FIP	—	一种网络接口标准
9	GDU	gate drive unit	门极驱动单元
10	GRP	glass fiber reinforced plastics	玻璃纤维增强塑料、玻璃钢
11	HBK	—	高速断路器的常开触头
12	HMI	human machine interface	人机界面显示器
13	HSCB	high speed circuit breaker	高速断路器
14	IGBT	insulated gate bipolar transistor	绝缘栅双极型晶体管
15	KBGM	—	德国生产的一种制动系统型号
16	LCC	life cycle cost	全生命周期成本
17	LCD	liquid crystal display	液晶显示器
18	LED	light emitting diode	发光二极管
19	LON	—	一种网络接口标准
20	MS	—	主隔离开关
21	MVB	multifunction vehicle bus	多功能车辆总线
22	MVP	—	一种网络接口标准
23	OCC	operation control center	运营控制中心
24	OVP	over voltage protection	过压保护
25	PA	public address system	广播系统
26	PACU	—	乘客广播通信单元
27	PA 箱	—	牵引和辅助逆变器箱、牵引辅助箱
28	PE	—	乘客紧急接口
29	PH 箱	—	逆变器和高压设备箱、牵引高压箱
30	PICU	—	乘客报警对讲单元

续上表

序号	英文	英文全称	中文全称（备注）
31	PIS	passenger information system	乘客信息系统
32	PTT	push to talk	即按即通（按键）
33	PWM	pulse width modulation	脉冲宽度调制
34	P箱	—	牵引逆变器箱、牵引箱
35	RCT	—	晶闸管逆变器
36	RIO	—	远程输入/输出阀
37	RM	restricted manual driving mode	限制人工驾驶模式
38	RMF	restricted forward manual driving mode	限制向前人工驾驶模式
39	RMR	restricted retreat manual driving mode	限制向后人工驾驶模式
40	SACEL	—	司机操纵台上司机室灯转换开关
41	SKATP	—	ATP切除开关
42	SKF	—	斯凯孚（轴承有限公司）
43	SKTDB	—	列车门全关闭旁路开关
44	SKZVB	—	零速旁路开关
45	SMD	—	站点地图显示屏

职业教育·城市轨道交通类专业教材

城市轨道交通车辆构造
（第 2 版）
配套工作手册

班级：_____

姓名：_____

学号：_____

人民交通出版社

北　京

项目一 城市轨道交通车辆的基本知识 /1

实训任务工单一　车辆的组成部件和主要技术参数 …………………………………… 1
项目一　测试题 ……………………………………………………………………………… 3

项目二 车体及内装系统 /6

实训任务工单二　车体认知 ………………………………………………………………… 6
项目二　测试题 ……………………………………………………………………………… 8

项目三 车门 /9

实训任务工单三　认知客室车门的结构、检测客室车门的功能 ………………………… 9
项目三　测试题 …………………………………………………………………………… 11

项目四 转向架 /13

实训任务工单四　认知转向架的结构、检查、测量转向架各部件 …………………… 13
项目四　测试题 …………………………………………………………………………… 15

项目五 车辆连接装置 /18

实训任务工单五　认知车钩缓冲装置、贯通道的结构、检查维护车钩缓冲装置 …… 18
项目五　测试题 …………………………………………………………………………… 20

项目六　制动系统　/22

实训任务工单六　认知空气压缩机组成、基础制动单元结构,并完成对制动系统日常检查 …… 22

项目六　测试题 …… 24

项目七　空调和制冷系统及采暖装置　/27

实训任务工单七　列车空调结构认知、对空调、采暖系统功能进行测试和日常检查 …… 27

项目七　测试题 …… 29

项目八　电力牵引系统　/32

实训任务工单八　认知电力牵引系统部件、认知受电弓 …… 32

项目八　测试题 …… 34

项目九　辅助电源系统　/35

实训任务工单九　认知辅助电源系统 …… 35

项目九　测试题 …… 36

项目十　列车通信系统　/38

实训任务工单十　对 CCTV 系统和列车广播系统进行操作 …… 38

项目十　测试题 …… 39

项目一 城市轨道交通车辆的基本知识

实训任务工单一 车辆的组成部件和主要技术参数

实训任务工单	车辆的组成部件和主要技术参数	组别	
班级		学生姓名	
任务描述	1. 根据实训设备或实际城市轨道交通车辆认识车辆各组成部件并填写车辆部件安装位置表; 2. 查阅资料和参观实际车辆,填写车辆技术参数表; 3. 完成项目一测试题		
任务内容			
实训情境	地点:城市轨道交通车辆段或实训演练场; 人物:检车人员、考核教师; 设备、工具、材料:城市轨道交通车辆或车辆模拟仿真软件		
实训演练	分组练习、分组考核:教师考核组长,组长对组员逐一进行考核		
完成本次任务后归纳总结车辆的类型尺寸、车辆的基本组成			
项目			得分
完成本次任务后,你对自己的评分(满分10分)			
各小组互评(满分10分)			
组内评分(满分40分) (1)参与小组讨论情况; (2)语言是否流畅,动作是否规范; (3)任务完成情况(车辆部件和参数表填写情况); (4)归纳总结情况			
教师评分(满分40分) (1)出勤; (2)安全; (3)纪律; (4)职业素养; (5)任务完成情况; (6)归纳总结情况			
总分			

1. 根据实训设备或实际城市轨道交通车辆认识车辆各组成部件并填写车辆部件安装位置表。

序号	车辆部件名称	主要作用	位置
1	车钩		□车顶　□车内　□车下
2	缓冲器		□车顶　□车内　□车下
3	制动电阻		□车顶　□车内　□车下
4	辅助制动箱		□车顶　□车内　□车下
5	应急逆变器		□车顶　□车内　□车下
6	蓄电池		□车顶　□车内　□车下
7	高速断路器		□车顶　□车内　□车下
8	空气压缩机		□车顶　□车内　□车下
9	空调机组		□车顶　□车内　□车下
10	脚踏泵和电动泵		□车顶　□车内　□车下
11	牵引电动机		□车顶　□车内　□车下
12	制动阀		□车顶　□车内　□车下
13	截断塞门		□车顶　□车内　□车下
14	受电弓		□车顶　□车内　□车下
15	闸瓦或闸片		□车顶　□车内　□车下
16	制动缸		□车顶　□车内　□车下
17	隔离塞门		□车顶　□车内　□车下
18	安全锤		□车顶　□车内　□车下
19	内、外部紧急解锁装置		□车顶　□车内　□车下
20	拉断螺栓、车钩对中装置		□车顶　□车内　□车下
21	车门		□车顶　□车内　□车下
22	扶手、座椅		□车顶　□车内　□车下
23	广告框		□车顶　□车内　□车下
24	广播		□车顶　□车内　□车下
25	CCTV		□车顶　□车内　□车下

2. **查阅资料和参观实际车辆，填写车辆技术参数表。**

序号	项目名称	技术参数	序号	项目名称	技术参数
1	车辆全长		7	车辆运行速度	
2	车辆宽度		8	车辆高度	
3	轴距		9	自重	
4	车轮直径		10	载重	
5	轴重		11	供电电压	
6	定员		12	座椅数	

项目一 测 试 题

一、填空题

1. 装有牵引电动机的车辆叫作_____，6 辆编组的列车，一个_____和_____组成一个单元。
2. 按车体的宽度分_____种类型车辆，其宽度分别为_____。
3. _____设备可以给蓄电池充电。
4. 辅助供电系统由_____电源、低压直流电源和蓄电池构成。其中，低压直流电源常有_____和_____。
5. 城市轨道交通车辆是由_____、转向架、车门系统、_____、贯通道装置、制动系统与风源系统、空调和通风系统、_____、_____、列车控制和故障诊断系统、列车广播和乘客信息显示系统、其他乘客信息和闭路监控系统、_____、车辆无线通信系统等组成。
6. 车辆相邻两转向架回转中心之间的距离称为_____，同一转向架最前位和最后位车轴中心线间距离称为_____。
7. B 型车车辆车钩高度标准值为_____mm，车轮直径在_____mm 范围内。
8. 逆变器是将_____电转化为_____电的装置，分为_____逆变器和_____逆变器。
9. 每列车一般安装_____套蓄电池，电压为_____V。
10. 限界分_____、_____和_____三种。

二、选择题（不定项选择）

1. 转向架是车辆的走行装置，安装于车体与轨道之间，一般由（　　）等组成。
   A. 构架　　　　　　　　　　B. 轮对轴装置
   C. 弹簧悬挂装置　　　　　　D. 制动装置
2. A 型车的车体宽度为（　　）。
   A. 2.6m　　　B. 2.8m　　　C. 3m　　　D. 2.5m
3. 车辆主要尺寸中新车轮直径为（　　）。
   A. 830mm　　　　　　　　　B. 805mm
   C. 840mm　　　　　　　　　D. 780mm
4. 下列说法正确的是（　　）。
   A. 列车运行速度越高，其所受到的空气阻力越小
   B. 坡越大，列车的坡道阻力越小
   C. 低速时，列车的轴承和轮轨的摩擦阻力影响比较大
   D. 所有作用在列车的外力大于零时，列车将减速运行

三、判断题

1. 城市轨道交通车辆运用时普遍采用动车组的编组形式，所以城市轨道交通车辆有动车和拖车之分。（　　）
2. 动车以 D 表示，拖车以 T 表示。（　　）
3. 我国推荐的轻轨电动车有 3 种型式：4 轴动车、6 轴单铰接式和 8 轴双铰接式车。（　　）

4. 贯通道是车辆与车辆之间的客室连接通道。　　　　　　　　　　　　　（　　）

四、问答题

1. 简述城市轨道交通车辆的类型及其结构特点。

2. 城市轨道交通车辆由哪几部分组成？各组成部分的作用是什么？

3. 城市轨道交通车辆应如何编组？车辆编组与哪些因素有关？

4. 城市轨道交通车辆的主要性能参数包括哪些？

5. 请整理 A 型车和 B 型车的主要尺寸参数及数值。

6. 为何要对车辆进行标识？请举例说明车辆是如何编号的。

7. 城市轨道交通车辆的车端、车侧是怎样规定的？请举例说明车门、车座是如何编号的。

....
....
....

8. 城市轨道交通车辆有哪几种限界？它们之间的关系如何？

....
....
....
....

项目二 车体及内装系统

实训任务工单二 车体认知

实训任务工单	车体认知		组别	
班级			学生姓名	
任务描述	1. 根据实际城市轨道交通车辆或模拟电客车仿真软件认识车辆的总体组成、司机室主要设备、客室主要设备; 2. 根据实训设备或实际车辆及仿真软件指认车辆部件并分别填写车辆总体设备表、司机室设备表、客室设备表			
任务内容				
实训情境	地点：城市轨道交通车辆段或实训演练场; 人物：检车人员、学生、考核教师; 设备、工具、材料：城市轨道交通车辆或车辆模拟仿真软件			
实训演练	分组练习、分组考核：教师考核组长，组长对组员逐一进行考核			
完成本次任务后，归纳总结司机室主要设备的组成、司机操纵台上的开关按钮的作用、客室设备的安装位置和作用				
项目				得分
完成本次任务后，你对自己的评分（满分10分)				
各小组互评满分（满分10分)				
组内评分（满分40分) （1）参与小组讨论情况; （2）语言是否流畅，动作是否规范; （3）任务完成情况; （4）归纳总结情况				
教师评分（满分40分) （1）出勤; （2）安全; （3）纪律; （4）职业素养; （5）任务完成情况; （6）归纳总结情况				
总分				

1. 车辆总体设备表。

序号	名称	位置	作用
1	司机室		
2	底架		
3	侧墙		
4	受电弓		
5	端墙		
6	牵引系统		
7	辅助系统		
8	制动系统		
9	空气压缩机		
10	蓄电池箱（AB箱）		

2. 司机室设备表。

序号	名称	位置	作用
1	司机座椅		
2	司机室门		
3	司机室端门		
4	司机操纵台		
5	风窗玻璃		
6	应急逃生门		
7	空气压力表		

3. 客室设备表。

序号	名称	位置	作用
1	客室座椅		
2	扶手		
3	广告框		
4	客室车窗		
5	空调和应急通风系统		
6	客室报警器		
7	乘客信息系统		
8	门区电子地图		
9	安全锤		
10	烟雾传感器		

项目二 测 试 题

一、选择题（不定项选择）

1. 城市快速轨道交通车辆车体的基本形式，按材料不同可分为（　　　）。
   A. 耐候钢车体　　B. 不锈钢车体　　C. 铝合金车体　　D. 碳素钢车体
2. 城市轨道交通车辆的车体是采用由（　　　）组成的封闭筒形薄壳整体承载结构。
   A. 底架　　　　　B. 侧墙　　　　　C. 端墙　　　　　D. 车顶
3. 下列属于司机室外部设备的有（　　　）。
   A. 司机操纵台　　B. 扶手　　　　　C. 无线电天线　　D. 压力表
4. 客室车厢内的安全装置有（　　　）。
   A. 乘客紧急报警按钮　　　　　　　B. 车门紧急解锁手柄
   C. 门区电子地图　　　　　　　　　D. 灭火器
5. 下列属于车体模块化生产工艺优点的是（　　　）。
   A. 整车组装后试验简单，质量容易保证
   B. 每个模块的制造过程可独立进行
   C. 方便维修
   D. 各部件之间采用钢制螺栓连接，车体自重大

二、判断题

1. 枕梁和缓冲梁通过焊接的连接方式与底架边连接。（　　）
2. 司机室通过隔离墙与客室分开，未经允许乘客不能进入司机室。（　　）
3. HMI 是列车监控系统显示屏的缩写。（　　）
4. 司机室的逃生门是靠电能操作的。（　　）
5. 在列车设施设备材料的选取方面要充分考虑防火的要求。（　　）

三、简答题

1. 简述铝合金车体车顶的结构及组成。

2. 简述 B 型电客车侧墙板的组成。

3. 简述拖车的底架组成。

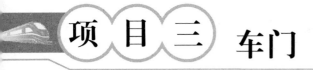

项目三 车门

实训任务工单三　认知客室车门的结构、检测客室车门的功能

实训任务工单	认知客室车门的结构、检测客室车门的功能		组别	
班级			学生姓名	
任务描述	1. 对照实训设备及图示，指认客室车门的结构； 2. 对客室车门进行功能检测，并填写设备表			
任务内容				
实训情境	地点：城市轨道交通车辆段或实训演练场； 人物：检车人员、学生、考核教师； 设备、工具、材料：城市轨道交通车辆的车门实训装置或模拟软件			
实训演练	分组练习、分组考核；教师考核组长，组长对组员逐一进行考核			
完成本次任务后，归纳总结车辆客室门的类型、结构、尺寸、功能				
项目				得分
完成本次任务后，你对自己的评分（满分10分）				
各小组互评满分（满分10分）				
组内评分（满分40分） （1）参与小组讨论情况； （2）语言是否流畅，动作是否规范； （3）任务完成情况（车辆部件和参数表填写情况）； （4）归纳总结情况				
教师评分（满分40分） （1）出勤； （2）安全； （3）纪律； （4）职业素养； （5）任务完成情况； （6）归纳总结情况				
总分				

1. 根据下图（塞拉式客室门）和现车实际客室门（塞拉门），填写车门部件表。

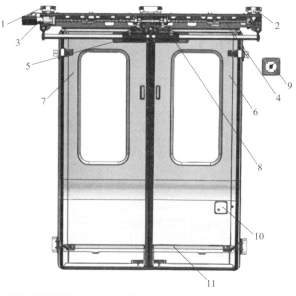

序号	名称	序号	名称
1		8	
2		9	
3		10	
4		11	
5		12	
6		13	
7		14	

2. 操作实训设备完成对客室车门功能的检测，并填写下表。

序号	任务	操作过程	结果
1	开、关左侧门		
2	开、关右侧门		

续上表

序号	任务	操作过程	结果
3	内部紧急解锁		
4	外部紧急解锁		
5	车门防夹操作		
6	隔离门操作		
7	检查行程开关功能		

项目三 测 试 题

一、选择题（不定项选择）

1. 下列城市轨道交通车辆车门系统中，属于按照驱动系统的动力来源分类的车门是（ ）。
   A. 电动式车门 B. 内藏嵌入式车门
   C. 外挂式车门 D. 塞拉式车门

2. 下列城市轨道交通车辆车门系统中，属于按照功能分类的车门是（ ）。
   A. 电动式车门 B. 气动式车门 C. 外挂式车门 D. 客室车门

3. 在4种客室门系统中，下列隔音效果最好的车门是（ ）。
   A. 外摆式车门 B. 塞拉式车门
   C. 内藏嵌入式车门 D. 外挂式车门

4. 在电动塞拉式车门的机械结构中，下列属于电动驱动元件的是（ ）。
   A. 闭锁装置 B. 门体 C. 电动机 D. 护指

5. 在内藏式客室车门的机械结构中，下列属于传动机构元件的是（ ）。
   A. 齿形皮带 B. 门扇 C. 紧急解锁手柄 D. 隔离开关

6. 客室端门通常采用的门体形式是（ ）。
   A. 内藏嵌入式车门 B. 塞拉式车门
   C. 外摆式车门 D. 单开拉门

7. 紧急疏散门一旦门锁开启，车门能自动倒向（ ）。
   A. 站厅 B. 站台 C. 路基 D. 车站出入口

8. 每个客室车门上方的内外侧均有一个（ ）指示灯，指示车门开关状态；内侧均有一个（ ）指示灯，车门隔离时该灯亮。
   A. 绿色 红色 B. 橙色 红色 C. 蓝色 橙色 D. 红色 橙色

二、判断题

1. 塞拉式车门的缺点在于不能有效节省车内空间而增加载客量。（ ）
2. 逃生门为可伸缩式，两侧不设扶手栏杆，乘客应小心侧身通过。（ ）
3. 车门门控系统不具有故障指示功能。（ ）
4. 在开门期间，如果"开门"列车线撤销指令，门将开至开门位置并停留。（ ）
5. 关门时，声音指示器会提示乘客注意安全，提示音将持续10s。（ ）
6. 紧急解锁装置只在车辆外部设置，车内不设紧急解锁装置。（ ）

三、简答题

1. 根据城市轨道交通车辆自身的特点,车门应符合哪些要求?

2. 客室电动塞拉式车门由哪些部件组成?

3. 简述当自动开门不起作用时或在 ATP 模式停车后没有开门信号时,司机手动开门的主要步骤。

4. 客室侧门有哪些功能?

项目四　转向架

实训任务工单四　认知转向架的结构，检查、测量转向架各部件

实训任务工单	认知转向架的结构，检查、测量转向架各部件	组别	
班级		学生姓名	
任务描述	1. 对照实训设备及图示，指认转向架的结构； 2. 对转向架各部件进行检查，判断转向架各部件是否正常，并填写设备表		
任务内容			
实训情境	地点：城市轨道交通车辆段或实训演练场； 人物：检车人员、学生、考核教师； 设备、工具、材料：城市轨道交通车辆的转向架实训装置或模拟软件		
实训演练	分组练习、分组考核；教师考核组长，组长对组员逐一进行考核		
完成本次任务后，归纳总结转向架的各部尺寸、转向架的组成及怎样判断各部件是否合格			

项目	得分
完成本次任务后，你对自己的评分（满分10分）	
各小组互评满分（满分10分）	
组内评分（满分40分） （1）参与小组讨论情况； （2）语言是否流畅，动作是否规范； （3）任务完成情况（转向架各部件名称是否正确、检查测量转向架是否规范）； （4）归纳总结情况	
教师评分（满分40分） （1）出勤； （2）安全； （3）纪律； （4）职业素养； （5）任务完成情况； （6）归纳总结情况	
总分	

1. 根据下图填写下表。

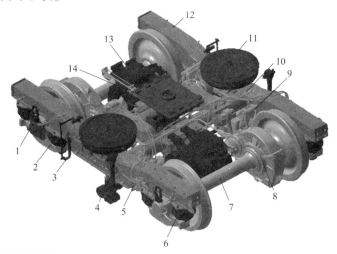

序号	转向架部件名称	序号	转向架部件名称
1		8	
2		9	
3		10	
4		11	
5		12	
6		13	
7		14	

2. 根据转向架实训设备对转向架各部件进行检查,判断是否正常,并填写下表。

序号	检查项点	检查内容	部件状态
1	ATC 天线安装梁		
2	排障器		
3	构架		
4	车对与车轴		
5	闸瓦		
6	抗侧滚扭杆		
7	牵引拉杆		
8	横向油压减振器		
9	齿轮箱		
10	联轴节		
11	牵引电动机		
12	齿轮箱吊杆		

续上表

序号	检查项点	检查内容	部件状态
13	踏面制动单元		
14	空气弹簧		
15	空气制动管路		
16	轴箱		

项目四 测 试 题

一、选择题（不定项选择）

1. 下面转向架的功能描述不正确的是（　　）。
   A. 转向和减振　　　　　　B. 传力
   C. 驱动　　　　　　　　　D. 承重

2. 车辆能长久停放时的制动力主要由（　　）提供。
   A. 电制动　　　　　　　　B. 电空联合制动
   C. 摩擦制动　　　　　　　D. 弹簧力

3. 转向架的功用之一是在（　　）黏着力，并传给车底底架、车钩，牵引列车前进，或对机车实行制动。
   A. 轮对　　　　　　　　　B. 轮轨接触点
   C. 钢轨　　　　　　　　　D. 车轴

4. 下列关于牵引系统的描述错误的是（　　）。
   A. 列车驱动系统中的一部分
   B. 它的主要任务是把直流电压转换为三相交流电，来驱动电动机
   C. 实现电能转变成机械能传给走行部并驱动列车运行
   D. 还可以把机械能转换为电能，回馈到接触网

5. 下列哪项不是转向架的作用（　　）。
   A. 承受车辆自重和载重并在钢轨行驶的部分
   B. 将传动装置传递来的功率实现为列车的牵引力和速度
   C. 保证列车沿着轨道运行的平稳和安全
   D. 可以缓和来自各个方向的作用

二、判断题

1. 牵引装置的作用是保证动车和车辆彼此连接，并且传递和缓和拉伸牵引力。
   （　　）

2. 转向架定义：每辆车的转向架被称为1位转向架、2位转向架，靠近车辆1位端的转向架为1位转向架，靠近2位端的转向架为2位转向架。（　　）

3. 转向架构架与制动装置之间有异物是正常现象。（　　）

4. 不管是动车转向架还是拖车转向架都有轮缘润滑装置。（　　）

5. 动车转向架的驱动装置包含牵引电动机、联轴节和齿轮箱。（　　）

三、简答题

1. 简述转向架的主要功能。

2. 在对车轮进行检查时,一般需要检测哪些参数?

3. 城市轨道交通车辆上一般安装了几种减振装置?它们的作用是什么?

4. 简述转向架垂向力的传递过程。

5. 轮对由哪几部分组成?

6. 简述高度调整阀结构组成和工作原理。

7. 简述差压阀的工作原理。

8. 简述空气弹簧的作用。

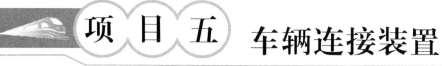

项目五 车辆连接装置

实训任务工单五　认知车钩缓冲装置、贯通道的结构、检查维护车钩缓冲装置

实训任务工单	认知车钩缓冲装置、贯通道的结构、检查维护车钩缓冲装置	组别	
班级		学生姓名	
任务描述	1. 对照实训设备及图示，指认车钩缓冲装置、贯通道的结构； 2. 对车钩缓冲装置各部件进行检查，查阅资料，并填写设备表		
任务内容			
实训情境	地点：城市轨道交通车辆段或实训演练场； 人物：检车人员、学生、考核教师； 设备、工具、材料：城市轨道交通车辆车钩缓冲装置或模拟软件		
实训演练	分组练习、分组考核：教师考核组长，组长对组员逐一进行考核		
完成本次任务后，归纳总结车钩缓冲装置的类型、结构组成、车钩缓冲装置的检查技术要求和检查方法			

项目	得分
完成本次任务后，你对自己的评分（满分10分）	
各小组互评满分（满分10分）	
组内评分（满分40分） （1）参与小组讨论情况； （2）语言是否流畅，动作是否规范； （3）任务完成情况（图表填写和检查情况）； （4）归纳总结情况	
教师评分（满分40分） （1）出勤； （2）安全； （3）纪律； （4）职业素养； （5）任务完成情况； （6）归纳总结情况	
总分	

1. 根据下图（半永久牵引杆、头车半自动车钩）填写下表。

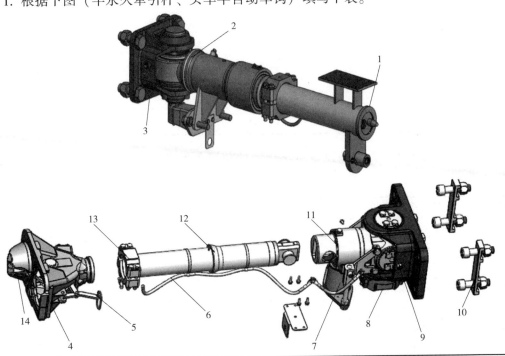

序号	车钩缓冲装置名称	序号	车钩缓冲装置名称
1		8	
2		9	
3		10	
4		11	
5		12	
6		13	
7		14	

2. 结合现车实际贯通道实物并参考下图填写下表。

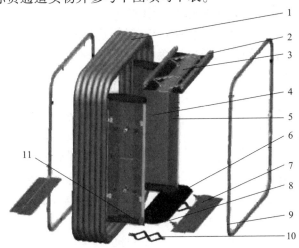

序号	贯通道名称	序号	贯通道名称
1		7	
2		8	
3		9	
4		10	
5		11	
6			

3. 根据车钩缓冲装置实训设备对车钩缓冲装置各部件进行检查，判断是否正常，并填写下表。

序号	检查项点	检查内容	技术要求
1	主风管、制动风管		
2	连接环		
3	压溃管		
4	车钩总体		
5	橡胶支承		
6	接地线		
7	对中装置		
8	缓冲器		
9	风管连接器		
10	用钩高尺测量钩高		
11	解钩拉手		
12	钩口及连杆润滑		
13	橡胶支承润滑		

项目五　测　试　题

一、选择题（不定项选择）

1. 国产密接式车钩主要由以下哪些部分组成（　　　）。

　　A. 车钩钩头　　　B. 橡胶式缓冲器　C. 风管连接器　　D. 电器连接器

2. （　　）的机械、气路和电路的连接和解钩都需要人工操作，但一般只有在架修以上的作业时才进行分解。

　　A. 半自动车钩　　　　　　　　B. 自动车钩

　　C. 半永久性牵引杆　　　　　　D. 半永久性牵引杆和半自动车钩

3. 半永久性牵引杆用于（　　　）之间的编组，使编组实现连接。

　　A. 列车单元　　　　　　　　　B. 同一单元内车辆

　　C. 不同单元车辆　　　　　　　D. 列车单元同另一单元内的任一车辆

4. 半永久牵引杆只是将两车车钩连接改为牵引杆连接，取消了风路和电路的连接。车辆之间的风路和电路可以（　　　）连接。

　　A. 自动或手动　　B. 手动　　　　C. 自动　　　　　D. 不需要

5. 电气连接器通过悬吊装置使钩体与电气连接器实现（　　）连接。
   A. 铆钉　　　　B. 压紧　　　　C. 弹性　　　　D. 电焊
6. 电气箱内的触头为（　　），保证电气连接时密接可靠，主要应用于自动车钩上。
   A. 固定触头和弹性触头　　　　B. 固定触头或弹性触头
   C. 固定触头　　　　　　　　　D. 弹性触头

二、判断题

1. 刚性车钩不允许两相连接车钩钩体在垂直方向上有相对位移，且对前后间隙要求限制在很小的范围之内。（　　）
2. 车辆连接装置包括车钩缓冲装置和贯通道装置，通过它们使列车中车辆相互连接，实现相邻车辆横向力的传递和通道的连接。（　　）
3. 非刚性车钩不允许两个相连接的车钩钩体在垂直方向上有相对位移；刚性车钩允许两相连接车钩构体在垂直方向上有相对位移。（　　）
4. 半自动车钩可以实现机械、气路和电路的完全自动连挂和解钩，或人工解钩。（　　）
5. 环形橡胶缓冲器可作为车钩缓冲装置的重要部件，用来吸收车辆冲击能量。当两列车相撞时，将会产生可恢复的和不可恢复的变形。（　　）
6. 贯通道装置也就是风挡装置，位于两节车厢的连接处，是两车辆通道连接的部分。（　　）

三、简答题

1. 车钩缓冲装置组成主要有哪些？各有什么作用？

2. 车钩有哪些类型？各有什么特点？

3. 简述贯通道的作用。

4. 缓冲装置有哪些种类？试举例说明其工作原理。

项目六　制动系统

实训任务工单六　认知空气压缩机组成、基础制动单元结构，并完成对制动系统日常检查

实训任务工单	认知空气压缩机组成、基础制动单元结构，并完成对制动系统日常检查	组别	
班级		学生姓名	
任务描述	1. 对照实训设备及图示，指认空气压缩机的结构、基础制动单元的结构； 2. 对制动系统进行日常检查，并按要求填写设备表		
任务内容			
实训情境	地点：城市轨道交通车辆段或实训演练场； 人物：检车人员、学生、考核教师； 设备、工具、材料：城市轨道交通车辆制动装置实训台或轨道交通车辆一辆		
实训演练	分组练习、分组考核；教师考核组长，组长对组员逐一进行考核		
完成本次任务后，归纳总结制动系统组成、制动装置作用、各部件安装位置			
项目			得分
完成本次任务后，你对自己的评分（满分10分）			
各小组互评满分（满分10分）			
组内评分（满分40分） （1）参与小组讨论情况； （2）语言是否流畅，动作是否规范； （3）任务完成情况； （4）归纳总结情况			
教师评分（满分40分） （1）出勤； （2）安全； （3）纪律； （4）职业素养； （5）任务完成情况； （6）归纳总结情况			
总分			

1. 根据活塞式空气压缩机（左、右侧）图示，并与现车实际空气压缩机对照填写下表。

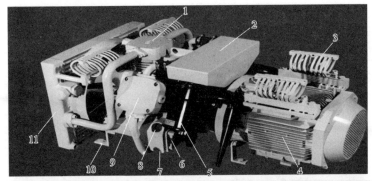

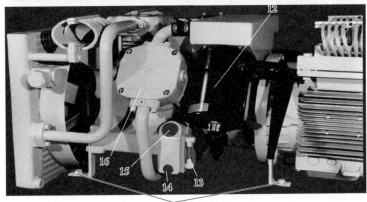

序号	活塞式空气压缩机部件名称	序号	活塞式空气压缩机部件名称
1		10	
2		11	
3		12	
4		13	
5		14	
6		15	
7		16	
8		17	
9			

2. 根据闸瓦制动和盘形制动的实训设备，指认其组成部分说明其作用，并填写下表。

序号	制动类型	部件组成	作用
1	闸瓦制动	制动缸	
2		缓解气缸	
3		闸瓦间隙调整器	
4		闸瓦	
5		基础制动杠杆	
6		缓解拉簧	
7	盘形制动	间隙调整器	
8		闸片	
9		制动缸	
10		缓解风缸	
11		制动盘	
12		夹钳装置	

3. 对制动系统进行日常检查后填写下表。

序号	检查项点	检查内容	技术要求
1	踏面制动单元		
2	制动管路管卡及阀门		
3	制动控制单元		
4	风缸		
5	供风单元		
6	辅助控制箱		

项目六 测 试 题

一、选择题（不定项选择）

1. 下列属于城市轨道交通车辆电制动的是（　　）。
　　A. 再生制动　　　　　　　　B. 电阻制动
　　C. 空气制动　　　　　　　　D. 弹簧压力制动

2. 在城市轨道交通车辆制动过程中，城市轨道交通车辆首先应充分利用（　　）。
　　A. 机械制动　　　　　　　　B. 电制动
　　C. 空气制动　　　　　　　　D. 弹簧压力制动

3. 城市轨道交通车辆的空气制动系统由供气设备、（　　）、防滑装置和制动控制单元组成。
　　A. 基础制动装置　　　　　　B. 空气压缩机
　　C. 空气干燥器　　　　　　　D. 闸瓦制动装置

4. 闸瓦基础制动装置在制动时，由（　　）的压力提供推力。
   A. 制动缸   B. 制动控制单元
   C. 轮对   D. 闸瓦自身
5. 城市轨道交通车辆采用的空气压缩机一般要求是（　　）。
   A. 噪声低   B. 振动小
   C. 结构紧凑   D. 维护方便
6. 下列不属于螺杆式空气压缩机工作阶段的有（　　）。
   A. 吸气过程   B. 压缩过程
   C. 排气过程   D. 混合过程
7. 下列不属于电制动系统设备的是（　　）。
   A. 调频调压逆变器   B. 牵引控制单元
   C. 牵引电动机   D. 空气压缩机
8. 下列说法错误的是（　　）。
   A. EP2002制动系统主要由EP2002阀、制动控制模块以及其他辅助部件组成
   B. EP2002制动系统的部件集成化程度高，节省了安装空间
   C. 根据功能的不同，EP2002阀可以分为智能阀、RIO阀和电磁阀
   D. EP2002制动系统的部件便于安装、使用和维护

二、判断题

1. 城市轨道交通车辆制动系统应具有足够的制动力，保证城市轨道交通列车在规定制动距离内停车。（　　）
2. 在列车制动过程中，再生制动属于空气制动。（　　）
3. 在电制动初期，动车的电动机可转变为发电机，将列车制动产生的动能经过转换，成直流电输送回第三轨。（　　）
4. 空气制动就是靠列车运行中的空气阻力进行制动。（　　）
5. 盘形制动的制动功率比闸瓦制动小得多。（　　）
6. 螺杆式空气压缩机的最大缺点是可靠性低，寿命较短，其优点是维护比较简单。（　　）

三、简答题

1. 简述城市轨道交通车辆制动系统的特点。

2. 简述再生制动、电阻制动和空气制动三种制动方式的制动程序。

3. 简述 EP2002 制动系统与常规的制动控制系统的区别。

4. EP2002 制动系统由哪些部件组成?

5. 简述 EP2002 制动系统在常用制动时的控制过程和作用原理。

项目七 空调和制冷系统及采暖装置

实训任务工单七　列车空调结构认知、对空调、采暖系统功能进行测试和日常检查

实训任务工单	列车空调结构认知、对空调系统功能进行测试、对空调、采暖系统进行日常检查	组别	
班级		学生姓名	
任务描述	1. 对照空调系统设备及图示，指认列车空调系统的组成部件； 2. 在空调设备实物或模拟软件上测试空调系统功能，并按要求填表		
任务内容			
实训情境	地点：城市轨道交通车辆段或实训演练场； 人物：检车人员、学生、考核教师； 设备、工具、材料：空调机组和空调实训设备		
实训演练	分组练习、分组考核：教师考核组长，组长对组员逐一进行考核		
完成本次任务后归纳总结空调、采暖系统的组成和作用，日常检查的技术要求，空调系统功能和操作过程			
项目			得分
完成本次任务后，你对自己的评分（满分10分）			
各小组互评满分（满分10分）			
组内评分（满分40分） （1）参与小组讨论情况； （2）语言是否流畅，动作是否规范； （3）任务完成情况； （4）归纳总结情况			
教师评分（满分40分） （1）出勤； （2）安全； （3）纪律； （4）职业素养； （5）任务完成情况； （6）归纳总结情况			
总分			

1. 根据空调机组图示和现车空调机组对照，填写下表。

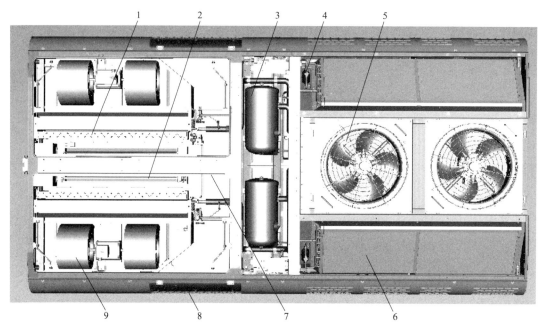

序号	组成部件	位置	作用
1			
2			
3			
4			
5			
6			
7			
8			
9			

2. 根据空调机组实际设备或模拟软件测试空调系统功能，填写下表。

序号	项目	任务	操作过程	操作结果
1	集控模式	空调启动		
		空调停止		
		自动模式		
		手动模式		
		通风模式		

续上表

序号	项目	任务	操作过程	操作结果
2	本控制模式	通风模式		
		半冷模式		
		全冷模式		
		自动模式		
		停机模式		
		服务模式		
3	列车扩展供电模式			
4	紧急通风模式			

3. 对空调、采暖系统进行日常检查,并填写下表。

序号	检查项点	方法	技术要求
1	通过 HMI 界面检查试验空调功能		
2	检查司机室送风单元		
3	检查电热器功能		
4	检查送风格栅、回风格栅		

项目七 测 试 题

一、填空题

1. 城市轨道交通车辆每节车设置_____台空调机组,安装于列车的_____,空调系统控制电压为_____。

2. 通风系统由_____、_____、_____和空气过滤器等部件组成。

3. 城市轨道交通车辆空调制冷装置主要由_____、_____、_____、_____和_____等组成。

4. 从空调压缩机流出的高温高压制冷蒸气,首先经过_____,然后经过节流装置、蒸发器。

5. 预冷时空调机组新风门关闭,回风门_____。

6. 可以通过空调系统制冷回路中视液镜的颜色检测制冷剂的湿度,_____表示干燥,_____表示制冷系统湿度高。

二、选择题(不定项选择)

1. 制冷时,空调系统各电动机的启动顺序为(   )。
   A. 压缩机、送风机、冷凝风机   B. 压缩机、冷凝风机、送风机
   C. 送风机、冷凝风机、压缩机   D. 冷凝风机、送风机、压缩机

2. 紧急逆变电源是在主电源出现故障时启动,将车载蓄电池的直流电源逆变为交流电源,仅提供给空调系统中的(   )工作。
   A. 通风机   B. 电动机   C. 空调机组   D. 电气控制系统

3. 城市轨道交通车辆的空调一般是在（　　）空调机组。
   A. 车顶中间设 2 台单元式　　　　B. 车顶两端设 2 台单元式
   C. 车顶中间设 3 台单元式　　　　D. 车顶两端设 3 台单元式
4. 下出风方式空调机组安装在车顶凹处的平台上，并加设防护罩（侧罩板），以防（　　）。
   A. 隧道气流　　　　　　　　　　B. 雷电
   C. 灰尘和雨水　　　　　　　　　D. 客室内空气扩散
5. 空调自动模式有（　　）模式、半冷模式、全冷模式。
   A. 预冷　　　　　　　　　　　　B. 停机
   C. 低温　　　　　　　　　　　　D. 暖风

三、判断题

1. 每节客室车厢不能构成一个完整的独立空调系统，必须和列车其他客室的空调系统相配合组成完整系统。（　　）
2. 根据空调机组的出风方式，一般可分为下出风和上出风两种。（　　）
3. 通风系统有机械强迫通风和自然通风两种方式，一般城市轨道交通车辆采用自然通风方式。（　　）
4. 控制系统的功能是：通过软件控制空调机组的运行和停止；监控机组的运行状态，并与网络连通传递各类信息。（　　）

四、问答题

1. 简述蒸气压缩式空调制冷系统的制冷原理。

2. 简述城市轨道交通车辆空调系统的组成及功能。

3. 通风系统主要由哪些部分组成？各部分的作用是什么？

4. 冷凝器的作用是什么？它可以分为哪几种类型？

5. 蒸发器的作用是什么？它可以分为哪几种类型？

6. 制冷压缩机的作用是什么？常用的压缩机有哪些形式？

项目八　电力牵引系统

实训任务工单八　认知电力牵引系统部件、认知受电弓

实训任务工单	认知电力牵引系统部件、认知受电弓	组别	
班级		学生姓名	
任务描述	1. 对照实训设备，指认电力牵引系统结构组成； 2. 根据实训设备或现车受电弓实物、图示指认受电弓各部件，说明其作用，并填写部件表		
任务内容			
实训情境	地点：城市轨道交通车辆段或实训演练场； 人物：检车人员、学生、考核教师； 设备、工具、材料：城市轨道交通车辆的电力牵引系统实训装置、受电弓设备		
实训演练	分组练习、分组考核：教师考核组长，组长对组员逐一进行考核		
完成本次任务后归纳总结电力牵引装置的组成及作用、受流器的类型结构			

项目	得分
完成本次任务后，你对自己的评分（满分10分）	
各小组互评满分（满分10分）	
组内评分（满分40分） （1）参与小组讨论情况； （2）语言是否流畅，动作是否规范； （3）任务完成情况； （4）归纳总结情况	
教师评分（满分40分） （1）出勤； （2）安全； （3）纪律； （4）职业素养； （5）任务完成情况； （6）归纳总结情况	
总分	

1. 根据城市轨道交通车辆电力牵引系统实训装置，指认各组成部件，并说明其作用，填写下表。

序号	组成部件	安装位置	作用
1	牵引电动机		
2	受电弓		
3	牵引变流器模块		
4	高速断路器		
5	制动电阻箱		
6	司控器		
7	接地回流装置		

2. 根据受电弓实训平台或现车受电弓实物结合下图，指认受电弓各部件，说明作用并填写下表。

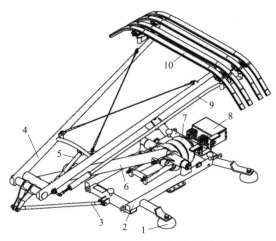

序号	组成部件	作用
1		
2		
3		
4		
5		
6		
7		
8		
9		
10		

项目八 测 试 题

一、选择题（不定项选择）

1. 城市轨道交通车辆直流传动的控制方式有（　　）。
   A. 凸轮变阻　　B. 斩波调阻　　C. 斩波调压　　D. 牵引逆变器
2. 城市轨道交通车辆交流传动牵引系统牵引电机转速的控制方式有（　　）。
   A. 直接转矩控制　B. 矢量控制　　C. 斩波调阻　　D. 斩波调压
3. IGBT 触发控制极是（　　）。
   A. 漏极 D　　B. 源极 S　　C. 门极 G　　D. 基极 B
4. 异步电动机在牵引工况时从启动到加速经历哪几种控制模式（　　）。
   A. 恒转矩控制　B. 恒转差率控制　C. 恒功率控制　D. 自然特性区

二、判断题

1. 城市轨道交通车辆交流牵引电动机不需要散热。（　　）
2. 牵引逆变器控制单元对门极驱动的指令是通过电信号发出的。（　　）
3. 牵引逆变器输出是恒压恒频。（　　）
4. 牵引逆变器电路主要由输入电路、逆变器单元、牵引控制单元构成。（　　）
5. 受电弓升降时的速度是匀速。（　　）
6. 高速断路器是并联在主电路中，当牵引电路中过流、短路、过载时，它会断开。（　　）
7. 交流异步牵引电动机在牵引工况时转差率大于零，而制动工况是转差率小于零。（　　）
8. 交流异步电动机转矩与电动机电压和电源频率之比平方成正比、与转差率成正比。（　　）

三、问答题

1. 城市轨道交通车辆电力牵引系统由哪几部分组成？各组成部分的功能是什么？

2. 在车辆运行中如果有一个集电靴接地会出现什么情况，如何解决？

3. 通过驾驶模拟器，练习通过司控器控制列车运行，试写出操作过程。

项目九 辅助电源系统

实训任务工单九　认知辅助电源系统

实训任务工单	认知辅助电源系统	组别	
班级		学生姓名	
任务描述	对照城市轨道交通车辆辅助电源系统的实训设备，指认辅助逆变器、蓄电池箱、充电机、紧急逆变器、高压供电转换开关、车间电源的安装位置，说明其结构和功能，并填入表中		
任务内容			
实训情境	地点：城市轨道交通车辆段或实训演练场； 人物：检车人员、学生、考核教师； 设备、工具、材料：城市轨道交通车辆辅助电源系统实训设备或城市轨道交通车辆一辆		
实训演练	分组练习、分组考核：教师考核组长，组长对组员逐一进行考核		
完成本次任务后归纳总结城市轨道交通车辆辅助系统的组成、各部件功能、安装位置。			
项目			得分
完成本次任务后，你对自己的评分（满分10分）			
各小组互评满分（满分10分）			
组内评分（满分40分） （1）参与小组讨论情况； （2）语言是否流畅，动作是否规范； （3）任务完成情况（图表填写和检查情况）； （4）归纳总结情况			
教师评分（满分40分） （1）出勤； （2）安全； （3）纪律； （4）职业素养； （5）任务完成情况； （6）归纳总结情况			
总分			

1. 城市轨道交通车辆辅助实训设备和现车指认辅助电源系统部件，说明作用并填写下表。

序号	设备名称	安装位置	功用
1	辅助逆变器		
2	蓄电池箱		
3	充电机		
4	紧急逆变器		
5	高压供电转换开关		
6	车间电源		

2. 查看实训设备的维修手册，填写有关蓄电池的技术参数。

参数	数值	参数	数值
放电电流		单体额定电压	
放电终止电压		单体提升电压	
总电压		单体浮充电电压	

项目九 测 试 题

一、选择题（不定项选择）

1. 城市轨道交通车辆辅助供电系统提供的电源包括（　　）。
   A. AC 380V　　B. AC 220V　　C. DC 110V　　D. DC 24V
2. 下列哪些设备是城市轨道交通车辆辅助电源系统的供电对象（　　）。
   A. 牵引电动机　　　　　　B. 牵引电动机控制单元
   C. 空调　　　　　　　　　D. ATC
3. 辅助逆变器的工作模式为（　　）。
   A. 变压变频　　B. 恒压恒频　　C. 恒压变频　　D. 恒流恒频
4. 高压电源转换开关的位置一般有（　　）。
   A. 接地位　　　　　　　　B. 车间电源位
   C. 正常供电位　　　　　　D. 蓄电池位
5. 过压保护是指（　　）。
   A. OVP　　　　B. OVC　　　　C. OPP　　　　D. OPC

二、判断题

1. 辅助电源系统可给牵引电动机供电。（　　）
2. 现代城市轨道交通车辆的辅助逆变器采用的功率器件是 IGBT，它输出变频变压三相交流电供空调、风扇等设备使用。（　　）
3. 集中式辅助供电系统需要扩展供电电路。（　　）
4. 辅助电源系统由逆变部分、变压器隔离部分和直流电源三部分组成。（　　）
5. 蓄电池按电极和电解液所用物质的不同可分为酸性蓄电池和碱性蓄电池。（　　）

6. 温度对蓄电池容量没有影响　　　　　　　　　　　　　　　　　　（　　）
7. 独立式蓄电池充电器不受辅助逆变器故障影响，直流供电回路可靠。（　　）
8. 列车正常运行时，蓄电池处在浮充电状态。　　　　　　　　　　　（　　）

三、简答题

1. 辅助供电系统由哪些部分组成？各组成部分的作用是什么？

2. 辅助供电系统的主要交流负载有哪些？

3. 请画出辅助供电系统的供电框图？

4. 主蓄电池的作用是什么？

5. 蓄电池充电器按实现方式分为哪两种？各有什么特点？

6. 蓄电池的主要参数及含义是什么？

项目十　列车通信系统

实训任务工单十　对 CCTV 系统和列车广播系统进行操作

实训任务工单	对 CCTV 系统和列车广播系统进行操作	组别	
班级		学生姓名	
任务描述	在司机操作平台上或模拟驾驶器上对 CCTV 系统和列车广播系统进行操作，并按要求填表		
任务内容			
实训情境	地点：城市轨道交通车辆段或实训演练场； 人物：检车人员、学生、考核教师； 设备、工具、材料：车载 CCTV 系统实训装置，列车广播实训装置或列车模拟驾驶器		
实训演练	分组练习、分组考核：教师考核组长，组长对组员逐一进行考核		
完成本次任务后归纳总结 CCTV 系统、列车广播系统的操作过程			
项目			得分
完成本次任务后，你对自己的评分（满分 10 分）			
各小组互评满分（满分 10 分）			
组内评分（满分 40 分） （1）参与小组讨论情况； （2）语言是否流畅，动作是否规范； （3）任务完成情况； （4）归纳总结情况			
教师评分（满分 40 分） （1）出勤； （2）安全； （3）纪律； （4）职业素养； （5）任务完成情况； （6）归纳总结情况			
总分			

1. 对 CCTV 系统进行操作，并填写下表。

序号	任务	操作过程	操作结果
1	CCTV 系统开机		
2	单画面显示		
3	4 个画面显示		
4	画面切换		
5	司机室图像显示		
6	客室图像显示		
7	站台图像显示		
8	乘客紧急报警显示		

2. 对列车广播进行操作，填写下表。

序号	检查项点	操作过程	操作结果
1	自动广播		
2	人工广播		
3	手动广播		
4	与乘客紧急对讲		
5	报警复位和音量调节		
6	紧急广播		

项目十 测 试 题

一、选择题（不定项选择）

1. 城市轨道交通 PIS 系统从结构上包括（　　）。
   A. 中心子系统　　　　　　B. 车站子系统
   C. 车载子系统　　　　　　D. 网络子系统
2. 车载乘客信息系统包括（　　）。
   A. 无线收发系统　　　　　B. 控制中心子系统
   C. 车载监控系统　　　　　D. 列车显示系统
3. 列车显示系统包括（　　）。
   A. 客室摄像头　　　　　　B. 车门指示灯
   C. 门区电子地图　　　　　D. 客室 LCD 显示屏
4. 车载 PIS，其媒体视频的下载及视频监控图像的上传均是通过（　　）实现的。
   A. 车载无线网桥　　　　　B. 无线天线
   C. 有线网络　　　　　　　D. 显示屏
5. 利用车载电台实现了列车司机与（　　）之间的随时通话联系。
   A. DCC　　　　　　　　　B. 列车调度员、车站值班员
   C. OCC　　　　　　　　　D. 乘客

二、判断题

1. 车门指示灯在车门开启时亮橙色灯，车门关闭时亮红色灯。（   ）
2. 车载 CCTV 系统是由 CCTV 主机、触摸屏、媒体网关和彩色半球摄像机组成的。
（   ）
3. 当司机控制单元的"人工"键闪烁时可以开始进行广播。（   ）
4. 当有多个报警时，LCD"报警"两次闪烁，要选择就按"–"进行选择接警。
（   ）
5. 通过列车广播系统可实现车头车尾两端司机室对讲，且两端能同时按下即按即通"PTT"键对讲。（   ）

三、简答题

1. 简述列车通信系统的结构及功能。

2. 练习使用 DCP 进行人工广播。

3. 简述 CCTV 系统显示的优先级顺序。

ISBN 978-7-114-19510-5

定价：56.00元
（含工作手册）